时尚历史

时尚历史

历史的盲肠
—— 帮会江湖

王题 / 著

故宫出版社

时尚历史

图书在版编目（CIP）数据

历史的盲肠：帮会江湖 / 王题著.—北京：故宫出版社，2011.12
（时尚历史）
ISBN 978-7-5134-0217-0

Ⅰ.①历… Ⅱ.①王… Ⅲ.①帮会-历史-中国 Ⅳ.①D693.75

中国版本图书馆 CIP 数据核字（2011）第 261487 号

历史的盲肠 | LISHIDEMANGCHANG

著　者：	王　题
丛书策划：	刘　玮
责任编辑：	刘　玮
装帧设计：	赵　谦
出版发行：	故宫出版社
地　址：	北京市东城区景山前街4号　邮编：100009
电　话：	010-85007808　010-85007816　传真：010-65129479
网　站：	www.culturefc.cn　邮箱：ggcb@culturefc.cn
印　刷：	保定市中画美凯印刷有限公司
排　版：	保定市万方数据处理有限公司
开　本：	787×1092　1/16
印　张：	16
字　数：	213千字
版　次：	2011年12月第1版 2011年12月第1次印刷
印　数：	1-3000册
书　号：	ISBN 978-7-5134-0217-0
定　价：	36.00元

代序 天鹅之绝唱

战国时期，列国中的显学是儒学、墨学，但秦始皇统一六国之后，墨家集团不见了踪影，墨学无人传承，一门在战国二百年间轰轰烈烈展开的大众学说突然消失得无影无踪。甚至司马迁在写《史记》时都感叹墨家的资料太少，连墨子这个人的生卒年月都无法确定。

具体而言就是：《史记》写孔子师徒，用了15000字；写孟子用了240字；写墨子，用了24个字，也就是一句话："盖墨翟，宋之大夫，善守御，为节用。或曰并孔子时，或曰在其后。"

这种现象在中国历史中实属蹊跷，在一个社会中如此轰轰烈烈存在过的一群人物和一段历史居然被消灭地干干净净。这就令我们怀疑历史被人做了手脚。与其他诸子百家连篇累牍的记载比起来，司马迁的做法真是厚此薄彼。是司马迁有意冷落墨子，还是手头确实没有墨子的记述材料？或者两者兼有？我们只好从墨子的生平活动中去找答案。

两千多年前的战国时代，某一天，一名墨家子弟自千里之外的越国赶到鲁国，求见了自己的恩师墨子。这名墨家子弟是公尚过，他这次返回鲁国是因为受到当时的越王朱勾的委托，来请自己的老师墨子去越国做官。越王朱勾想以五百里土地的封赐，换取墨子为自己效命。

越王朱勾是卧薪尝胆的主人公、越王勾践的曾孙，此时的越国刚刚被强大的楚国打败，朱勾正在寻找报仇雪耻的方法，他对墨子的邀请多半正是出于这样的原因。前不久墨子刚刚成功地阻止了楚国发动的另一场侵略战争。那是一个几乎家喻户晓的故事，在有记载最早的兵棋推演中，墨子行有余力地击败了能工巧匠的代名词鲁班，从而打消了楚国攻灭宋国的念头。

而此时，面对越王的一番盛情，墨子淡然回答："如果越王能听取我的意见，实施我的主张，那他只需给我温饱，和其他大臣一样就行，不必要分封之类的；如果越王不能使用我的主张，我去了只能是让我出卖道义。"

王的盛情被墨子挡在了门外，错在越王，因为他不知道，墨子不希图高官厚禄，和楚国也没什么仇怨。他只是在贯彻自己的理想。

墨子的理想，初中生都能说得出，是"兼爱"和"非攻"——大家相亲相爱，谁也不要打谁。而他推行这个主张的现实手段，是组织帮会。

在阻止楚国攻宋的时候，真正阻止楚王的不是墨子本人的守城技术，而是三百个已经学了墨子守城技术的弟子已经去帮助宋国守城的事实。这足以抵挡一国大军的三百弟子，就是一个组织严密的帮会，而墨子是他们的老大。

那三百人，是随时准备赴死的。

这并不是开玩笑，《墨子·鲁问》里记载了这么一件事：

鲁人有因子墨子而学其子者，其子战而死。其父让子墨子。子墨子曰："子欲学子之子，今学成矣，战而死，而子愠，是犹欲粜，耀售则愠也，岂不悖哉！"

鲁国有人，让儿子跟墨子学本事，结果儿子却战死沙场。这个人责怪墨子，墨子却说："你让你儿子来学本领，现在学会了，打仗打死了，你却怒气冲冲，这就好比准备卖粮，粮食卖完了，你却生气了，岂不荒唐？"可见对墨家人来说，生命就是学费的一部分。

不光生命，钱财墨子也不放过。墨子一个出色的学生耕柱子经墨子推荐，在楚国做官。几个师兄弟去看他。他非但没怎么好好招待，连饭都没让兄弟们吃饱。几个小兄弟憋了一肚子气，回来和老师告状，说耕柱子在楚国当官有什么用，我们几个不远千里去看他，连招待都不好好招待。墨子说，不能这么判断。果然，没几日，耕柱子托人送来一笔钱，还附上一封短信，说，我出力不够，实在惭愧，这点钱您看着用。墨子对那几个学生说：看，果然不能轻易下结论。

> 子墨子游荆耕柱子于楚，二三子过之，食之三升，客之不厚。二三子复于子墨子曰："耕柱子处楚无益矣。二三子过之，食之三升，客之不厚。"子墨子曰："未可智也。"毋几何而遗十金于子墨子，曰："后生不敢死，有十金于此，愿夫子之用也。"子墨子曰："果未可智也。"
>
> ——《墨子·耕柱》

要钱又要命，还真是个标准的黑社会老大。

然而墨子这些要求不是为了自己，而是为了大家快快乐乐地活着，为此他不光让手下冒险，自己也是带头填命。赚来的钱也不为自己花，史载墨子成天粗衣草鞋，没享受过什么。

说回前头，墨子和墨家是这么一群好人，可为什么要被封建统治者封杀呢？还是要看他们的思想，先人著书简单明了，将《墨子》一书中的几个章节题目复述一遍就是什么兼爱、非攻、尚贤、尚同、节用、节葬、非乐、天志、明鬼、非命，等等。从这些题目表面上看，大多没什么不妥，至于"尚贤"可能还是帝王孜孜以求的。

可其实问题恰恰就在这个"尚贤"上。作为大思想家，墨子早意识到，百姓经济上的穷困、窘迫，与政治密不可分，于是墨子将自己平民化的经济观点，延伸到了政治领域。就墨子喊出了在任何时代都极具震撼力和冲击力的声音：

> 虽在农与工肆之人，有能则举之，高予之爵，重予之禄，任之以事，断予之令。……故官无常贵而民无终贱，有能则举之，无能则下之。
>
> ——《尚贤》

> 是故选天下之贤可者，立以为天子。……又选择天下之贤可者，置立之以为三公。……又选择其国之贤可者，置立之以为正长。
>
> ——《尚贤》

简单明了：从天子宰相到村长保长，一律选贤能担任。——敢问皇帝不封杀你封杀谁？

于是墨子的学说寂灭两千年，中国历史上也再无一个如此这般能为毫不相干的受苦人眼都不眨就赴汤蹈火的侠义帮会，墨家成了天鹅最后的绝唱。此为中华之不幸。

中华之幸者，两千多年后一群年轻人以同样的精神奋战二十八年，为天下受苦人打出了一个新中国。

目录

代序 天鹅之绝唱 …………………………………………… 1

莫学游侠儿——流氓帮会篇 …………………………… 3

匪事——略说古代流氓帮会 ………………………………… 4

匪魂——流氓帮会的精神 …………………………………… 14

侠义 / 15

祖师 / 16

文身 / 17

叫诨名 / 18

穿异服 / 19

匪律——流氓的行话与行规 ………………………………… 21

唇典 / 22

陋规 / 28

划地盘 / 30

吃讲茶 / 31

讹诈 / 32

行骗 / 35

打手 / 38

流氓的盛宴——政治流氓与流氓政治 …………………… 41

四海之内皆兄弟——帮会篇 …… 49

一派溪山千古秀——洪门的前世今生 …… 50
生为逐鹿来——洪门的起源 / 51
三合河水万年流——洪门的各种规条禁忌 / 55
平生不识陈近南 / 72
武功实难全——天地会与林爽文起义 / 74
男儿知何处——司徒美堂与洪门的归宿 / 77

由互助组织到黑社会——青帮小谈 …… 85
水手的家园——青帮诞生 / 87
"元明兴礼，大通悟觉"——青帮的传承 / 92
莫到琼楼最上层——青帮的皇子兼流氓 / 99

红花白莲藕——会党拾零 …… 105
莫愁无知己——会党的发展 / 105
古代保险业——父母会 / 117
自开自落小刀会 / 121

救世主的许诺——中国教门 …… 129

从天师道到摩尼教 …… 130
被视为"邪教"的道教与道教异端 / 131
被视为"邪教"的佛教与佛教异端 / 134
被视为"吃菜事魔"的摩尼教 / 137

白莲五十年一反——白莲教始末 …… 143

龙华三会愿相逢——民间秘密教门的信仰 …… 148
无生老母崇拜的演变 / 150
"天盘三副"说的形成 / 154

清代的清茶门教对"天盘三副"信仰的发展 /161

等闲虚设神仙术——教门的骗术 ………………………… 164

汉唐宋明未有之事——攻入皇宫的天理教 ……………… 178

范冉也羡石崇富——丐帮探微   191

江湖有丐 ……………………………………………………… 192

丐在江湖 ……………………………………………………… 200

祖师 /201

组织 /204

仪式 /206

规矩 /210

活动与切口 /211

江湖霸丐 ……………………………………………………… 221

丐舞江湖 ……………………………………………………… 229

编后记 ………………………………………………………… 242

中国人多半是有侠客梦的,然而世间本无侠客,却有帮会。帮会成员的主体如何?在影视小说中频繁出现的天地会、青帮等帮会,其真实面目又是如何?世间到底存在不存在『丐帮』?这本小书在为您逐一解开这些谜题的同时,也在为您勾勒一幅有帮无侠的江湖画卷。

历史的痕迹——帮会江湖

时尚历史

莫学游侠儿
——流氓帮会篇

"流氓"一词,想必每个人都不陌生,然而若要精确地给出定义却很困难。查诸辞书对其下的定义,着眼点不外乎是以下两条:客观上无业,主观上不务正业。而革命导师马恩在《共产党宣言》中就对"流氓"给出了更进一步的界定,确切地说是"流氓无产阶级",书中解释:"流氓无产阶级是旧社会最下层中消极的腐化的部分,他们有时也被无产阶级革命卷到运动里来,但是,由于他们的整个生活状况,他们更甘心于被人收买,去干反动的勾当。"

这也是本文将流氓置于首个专题的原因——他们才是中国古代帮会的骨干。

匪事——略说古代流氓帮会

秦到隋,是流氓组织发展的初期。此时的流氓组织开始产生并有一定的发展,最初的准流氓团伙,就是游侠集团。秦汉时,在许多游侠门下也聚集了不少恶少无赖。如西汉时,一些少年听到大侠郭解的行侠之事以后,"愈而慕解之行",以至造成少年与其他"贤人豪杰",甚至半夜里经过郭解之门的人也"常十余车,请得解客养之";在陈遵的门下,也是"车骑落门,酒肉相属"。尽管恶少无赖是游侠集团的成员基础,但少年归附游侠的主要动因,无非是他们看重这些人的侠义名声,而"慕之辐凑",若欲从中找出某种严密的组织结构,并不现实。但是,这种"背公结党"的活动,其实就是后世各类流氓组织的先声。

此时的流氓组织,规模一般较小,内部结构也相对简单,他们的流氓活动大多是抢劫为盗,反映了流氓组织产生初期的一些基本特征。与郭解等游侠几乎同时的汉代,长安城里就有自发形成的流氓团体。

> 长安中奸猾浸多,闾里少年群辈杀吏,受赇报仇,相与探丸为弹,得赤丸者斫武吏,得黑丸者斫文吏,白者主治丧;城中薄暮尘

起，剽劫行者，死伤横道，枹鼓不绝。

——《汉书·酷吏传·尹赏传》

《汉书》中生动地描绘了这个汉朝流氓组织：城中恶少的团伙组织具有一定的行为模式——"相与探丸弹"；有其职业特征，可受雇杀人——"受赇报仇"；好武斗且为非作歹——"剽劫行者"。这些城中恶少和闾里少年已基本具备后来流氓组织的一些特点。

三国时期，东吴大将甘宁，早年也是类似流氓团伙的头目。他年轻时颇有气力，喜好游侠，招集了一帮轻薄少年，他们"群聚相随，挟持弓弩，负毦带铃，民闻铃声，即知是宁。人与相逢，乃属城长吏，接待隆厚者乃与交欢；不尔，即放所将夺其资货，于长吏界中有所贼害，作其发负，至二十余年"（《三国志》卷五五《吴书·甘宁传》）。这一个流氓组织的成员基础为轻薄少年，活动并非纯粹的抢劫，大致也可以归入流氓组织一类。

魏晋南北朝时期，这样的情况就更多，如房法寿，"轻率勇果，结群小而为劫盗"，以致成为族内大患。他为人大方，"招集壮士，常有百数"（《魏书》卷四三《房法寿传》）。

不过，这些无赖少年，乡里、邑中流氓的活动具有较小的地域性，不过在所谓"闾里"、"闾郑"的家乡附近绕村转巷，说明这些流氓团伙的活动也就仅止于一方一里，偶尔至"城中"、"邑中"为非作歹，也不过是稍有扩大。

直至盛唐，强大的社会生产力供养了大批不事生产的闲杂人员。但"开元天宝"后，紧随其后而出现的一场波及全国、影响深远的叛乱——"安史之乱"的突然爆发，使得这批习气依旧的闲人迅速转职为流氓，于是流氓群体及组织更为迅速地发展起来。

到唐末宋初之间，流氓活动进一步猖獗起来。在社会犯罪团伙之中，流氓的比重急剧升高，几乎有超过偷窃、强盗等犯罪集团之趋势，不可避免地严重干扰、危害了人们的利益和社会生活的安全。

唐代中期，在河南地方多恶少，"危帽散衣，击大不堪，户管道，车马不敢前"（《新唐书》），此类恶少其实与拦路的绿林大盗无甚区别。在朗州武陵地区有一人名唤雷满，与里人区景思在大泽中行猎，聚集了不少不惧生死的四野少年，"部署任长，自称团军"。在永州之地，恶少之行更为令人惊骇，"邑中少年，常以七月击鼓，群入民家，号'行盗'，皆迎为办具，谓之'起盆'"（《新唐书·循吏传》）。

显然，此时的恶少流氓是组成团体活动的，"少年千人"，"群入民家"也充分揭露了此类流氓团伙存在的事实。

比照前代，此时的流氓恶少开始以文身作为他们的身份特征，这种文身在唐代称为"札青"，不同文身为不同流氓团体的标志，表示了这些恶少已然有固定的组织形式，而且在同一地区团伙众多，否则也完全不需要以文身区分。

有趣的是唐代的流氓团伙开始呈现了一定程度的专业性。如当时有一个著名的流氓团伙叫"进士团"，由"长安游手之民"组成，他们"自相鸠集。初则至寡泊大中、咸通以来，人数颇丰"（《唐摭言》）。几乎每年举行考试和放榜之后，按照惯例应有曲江宴集，雁塔题名，探花打球，引觞高会等一系列大加庆贺活动，而这些活动中的门道，又都少不了妓女助兴，于是游手们自行组织起来，年复一年的代替新科进士们包办一切。其重点"服务"项目，或径直称之为敲诈生财的勾当，便是安排宴会，所谓"宴前数日，行市骄阗于江头"。届时"行市罗列，长安几半空"，无需明表，一切费用，皆从进士腰包内掏取，有钱的付现钱，无钱可以赊欠，反正今天的进士即是明日之官员，不愁他不还。于是，不少人就成了"进士团"的欠债户。

明清时游手无赖每每借替科举中试者"报捷"的名义索取钱财酒肉的风气，皆发端于此时。有趣的是，"进士团"还常常发挥开道职能。

金榜题名后的进士,只是有了做官的出身,还须经过吏部考试才可以实际授予官职。在此之前,"进士团"里的流氓便成了未来官员们的临时仪仗,在他们参拜座主,回访客户,乃至"作狭邪游"时,为这些候选官员喝彩生势。不过,从"进士团"这方面着想,如此步步紧跟的直接利益所在,还是要使进士们在得官出京之前的日子里,始终受他们的控制而多方盘剥。进士、状元随时受"进士团"敲诈,也是中国科举史和流氓史的双料奇观,举世所罕见。

五代十国时期是中国历史上的大乱之世,流氓和罪犯数量惊人地膨胀起来,而此段时期流氓活动之特色,乃是难计其数的渣滓们不再是散沙一盘。湍急的时代漩流促使他们聚成了一个一个的相对抱紧的团团。

恶少团体仍然是流氓群体中最活跃的成分。而且此时的流氓,逐渐成为了一条切实的择业出路。在民风淳朴而家族势力牢固的乡村地区,脱离农耕的痞子常以城市为流向的出路,但五代年间往往有二流子结党自存的现象发生。史籍曾经提到,"无赖子弟不肯复农桑"而聚伙结团行动,某些即使"家世力田"而"壮勇无赖"之徒,竟也拉起同伙抢劫谋财,好色淫行。如五代后汉时期,向拱家颇有资财,家道殷实,并不缺乏寻觅正当职业的机会,但他仍是自甘堕落,从小即废弃学业,广交亡命之徒,无所不为。他伙同其同伴奸占了一有夫之妇,那姘妇的丈夫惮于其淫威,不敢反抗。而那一姘妇也生活放荡,竟然同时勾连几个男人,向拱及其同伙一气之下将此姘妇及其另一个相好杀掉,并将两个首级扔在大街之上。

帮闲流氓、游手团伙逐渐走上结党成社之路。例如朱温,少年时曾经在寿春以浪荡子出名,跟别人学会唱挽歌后,以助丧事执佛号哀混酒饭吃,在此过程中结交了不少流氓无赖,常一起混迹乡里,平日里抱团生事,等到形势一变,就把这些同类货色纠合起来,起事争天下。

此外,商帮、匠帮和走私团伙、打手团伙、散兵游勇、流氓团伙、诈伪团伙、拐卖团伙等流氓团体都应运而生。但概而言之，五代时流氓团体以偷盗抢劫类型为多。

此时段流氓团体的另外几个引人注目的特点是：首先，结伙范围相当广泛，形形色色的团伙还因彼此间有着程度不同的联系，而由散乱社会群体上升为一特殊的社会阶层。其次，结伙的中心不再是贵族豪富、长者、大猾之类的人，流氓同伙的首领和党徒的出身及社会地位一样低微，他们纯粹凭勇气、拈阄神判或号令能力来纠合同类，这是一个具有重大意义的大变化。而此前流氓团伙往往有着一般社会流氓依附于权贵豪门或"大侠"的特点，上文所述的依附性群体正是这种类型。最后，结伙成员已经善于运用拜兄弟、认干亲义亲、通黑话切口等方式来增加团伙的凝聚力和联结性，这在以前的流氓史中较少发现，而这些恰是克服联系松散弱点、增强团伙内部凝聚力的强有力纽带。

到了宋代，社会生产不断发展，商品经济也达到一定水平，城市人口不断膨胀，城市生活日趋繁华，各种行业组织纷纷涌现，其中之一即由"讼鬼"组成的"业觜社"。"讼鬼"可以看做是近代流氓律师的源头，他们由一群专门从事教唆诉讼的无赖流氓组成，专门教唆他人词讼，并代其料理公事，以获得"解贯头钱"。"讼鬼"不仅巧嘴善辩，熟悉公门事件，而且与吏官相互勾结，狼狈为奸。"讼鬼"到了宋代出现了自己的行业组织，叫做"业觜社"。宋时的讼棍组织，既有讼师培训学校的类型，同时也已经有了同行联络的组织。如北宋时江西人喜欢诉讼，当时人称之为"簪笔之讥"。在江西，常有专门从事教诉讼为业的人，"如金科之法，出甲乙对答，反哗讦之语，盖专门于此。从之者常数百人"，"亦专以辩捷利口为能。如昔日张槐应，亦社中之铮铮者焉"。

"讼鬼组织"包括"业觜社"的出现，与宋代的社会经济环境相当有关。在当时游民大量涌入城市，这一规模巨大的游民阶层的出现，自然会逐渐出现大大小小的核心，而"从之者常数百人"，其人数如此众多，决不可小视。"讼鬼"组织中的多数人，即使不能与流氓画等号，也多有流氓习气，所从之业、所干之事也是无赖行当，他们"粗晓文墨，自称士"，给宋代流氓群体意识和行为也加入了一息文化色彩，但他们"辄行教唆，意欲骚扰乡民而乞取钱物"。"讼鬼"得食获财只需其三寸不烂之舌，但若要成大事，尚需要搜罗一大批同业同行同党分子，为自己呐喊助威，以使自己做盟主的基础牢固而立于不败之地。

一般百姓文化较低，而"讼鬼"组织的"哗徒"，恰在此方面有两下子，"愚民无知，见其口大舌长，说条念贯，将谓其果可凭借，遂倾身以听之，竭力以奉之"，而"幸而胜，则利归人，不幸而败，则祸归于己"。地方恶讼，一方面可利用文墨应付呈词编状，还可挂名学校，以这些"讼鬼"式学校作为聚众之处，造谣兴风，给官府施加压力。讼棍哗徒也常常以这些恶讼为头目，搭伙勾结为"生业"，此乃宋代流氓行为中的突出现象。

"讼鬼"组织是一新生事物，而其他流氓组织则依然老戏新唱，卖淫赌博等团伙仍旧活跃在社会舞台之上。

在北宋时期，赌具有一定合法性，出现了专门从事经营此道的"柜坊"，由半遮半露的"窝属"公然跻身于正当的"社会行当"。"闲汉"流氓开赌坊，招养了不少同类在家里，而一个赌坊的"柜坊"即一个流氓窝伙。

说到宋代流氓的组织团体，应首推"没命社"——"耀州有豪姓李甲者，结客数十人，号'没命社'，或不如意，则推一人死斗，数年为乡人患，莫敢发之"（《折狱龟鉴》）。这个流氓团伙竟然与官府作对，被下令追捕，抓住首领李甲，"杖李甲，流海上，余悉籍于军"，此团体才算解体。

元代流氓也因袭了宋代流氓的习气，亦形成了一些社会团体，并有一套组织体制。其中，有名的有"清乐社"及"扁担社"。"清乐社"原是一宗教性的祭祀组织，开始的时候"以侠名河朔，大为诸郡所重"，后来"为之社，曰清乐，以祠乐焉"，元人史无倪凭借"清乐社"建立起一支"清乐军"，这一军队多由无赖招募而成，实际上不过是流氓团体的军事化而已。而"扁担社"成员也多为"游手好闲之徒"，为生存及相关利益而结成"群党，号扁担社"。他们专干些抢劫勾当，"执有刀斧棍棒，夜偷所桑枣树，搬收米麦谷豆"，到处扰民生事，使农民不堪重负，成为元代流氓集团中影响最大的一个。

明清是中国最后两个封建王朝，至此，中华帝国开始由外向转为内向，其政治社会文化也发生相应变化。具体到流氓史的发展，则表现为泛化，流氓现象在各个社会层面渗透开来，而流氓组织也从量到质地扩散滋长起来，可举之流氓组织不可胜数。

明代初期，专制政权采取严刑峻法，流氓组织受到极大压制，不甚发达。但在中期以后，特别在明末，天下大乱之际，流氓组织团伙也趁乱而起，在各地胡作非为，"小者呼鸡逐犬，大者借高报仇，自四乡以至肘腋间皆是也"（《紫堤村志》）。同时随着明中期以后商品经济的大发展，封建都市经济更是日趋繁荣，流氓组织也随之壮大，给明代政治经济及社会生活乃至文学都打上了很深的烙印。

明代流氓团伙多种多样，比较有时代特色的是"把行"、"打行"、"访行"。

"把"是指恶棍的组织团体。恶棍无赖混聚一处，结成团体，当时称做"把"，"把"内成员称为"把棍"。"把棍"凭借其团体力量，进行诈骗掠夺，结聚银钱。"把棍"的诈骗行为，主要有"拿鹅头"及"讨白债"两种方法。"鹅头"不言自明指愚笨之人。常识告诉我们，抓鹅先抓鹅头，可轻而易举擒之，令其俯首帖耳。"拿鹅头"一词，是"把棍"欺压良善的形象表示。据历史记载，每当"把棍"预先探知某人将可能作奸犯科，便派人紧紧跟随，甚至连续好几天，等到那人动手之机，趁势将其抓获，以告官威胁，讹诈大量钱财。"讨白债"，字面意义即讨凭空之债，说白了就是挂名抢劫。他们寻找机会诱骗客商到僻静的去处，逼迫这些有钱人写下债契，然后凭证索债。"讨白债"与抢掠无异，"把"自然也成为一个破坏性极大的流氓组织，该组织在京城势力极旺，不少监生原先即为"把棍"，从而肆无忌惮。"把棍"的势力在明末势力更大。

"打行"流氓组织在明朝中叶后的苏州、松江等地普遍存在。其中，苏州"打行"的成员主要是市井恶少、不良之徒，这些社会渣滓结党成群，经常聚集数十人，凌弱暴寡，诓评剽劫，势不可挡，引起极大的民愤。其中最无赖者，即使偶尔与旁人发生口角，也要密谋放火害人。"打行"在广东、江西也存在，其残暴凶恶可与苏州打行相比。"打行"大约起于嘉靖中叶，到明末万历年间以后达到极盛。其所从事的活动，主要有以下几种：其一，号称"打行"，必然以打架殴人为专职；其二，诈骗偷盗，专门在街上"撞六市"；其三，"打行"中人有时又充当阉党余孽的打手，参与政治；其四，"打行"多以侠少、勇猛之人为头领，重报复，怀不平。由于"打行"严重影响了当地老百姓的生活，并在一定程度上威胁到了王朝的统治，官府不得不采取措施。当应大巡抚翁大立对"打行""各檄府县捕治督之甚急"之时，大难当头的苏州"打行"竟"相与也喋血，以白巾抹首"，手持长刀巨斧，冲进监牢之中放出囚犯一起作乱，并攻打都察院，纵火焚烧衙署。其时巡抚及家人正在苏州，见势不好，赶快跳墙逃走，才免一死。

"访行"的组成者是前面朝代就有的讼棍。一个"棍"字，说明了其流氓性。在苏州诉告成风，讼棍大行其道，当地如果一家有事，里中奸猾讼棍即聚集成党，连数十人为一党，连数十事为一词，其实并不是真有什么事，而是欲从中牟利。这些败类若与他人有矛盾，或手头缺钱使，一等人家有人死，即去报告官府，怂恿官府禁止他们发丧，寻找理由说人死得不明不白，然后派人检验尸体，而此繁杂的检验过程，足令此家立时破产。另有一些流氓组织成"访行"，也专靠衙门混饭吃。"访行"以苏州最盛。明代苏州的风俗轻险狡悍，上面的官员如若想察觉州里的豪猾坏事，便不能不借助一些耳目。于是一些无赖流氓，即投身衙门，交通近习。若想害人，可暗地行贿，诬陷对头，罗织莫须有的罪名，暗设陷阱，等到对簿公堂，官府虽然心知肚明，也无法为他们开释罪责。有时候，这些"访行"中人也偷偷地拘拿一些人，"设局讲款"，从中勒索讹诈。这些行为，在当时也有专门的称呼，叫"造访"。这些"造访"之人，必须公推一个为宗主，而其他群凶在下附和。这样，一倡百从，竞相标榜，称为听来文雅的"访行"，殊不知，其中罪恶黑暗难以想象。

清代北京的流氓组织，多有绰号，借以唬人，并大致以"会"为表现形式。流氓的结会与清廷骂为"会匪"的民间秘密组织稍有差异。

清代最为有名的流氓团体可首推天津的混混儿。天津混混儿亦称混星，显于清朝中叶，其主要活动为设赌包娼、争行夺市、抄手拿佣，甚至还会持刀械火器肆意妄杀。

混混儿的组织与设备极为简单，在闹中取静之地，半租半借几间房屋，设立"锅伙"，其中只有一铺大炕、一领苇席和一些炊具。该组织表面上没有任何形式，他们却自称"大寨"，首领为"寨主"，其实只不过是暗藏兵刃（如蜡秆子、花枪、单刀）之类的棍徒。有事一声呼唤，抄起家伙，便是一场恶斗；无事则在里面吃喝盘踞。寨主之下有两三个副寨主，另外聘请一个文人称做"军师"。剩下徒众概无名称，寨主对众人一律称为兄弟。混混儿以抄手拿佣、鱼"锅伙"、把持粮栈、开脚行、摆渡、拦河取税、立私炉等敛取钱财，维持生计，还经常斗殴、打群架。

在上海，流氓组织活动也一时猖獗，流氓组织主要有著名的"拆梢党"。这是一个十足的"流氓党","沪上无非游民串诈乡民孤客,或乘机局骗,或无债索偿,遇者受其欺凌,旁人莫辨真污,谓之'拆梢党'"。同治年间,沪上的"拆梢党"的头目唐少坡,号称"圣人"。唐少坡每次临场拆梢之际,索要钱若干,所勒数目一从他口说出,被勒索人就必须依从,绝对不可以抗拒,所以就有了"开口圣人"的雅号。

其他地方的流氓也各具特色。四川较有名的团伙叫噜子。这些团伙的成员大都是福建、广东、湖广、陕西的无籍之人,逃窜入川,结成恶党,平日盘踞在州县繁华之区的一些闲房里。这些流氓团伙经常在街市上纠众行强,酗酒打架,非赌即劫,杀人如家常便饭,甚至烧人房屋,淫人妇女。一般贫弱老百姓,谁也不敢稍有反抗。

而时入近代,流氓组织发生了重大变化,成为真正意义上的黑社会组织,也可算是流氓帮会的终极形态了。

匪魂——流氓帮会的精神

秦汉之后，侠字逐渐消解，起而代之的是强盗或者说流氓。流氓是个在意识和行动上都充满矛盾的群体，他们尚武又怯官，尚义却好背叛，偶有打着"替天行道"旗号的，口称反贪官，实际勒索戕害的依然是百姓。

侠义

将流氓与侠客联系起来,似乎使人感到有些奇怪。其实,流氓虽然是社会下层中反社会的不法之徒,但其中的一些人,也有时不乏存仁义之心和善良之念。这些人有时也做出一些行侠仗义的事,这时他们与人所敬仰的侠客其实并无根本区别,而且往往令人分不出其所为是"流氓"还是"侠客"。他们对贫困人家乐善好施等善行也有时被人们所称颂。

在我国,侠客之所以在人们的心目中留有好的印象,成为江湖道义的执行者,原因就在于他们身上所表现出来的令人折服的人格魅力,寄托着中国老百姓对自由与正义的追求和渴望!之所以如此,就是因为他们爱打抱不平、乐善好施。也正因为如此,司马迁单独为游侠和刺客著有列传,对他们的人格和行为给予歌颂和赞扬;唐朝宰相李裕专门写下了称赞侠客义举的《豪侠论》;著名诗人李白也谱写了五言长诗《侠客行》。唐宋以后,以江湖侠义之士们的事迹为题材的传奇作品和武侠小说更是汗牛充栋,在民间广为流传。

然而,这些行侠仗义的英雄,有时却干着"流氓"的勾当,如果仅从他们的行为而言,很难说与侠客有何种联系。但从其行为的深层意义去探究,则会发现其行侠的背后,深藏流氓的本性。如明代的游侠"秦淮健儿","闻倭入寇,乃大快曰:'是我得意时也!'即去海上从军。从小校擢功至裨将。"确也不乏英勇正义之举,立下了不少汗马功劳。然而他很快又堕落为地地道道的流氓,酒酣斗殴致人于死,黉夜盗牛,凶狠无耻。所作所为和流氓没有什么根本不同。

其实这些人以非法的手段干着仗义的事情,虽然被称之为"侠盗"、"游侠"一类,可总体来说还是流氓。只是在他们惯有的残暴粗豪中,常常流动着一股侠气。这股侠气不仅是其作恶时用来遮掩不良行径的烟雾，更是其平衡内在不安心理、抚慰天理良心的精神支柱。他们的行为在某种程度上带有平民百姓乐于见到的英雄特质，成为民众藐视官法、不满现实的一个现实偶像。

"侠客"与"流氓"之间有时难以作出明确区分，这主要是因为，对二者的评判标准难以确定。在封建社会，不同地位和不同群体的人，对于"侠"和"盗"的判断是完全不同的。被封建统治阶级诬为"盗贼"的人，在贫苦百姓眼中，却是勇敢无畏的侠士。

祖师

三教九流，五行八作都拥有自己的行业祖师，这种行业崇奉，一般是把相关行业中的某一古人或神灵作为祭拜对象，以期得到保佑，流氓在成为行业后同样如此，他们的祖师爷有两个，一是传说中的财神赵公明，一是关羽。

赵公明是传说中的财神爷，黑面长髯，披甲执鞭，身骑黑虎，道教尊为"正一玄坛元帅"。单就赵公明的身份特征来说，和流氓风马牛不相及。流氓信仰赵公明，可能是因为流氓基本无产，赵元帅是财神老爷，他们想从这位财神老爷处得到一点财运。

关公崇拜现象与渊源，本身就是说不完的话题，就关公的身世而言，与流氓倒没什么关系，关羽之所以感动中国，自来不外乎"忠义"二字。后世君主对他一再追谥加封，号召臣民"向关羽同志学习"的用意不言自明；与之同时，与官府不甚搭调的流氓帮会将他奉为宗师鼻祖，取的自然还是关公的忠义勇武，要帮众会员们以关羽为榜样，对老大忠心不二，对兄弟义气为先，械斗时勇字当头。

只是流氓纵然凶横，所选取的祖师却是两个并无职业特色的大众偶像，却也可反映出流氓这个群体精神上的彷徨。

文身

文身，就是在身体上刺画一种有色的花纹或图案。首先"以丹朱涂身体"，然后再取针"刻其肌，以丹青涅之"。（《礼记·王制》）就是在身体各部涂上颜色，再用针刺使颜色深入肌理。一旦文身之后，图案色彩不会自然消失，如果不需要时可以以火"灸灭之"。

文身原本是古代荆楚、南越一带的民俗，起源很早。《礼记》中曾这样记载道："东方曰夷，被发文身"，"南方曰蛮，雕题交趾"。

这种原始意义上的文身，实际上是一种民间风习。大多是为了趋利避害，本身并无什么消极的影响。

然而，这种以避害与时尚为特点的民间风习一旦演变为流氓的图腾就改变了原有的意义。前文已言，唐代末年，无赖恶少普遍将文身作为一种社会阶层的特殊身份标记来利用。据段成式《酉阳杂俎·黥》载："上都街肆恶少率髡而肤札，备众物形状。"这种以文身表示特定身份的行为，自唐末产生以来，经宋元明清，断断续续一直延续至今。

流氓一旦改变了文身的原始特定含义，不再是为了辟邪，其图形也就由比较单纯的"像龙子"、"像龙文"扩展到花草虫兽，于是便发生了根本性的变化。这些图案内容，除了表示恶少年的身份、作为团伙标记之外，主要还有以下几个作用：第一，显示勇武，以儆吓对方。第二，作为精神寄托，乞求某种护佑。

《酉阳杂俎·黥》记载了以下趣闻："蜀市人赵高，好斗。常入狱，满背镂毗沙门天王，吏欲杖背，见之辄止。恃此转为坊市患害。"一个好斗的流氓，靠着刺在背后的神灵让衙役们不敢下手揍他，也算是文身的另类功能了。

当然还有有文化追求的流氓，唐朝时高陵县捉得通缉流氓宋元素，他的身上有七十一处文身，左臂上的是一首七绝：

> 昔日已前家未贫，
>
> 苦将钱物结交亲。
>
> 如今失路寻知己，
>
> 行尽关山无一人。

"如今失路寻知己，行尽关山无一人"，读来颇有味道，这也可算是有文化的另类流氓了。

叫诨名

诨名就是俗称的绰号，是在人的本名以外，根据人的相貌、姓名、生理、禀赋德行、行为举止等方面的某些特征另起的名字。这种现象在我国的历史上各个时期都较为常见。本来的绰号虽然有调笑意味，但总体来说还是赞颂居多。如东汉末年的董宣，是历史上著名廉吏。光武帝的姐姐湖阳公主的家臣仗势杀人，公主藏之，董宣捉得贼子，要查办公主，光武帝说情，令董宣向公主道歉，董宣撞柱，头见血，不屈。光武帝称其为"强项令"，后遂为其绰号。强项，就是脖子硬，不肯低头屈服的意思。

大致也是从唐代起，绰号中多了许多复杂意味，进而演变为流氓和若干社会群体的基本属性之一。

流氓之所以承袭古人叫诨名的习惯，目的大概是以此显示自己的某一与众不同的特征，并以此壮振声威，威吓同行或对手。尤其是一些流氓头子，多采用自然界中凶猛的动物如虎豹之类，或迷信说法中被认为执掌一方大权、具有不可思议力量的龙、阎王、太岁等为绰号，这一方面目的在于使普通的老百姓闻而生畏、望而却步，而且在同行中也会造成一种心理暗示：不能随意侵犯其领地及利益，否则难以善罢。

流氓头子是这样，普通的小喽啰虽不敢狮子大开口，但也以自己作案的手段或某一方面的擅长、特征起一个绰号。拿常见的一些绰号来说，"洒墨判官"表示擅长写刁状讼词，"钻仓鼠"表示惯窃仓储，"强得利"表示凶横无耻、唯利是图，"野火儿"表示擅长无事生非、浑水摸鱼，"铁巴掌"表示拳硬、喜斗等等。

流氓诨名的形成有各种情况，有的是流氓自己命名的，也有的是流氓集团中众小喽啰捧大腿吹嘘出来的，还有的是老百姓叫出来的。不过，无论是流氓自己命名的也好，小喽啰吹嘘出来的也好，这种诨名在社会上都有两种不同的效应，对于流氓自己或本集团的人来说，都是取其褒义，而当老百姓称呼时，却往往和流氓一伙的截然不同，即往往取其贬义，这其中大都含有相当比重的讨厌、憎恶成分。

至于老百姓主动给流氓起的绰号，则完全是一种咒骂了，当然这种咒骂未必敢当着某一流氓本人的面直称，只能偷偷在背后叫几声，以发泄心头之恨罢了。

说到此，还值得一提的是，自《水浒传》问世之后，出现了不少流氓绰号照搬或模仿一百单八将的现象。这绝不能说明流氓想象梁山那样有替天行道的理想，他们也绝没有那么大的志向，他们只不过表面上以梁山好汉相标榜，骨子里却仍是地地道道的流氓相。

穿异服

中国古代传统地把服饰看做是"礼仪"的一部分。在中国历史上，伴随每一个王朝的建立，都会有一套固定的程序化的服饰制度。这种制度不但为礼教所维护，而且植根于人们的内心深处，不敢轻易逾越。《汉书·五行志》记载："风俗狂慢，变节易度，则为剽轻奇怪之服，故有服妖。"简而言之，奇装异服预示灾变，奇装异服者不是好人。

所以衣着与常人不同也是流氓的一个重要特征，古代社会流氓的主体通常不务正业，游手好闲，缺乏固定的收入，与这种低下的经济状况相适应，流氓一般不讲究服饰打扮，穿着比较随便，也就成了另类的奇装异服。

但这也并不是绝对的，有时候流氓的服饰也有入时者，有的还有一些与众不同的特点。譬如唐朝京师的不肖子，流行"著叠带冒"或"危帽散衣"，这种打扮似乎代表了"不肖子"阶层基本特征。清代上海的流氓，则喜欢穿紧身窄袖服装。据秦荣光《上海县竹枝词·风俗九》载："紧身窄袖半洋装，非勇非兵躯干强。马夹密门绸纽扣，成群结队荡街坊。"

将奇装异服穿出特色来的，该算是近代的天津混混。他们初入伙时目空一切，稍微手中有几个钱，便穿一身青色裤袄，做一件青洋绉长衣披在身上，不扣纽扣，或者搭在肩上，挎在臂上。腰扎月白洋绉搭包，脚穿蓝布袜子、花鞋。头上发辫续上大绺假发，名叫辫联子，越粗越好，不垂在背后而搭在胸前，有的每个辫花上还塞一朵茉莉花。走路也和常人不同，迈左腿，拖右腿，故作伤残状，称为"花鞋大辫子"。到了中年，多经世故，对人和蔼客气，穿着上务求朴素但更加务实，袍子渐短，马褂要长，袖子比常人长一二尺，为的是袖中暗藏斧把等凶器，更为凶狠的还在腿带子上插一把匕首，衣服颜色，由青蓝而灰，鞋子则改穿双梁布鞋缎鞋。到发财致富后，则是长袍短褂，绸缎缠身，云子履、夫子履，表面上和乡绅没有区别了。

这样的流氓服饰变化，几可与古代官员随着年龄心理变化裁剪官服长短的著名典故对照，看做是"流氓升官图"的一部分了。

匪律——流氓的行话与行规

现今的"流氓"一词，多半只被用于他人德行的负面描述，然而在古代，这个词却代表了一种职业，一种和其他行业一样有祖师爷、有行规、有组织、有术语、有营业范围的行当。这些东西，就是构成流氓社会基本框架的梁柱。

唇典

唇典又叫"春点",唇典之于江湖人的重要性就如字典之于读书人。江湖人不论是哪行,先得学会了"春点",然后才能够吃生意饭。"能给十吊钱,不把艺来传。宁给一锭金,不给一句春。"这两句话说明了"春点"的重要性,"春点"只许江湖人知道,若叫外行人知道了,就治不了"杵儿"(这也是句"春点",意思是挣不了钱)。

"春点"的用处举例便知,譬如,乡村里某个摇铃儿卖药的先生,正被一家请至院内看病。这卖药的先生只是个江湖人,医术不高诊治不出病人所患的是何病症。而该病人的街坊有江湖人,他要叫卖药的先生挣得下钱来,就可以向卖药的先生说:"'果食点'是'攒儿吊的粘啃'。"这"果食点",按着"春点"的侃语便是妇人,"攒儿吊的粘啃"便是心口疼的病症。如此一来卖药的先生不用给病人诊脉,便能知道这家有个妇人,得的是心痛之病。然后给病人一诊脉,把病原说出来,说得很对。病人茫然无知,以为是神医,自然就不吝钱财,于是医生和同伙能够不费劲儿挣的下钱来。简捷地说,这就是江湖人用"春点"的意义。

在广义的江湖上,有些切口或隐语是带有共性的,无论行当,只要是江湖分子,其中就懂得那些共性的语言。上面的例子,就是江湖中的通用唇典。

此类的江湖黑话因为要有一定的共性,所以更为人所知。以下是常见的通用唇典:

管男子调侃叫"孙食",媳妇叫"果食",老太太叫"苍果",大姑娘叫"姜斗",小姑娘叫"斗花子",小男孩叫"怎科子",管父亲叫

"老饩儿",管母亲叫"磨头",管哥哥叫"上排琴",管兄弟叫"下排琴",管祖父叫"饩儿的饩",管祖母叫"饩儿的磨头";管良家妇女叫"子孙窑儿",管寡妇叫"空心果",管男仆叫"展点",管女仆叫"展果",管野妓叫"嘴子",管卖当票的叫"挑拱页子"的,管当兵的叫"海冷",管侦缉探访叫"鹰爪",管小绺叫"老荣",管和尚叫"治把",管老道叫"化把",管尼姑叫"念把",管做官的叫"冷子点",管大官儿叫"海翅子",管外国人叫"色唐点",管乡下人叫"科郎码",管傻人叫"念攒子",管疯人叫"丢子点",管嘎人叫"朗不正",管好人叫"忠样点",管好色的人叫"臭子点",管有钱的财主叫"火点",管穷人叫"水码子",管麻子脸叫"梅花盘",管俊品人物叫"盘儿嘬",管好赌钱的人叫"銮把点";管天叫"顶",管地叫"躺",管阴天叫"牖棚儿",管打雷叫"鞭轰儿",刮风叫"摆丢子",下雨叫"摆金",下雪叫"摆银";管东叫"倒",西叫"切",南叫"阳",北叫"密";管肉叫"错齿子",管马叫"风子",管牛叫"岔子",管驴叫"金扶柳",管兔儿叫"月宫嘴子",管老虎叫"海嘴子",管龙叫"海条子",管蛇叫"土条子";管烧酒叫"火山",管黄酒叫"幌幌山",管买酒叫"肘山",管喝酒叫"抿山",管喝醉了叫"串山";管房叫"塌笼",管店叫"窑儿",管桥叫"悬梁子",管茶馆叫"牙淋窑儿",管当铺叫"拱页瓢子",管娟窑叫"库果窑儿";管水叫"龙宫",管梦叫"团黄梁子",管牙叫"柴",管字叫"朵儿",管笔叫"戳子",管刀叫"青子",管药叫"汉壶",管枪叫"喷子",管车叫"轮子",管表叫"转枝子",管帽子叫"顶笼",管大褂儿叫"通天洒",管裤子叫"登空子",管鞋叫"踢土儿",管袜子叫"熏筒儿",管瞎子叫"念招点",管衣裳叫"挂洒";管吃饭叫"安根",管挨饿叫"念啨",管拉屎叫"抛山",管打架叫"鞭托",管害怕叫"攒稀",管放枪叫"喷子升点儿",管"走吧"叫"窍",管跑了叫"扯活"啦,管人死了叫"土了点啦",管妇人怀孕叫

"怀儿怎啦",管人长得丑陋叫"盘儿念嘬",管穿的阔绰叫"挂洒火",管穿破衣裳的叫"挂洒水",管社会里的人不明白江湖事的叫"空子"。

而对于流氓这个特殊职业来说,切口春点就更为必要。流氓唇典通常以其独特的词语来指称事物。局外人即使无意之中听见了,也根本不明白其中的含义。这种行话隐语的秘密性,对特定行当来说,才极其有利于其内部成员之间的交流,同时最重要的一点,还能够保证本行当内部的机密不致轻易外泄。

流氓切口作为一种交流的工具,它在中国古代社会就早已产生。早在唐代时,流氓这一社会群体就已在内部使用切口。唐朝武则天当政时,有一次御史中丞魏元忠因被人诬告而下狱,武则天命侍御史侯思止审魏,侯在审讯魏的过程中,一开口便讲了两句当时的流氓黑话,让人难以理解。当时他对魏元忠喝道:"赶快承认白司马,要不然,就请你吃孟青。"魏元忠听不懂侯的意思,当然只好以沉默对之,而侯却大怒,马上冲过来将魏曳倒在地下,准备亲手打魏,这时魏却大怒道:"侯思止,你身为御史,就应当懂得礼仪,一开口就是什么"白司马"和"吃孟青",这是什么话?没有我这个御史中丞,谁来教导你。"。从"白司马"和"孟青"这两个词来看,可以说唐代就已有了流氓切口,其中,"孟青"即为"棍棒","白司马"虽然目前尚不知其为何意,但从所针对的内容来看,大概是"认罪"之意。

宋代,流氓的切口就更加日渐丰富起来。如亡命藏匿的沟渠为"无忧洞"、肉为"一身线道"、蒙汗药为"汗火"、贿赂做公的钱为"打业钱"、白手骗人为"打清水网"、夹剪衫袖以掏财物为"剪绺",等等。

元代,陶宗仪所著的《辍耕录》中,曾专门写了杭州人好为"隐语"一事。其中写道:物不坚致曰"憨大",暗中抽换物品曰"搠包儿",嘲谑蠢人曰"朸子",形容朴实曰"艮头",小曰"消黎花",大曰

"朵朵云",老曰"落梅风",等等。不过,清以前的流氓切口还不算太丰富,大量的、典型的流氓切口当产生于清代。

就清末以后的流氓切口来看,由于流氓在历史上从未形成过全国性的统一组织,也没有发生过全国性的大交流,因此,不同的流氓群体在流氓切口这一问题上也存在着极大的不同。流氓集团一般以某一城市或某一村、镇为地域进行活动,其切口也具有强烈的地域性、秘密性或集团差异性。所谓地域性,是指仅限于某个地域内使用,一旦超出这个地域即不能再作为交际的工具;所谓秘密性,是指使用某一特定隐语的成员有时仅限于某一小集团的内部或其中的几个人;所谓集团差异性,是指同一地区各个流氓集团使用的切口,也存在着显著的区别。

仅就区域性来看,上海、北京、天津等一些地方的流氓隐语是各有特色的。现以上海为例论述如下:

上海流氓切口。清末民初,上海流氓泛滥成灾,就流氓群体的构成而言,其中又可细分为流氓、拆白党、小瘪三等不同的类型与层次。在这些不同的层次中,其切口也自然各有差异。上海流氓一般切口,拳头称为"皮铆头",借口敲诈称为"讲斤头",分赃称为"劈霸",吃讲茶称为"曰人头",硬借称为"摆丹老",向人取银钱称为"挨霸",钱称为"把",带枪抢掠称为"硬爬",专骗有钱男称为"拔人",食称为"划",讲斤头的讨价还价称为"画花",手铐称为"金钏",打架称为"放炮",纠集团伙械斗称为"摆华容道",典当称为"高风子",戴手铐称为"带圳边",吃官司称为"铁馋牢",在牢中称为"里人落",过犯称为"臭盘",敲诈或抢掠时被捉称为"任上失风",一次性骗局称为"一枪头",茶会称为"蟠桃",得钱仍还人称为"呕把",看称为"扦",入伙称为"家门",出事人称为"勃头",寻仇称为"上腔",外出称为"开码头",走开称为"出松",放走称为"脱梢",看风色称为"轧苗头",说好话称为"帮腔",照应称为"札绷",寻觅主顾称为"拉排头",巡查搜捕得紧称为"风头紧",做圈套要人上当称为"放生意",小气鬼称为"小刁码子",衣裳称为"皮子",撕衣称为"撕皮子",衣破称为"桃园",短衫称为"贴血",裤子称为"叉儿",帽子称为"顶功",鞋子称为"铁头",脚称为"袜心子",入内称为"叉进去",熟悉团伙内情称为"老勃",口齿伶俐称为"樱桃尖",不善言谈称为"樱桃钝",不必讲称为"免摊"或"樱桃割短",讲理称为"摊樱桃",斗嘴称为"斗樱桃",吃茶称为"尝孟婆",寓所称为"窑",旅馆称为"客窑",住旅馆称为"藏客窑",吃饭称为"赏枪",吃酒称为"红红面孔",门生称为"底老",不是本团伙的称为"孔子",本钱称为"底勃",银洋称为"阿朗",角子称为"小马立师",铜元称为"黄粱子",铜钱称为"鹅眼",当衣服称为"吃官司",押当称为"跷脚",下雨称为"摆清",奸情败露称为"踏脱镶盖",调和奸情称为"修镶盖",面貌称为"照会",设赌骗人钱财称为"吃引水",独眼称为"单照",挖人双眼称为"借两只枣子",没有钱称为"戆皮",捆绑人投入河中称为"放水灯",借端敲诈勒索财物称为"拆梢",以绳索缚捆住受害人手足、将其身体倒植于淤泥之中称为"种荷花",偷鸡称为"采毛桃",偷羊称为"吊白鱼",店铺初开张硬诈钱财称为"包开销",设计敲诈称为"装准头",贩卖儿童称为"贩石子",拐卖年轻女子成婚称为"开条子",搜钱袋称为"抄把子",烟土称为"糖年糕",抢劫财物或用绳勒死他人称为"背娘舅",抢帽子称为"抛顶宫",剥光衣物、抢尽钱财称为"剥猪猡",抢物移脏称为"打过门",赃物称为"鹞子",抢劫称为"过堂",失败称为"走油跑马",夜间行窃称为"黑线",白天行窃称为"白线",女子行窃称为"锦线",被人看管称为"装柄",批颊称为"五分头",用拳头向其他流氓、扒手强夺硬取称为"吃横",通风报信称为"豁令子",等等。从上海流氓的行话隐语中,我们可以清楚地看出这一社会群体在日常生活中的行为特色与心理特征。

男女拆白党曹语。拆白党是活动于上海的流氓集团，多男女混杂，亦有纯女性团伙。这种流氓群体平日总是流窜于街头巷尾伺机作案，他们专门从事敲诈欺骗的活动。这一流氓团伙亦有自己的行话隐语，称做"曹语"。如：年老妇女叫做"老蟹"，娇艳女人叫做"崭盘子"，丑陋女人叫做"倒盘子"，跟踪叫做"盯梢"，四处引诱妇女叫做"兜圈子"，以微词试探女人口气叫做"摆香"，引诱人叫做"背阿大"，屎叫做"单老"，相助叫做"抱腰"，得到钱叫做"擒把"。家中富有的丑老女人叫做"玉蟹"，成年女郎叫做"枫蟹"，女人被勾引到手叫做"吊上"，不为勾引挑逗所动叫做"吊不着"，男女为幽会而租赁的秘密住所叫做"小房子"，卷用女子金钱叫做"捞横档"，向外埠拐骗妇女叫做"出货"，吃官司叫做"反攻"，拜老头子叫做"同参姊妹"，拜罢老头子后互相结拜叫做"弯脚馒头"，以色情引诱男人至下处鬼混时由事先埋伏的同伙诈掠钱财叫做"仙人跳"，专以假作丧亲骗人叫做"白衣部"，向女友诈骗叫做"拆栏干"，以美女作诱饵叫做"打乖儿"，男同伙叫做"帮闹"，女同伙叫做"连手"，勾引青年男人结为夫妇而以淫欲致死图得人寿保险费称作"黑手"，以姿色诱赌叫做"搂软把"，搂软把所获报酬叫做"引水"，引诱良家妇女来家与人苟合叫做"借台基"。

上海比较有生活特色的是小瘪三切口。小瘪三指城市中无正当职业而以乞讨或偷窃为生的游民，他们通常因饮食不及而显得身体很瘦弱，故得此名。小瘪三在上海流氓这一社会群体中居于下流地位，往往被其他流氓所轻视或欺侮。但是，从他们的所作所为来看，同样是一伙歹徒，并且他们同样也有自己内部的行话、切口。如：头目称之为"爷叔"，谓吃光、用光、当光称之为"三光码子"，庙称之为"冷窑"，寄宿屋檐之下称之为"安檐"，在门洞安身称之为"摆头庄"，宿于街亭、车站称之为"流寓"，留宿于老虎灶称之为"吃夜茶"，吃物称之为"搭摸"，饭店的残汤剩汁称之为"汤面"，烧饼称之为"明月"，残羹称之为"零露",余饭称之为"冷堆",油条称之为"油杆子",茶称之为"孟婆汤",脱衣服称之为"卸甲",严冬在暖堂取暖称之为"孵豆芽",身上无衣称之为"捐钢叉",搜身上所藏钱财称之为"抄把子",铜钱称之为"梢板",进谗言称之为"戳壁脚",收旧货称之为"跑老虎",拾烟头称之为"捉蟋蟀",兜售秘戏图称之为"卖春",代人讨债称之为"包做",人力车上桥时小瘪三帮助挽车乞钱称之为"拉轮子",劫得东西疾逃称之为"硬生意",给办喜事、丧事打杂称之为"红白",剃头匠称之为"扫青码子",讨没趣称之为"吃排头",贪小利者称之为"刮精码子",揩油称之为"剪边",说出称之为"摊",讲人丑事称之为"摊臭缸",熟手在行称为"烂饭",暗中送讯称之为"放风",会话称之为"老举三",投靠山称之为"搭山头",情况不妙称之为"走油",生梅毒称之为"四果客人",梅毒透顶称之为"开天窗",以空话搪塞称之为"掉花枪",赌光了本钱称之为"赤脚",奴仆称之为"三壶客人",吸鸦片烟称之为"吹横箫",剃头称之为"砍黑草",缝工称之为"试短枪",叫花子称之为"摇旱橹",作揖赔礼称之为"早拜年",等等。从这些常用隐语的内容中,我们可以充分看出当时上海小瘪三们的行事、生活境遇与社会地位。从这一群体的生活境遇来看,他们与其他上层的流氓阶层还存在着显著的不同。

陋规

索陋规是流氓群体中的一种不成文的规矩。所谓的索陋规,就是在流氓们业已划定的地盘内,按照不成文的规矩向本领地的流氓头子定期奉献"规矩费。"流氓团伙在各自的地盘内索陋规、分肥食,其中有"吃白道"和"吃黑道"之分。

所谓"吃白道"就是流氓团体以"地盘"内的衣食户为勒索对象。

据《朝野佥载》记载,唐武周时,扬州有一大流氓头子孟神爽,"禀心狠戾,执心鸠毒,巡市索物,应声即来,入邸须钱,随口而至"。这是流氓索陋规的较早记述。虽还不太详细,但也能略见其一斑。对于这种索陋规,徐珂的《清稗类钞》记述得就更为详细。据载,广东一带的流氓"吃白道"则有"收水"与"打单"两途。所谓"收水",就是每逢年节向商家收取"例规",可保你太太平平地做一年生意。所谓"打单",就是专拣那些富有居民或商家,以红纸作书一函,内开某某向某某暂借银若干两,限于几天内送到某处,届时自有人在彼照应,不得迟误云云。所索钱额,少则数百,多则数万。接到这种"红单"的人,一般多乖乖照办,倘若报官,必然会遭至报复。同样,那些从外埠来此"地盘"内立足谋生或路过这里摆场子混口饭吃的走江湖者,也得遵循此例。

"吃白道"的索陋规往往在年节或喜庆之日进行。如流氓利用民间的一些风俗节日,打着庆祝的招牌,公开索取。由于在某地流行的年岁久了,或者是他们巧妙地在那些本来属于民间喜庆节日的活动中添进了流氓行为、意识,人们已经渐渐习惯,竟然忘了这是流氓歹徒在乘机敲诈勒索,而给予承认、配合,使得流氓在这些日子中的猖狂活动合理合法化,轻易得逞而不受任何挫折。

所谓"吃黑道",实际上就是大流氓吃小流氓,或不同类型的流氓分享所获之利。比如《水浒传》里金眼彪施恩与蒋门神之间的争斗就属此类。本来,快活林原属施恩的领地,这块领地来往客商频繁,生意很是兴隆,有百十处大客店、二三十处赌坊。施恩靠随身本事捉着营里的八九十个拼命囚徒,去那里经营酒店。在这块领地里,凡有过路妓女之人,到那里来时,先要来参见施恩,然后才许他们去趁食。光靠这块地方,施恩每朝每日都有闲钱,月终也有二三百两银子寻觅。就是对这样一块领地,蒋门神在其主子的指使下,依靠自身的本事,硬是从施恩的手中夺走，后来施恩靠武松才又从蒋门神手中夺回。这一事例正是黑吃黑的表现。再如清代雍正年间，山东济南有一豪棍郁双，徒党甚众，凡拜在他门下的流氓，无论是哪一种类型的人，其所得都需向郁献纳十分之三，剩余的十分之七归己。

划地盘

有了经济利益（陋规）就要划定经营范围，和其他江湖诸流乃至五行八作一样，流氓帮会都有一个分地而食的不成文规矩，这就是所说的划地盘。一般按这一规矩行事，各自在各自的地盘内活动，不侵犯别人的领地。一旦有不守"规矩"者，便会引来对方的干涉或报复。

流氓划分地盘这一习性由来已久，早在西汉时期就已有记载。如有一段时期，京师被划分为四大块，北道是姚氏的地盘，西道是杜氏的地盘，南道是仇景的地盘，东道是佗羽公子的地盘，"盗跖而居民间"，各自在划定的势力范围内渔食。这种不成文的惯例，此后一直被承袭下来。三国时期，有的史籍中也记载过流氓划分地盘的事情。如吴国名臣步骘就有一段在人地盘上做生意的而受窝囊气的经历，步骘原是淮阴人，因汉末黄巾起义世道混乱而避居江东会稽，和从广陵流落来此的卫旌一起开垦小块土地，以种瓜为生。辛苦半年，好不容易盼来了瓜果成熟，但步骘不敢尝鲜，而是选了一批上好的瓜果，和卫旌一起先给当地的豪魁焦征羌送去。焦对此却并不十分在意，还摆出一副傲慢的架势来。起初，是让他二人在门外等候许久，接着是躺在坐帐后召见。到了开饭时，他座前的大案上，堆满美味佳肴，却让人递给步、卫两个人一小盘粗饭和一点儿菜蔬，且只能坐在地上食用。卫旌怒羞交加，一点儿也吃不下去。事后对步骘发脾气，责问他怎么受得了这等窝囊气？步骘坦然答道，所以要来献瓜，就是害怕他的强横，何必为争这些意气而结怨呢？从这一事例来看，步、卫二人所受的窝囊气就是在焦的势力范围内不得不向人低头的一种反映。

> 征羌名矫，尝为征羌令。人客放纵。鹜与旌求食其地，惧为所侵，乃共脩刺奉瓜，以献征羌。征羌方在内卧，驻之移时，旌欲委去，鹜止之曰："本所以来，畏其强也；而今舍去，欲以为高，祗结怨耳。"良久，征羌开牖见之，身隐几坐帐中，设席致地，坐鹜、旌于牖外，旌愈耻之，鹜辞色自若。征羌作食，身享大案，殽膳重沓，以小盘饭与鹜、旌，惟菜茹而已。旌不能食，鹜极饭致饱乃辞出。旌怒鹜曰："何能忍此？"鹜曰："吾等贫贱，是以主人以贫贱遇之，固其宜也，当何所耻？"
>
> ——《三国志》注引《吴录》

吃讲茶

流氓大体轻然诺、不讲信义，因而在地盘和利益的划分上经常有矛盾。矛盾一旦产生就要寻求一种解决的办法，其中吃讲茶就是一种解决矛盾的"文"的办法。

"吃讲茶"是流氓通过讲理、消除矛盾、达到和解诸方式中最典型的一种。所谓"吃讲茶"也叫"曰人头"，具体做法是，当事双方齐集茶店，边喝茶，边论说，请茶客或特邀中人加以评断，理屈的一方偿付茶资及所需费用。据胡祖德《沪谚外编·新词典》载："'吃讲茶'：因事争论，双方往茶肆中，将事由宣之于众，孰是孰非，听凭公论。"如果双方唇枪舌剑后达成谅解与妥协，则当场请调解人将红、绿两种茶混在碗中，双方各持一碗一饮而尽，然后喝酒碰杯，以示了结。又据《淤南梦影录》载："失业工人及游手好闲之类，一言不合，辄群聚茶肆中，引类呼朋，纷争不息，甚至掷碎碗盏，毁坏门窗，流血满面扭至捕房者，谓之吃讲茶，后奉宪谕禁止，犯则科罚店主。然私街小弄，不免阳奉阴违。近且有拥至烟室，易讲茶为讲烟者，益觉肆无忌惮矣。"徐珂在《清稗类钞·棍骗类·上海地棍之吃讲茶》中，对吃讲茶也作过详细的诠释。该书中这样记载道："吃讲茶者，下等社会之人每有事，辄就茶肆以判曲直也。凡肆中所有之茶，皆由负者代偿其资，不仅两造之茶钱也。然上海地棍之吃讲茶，未必直者果胜，曲者果负也。而两方面之胜负，又各视其人之多寡以为衡，甚且有以一言不合而决裂用武者，官中皆深嫉之，悬为厉禁。"

可见，通过吃讲茶有时确能消除一些矛盾，解决一些存在的问题。但由于流氓终究是一伙歹徒，所以有时单靠理喻绝不可能彻底解决问题，在这种场合下，所谓的吃讲茶也可能变成一种颠倒黑白、混淆是非的活动。这时甚至连吃讲茶的地点都会变成大动干戈的场所，矛盾双方旧恨未消，新仇又添，于是乎"武"的一手就将登场了。

当"吃讲茶"失败，谈判讲和不成，流氓双方就退出和谈，有的立即动用武力，拼个你死我活；有的则约定时间、地点、人数而决一胜负。结局当然是胜者益凶，称霸一方；败者为寇，让出地盘或财产。不过，矛盾的双方不论死伤多少、后果如何严重，决不能告官，若违反了这条不成文的规矩，就会被全体流氓视为"不吃硬"的败类，在江湖社会上永远抬不起头来。

讹诈

讹诈大概是流氓最为典型的特征行为，甚或可以成为这个团体的标志。

硬赖是流氓最常用的一种获财手段，所谓硬赖就是不加遮掩直来直去的讹财手法。至元五年，据中书省呈文，民间婚姻嫁娶一般都择良辰吉时，但当时有这么一批"不畏公法、游手好闲人等，每当遇到民间嫁娶，就"纠集人众，以障车为名，刁蹬婚主，取要酒食财物，故将时刻阻误，又因而起斗攻伤人命"。更有甚者，元代的一些"凶徒恶党"不务正业，"风闻公事，妄构饰词，论告官吏，恐吓钱物，沮坏官府"。由此来看，元代的流氓强索硬诈，其危害所及已不仅是一般的平民百姓了，而且还殃及一些地方官府。

这种"强赖"现象，明代以后就更是随处可见。如明代成化年间，有一王骚狐，倚恃凶泼，专门殴打平民，强赖他人银两，自称"赖皮"。成化四年，骚狐手拿尖刀，前到军人刘海家强讨白面食用，刘海没给他。于是，"骚狐自将头须打破血出，倒在地图赖"。刘海惧怕，只好"将银一两三钱、白面一斗与骚狐接受回家"。次日，这位王骚狐又到卖面军余刘清家毁骂，也是自己将头打破图赖，"拿刀要戳"，强行将刘清"身穿水褐绵细衣裳、羊皮袄一领剥拿回家"。

《清稗类钞·棍骗类》中所记朱福保率乞儿吃光面可谓是讹诈中既刁钻又滑稽一个事例。朱福保，是清末江苏吴县的举人，专门靠讹诈为生，此人可称得上是一位有文化的流氓。道光年间，他因被人控告，革去举人功名，还被投入监狱。到咸丰元年，遇上大赦，才被释放。出狱以后，这位流氓仍然不改讹诈之恶习，依然横行霸道。一天，朱福保见有一家新开的面馆，生意兴隆，于是他就来到这家面馆，上了楼，连呼跑堂的，"取光面来"。所谓"光面"，就是"无饺之面也"。店里的伙计开始不认得他，就随口说："本店规矩，吃大面坐楼上，吃光面坐楼下。客官吃光面，请下楼吧。"朱道："按照你的说法，吃中面者（半饺之面即中面）将坐到楼的中间了。"店伙随口答应。到了第二天早晨，朱福保召集乞儿若干人，每人给钱数十文，以二人为一班，分班到面馆中吃中面。吃时，一律坐到楼梯的中间，一班人后，又一班来，至中午还未散去。别的客人到面馆中来，看到乞儿坐在楼梯上，进门后就即刻离去。店主大窘，急忙向朱福保请罪，"且贿以金，朱乃麾乞儿去"。又有一次，朱福保路过一家古董店，看见一个古瓷瓶，色泽至佳，就问店主价格多少。店主答道："没有银十元不卖！"朱道："在我看来，也就只值一元。"店主嗤之以鼻，且道："一元钱，只能买瓶耳罢了。"这个瓷瓶旁有两耳。朱福保默然离去。第二天，又来古董铺，从囊中掏出银元一元，放到柜上，在地上捡起一块砖，敲掉瓶旁两耳，"怀之而去"。店主害怕他的势力，只好不与之计较，"沮丧者累日"。

　　任意敲诈，也可看做所谓的"硬赖"，也是清代流氓常用的手段。清末光绪年间，朝廷下令，不许民间剃发。当时宁波桃花渡地方，有一家剃头铺，自从奉行出示的晓谕后，就闭门歇业。只是有一天，有过往客人进店梳辫，这当然不在朝廷违禁之内，所以剃头匠也不拂客人之意。不久，客人离去。突然，有两个无赖进入店内，身穿号衣，好像兵勇装束，对店主人道："私自替人剃头，法令何在？速速随我们走，不得稍迟。"店主人反驳："你说我替人剃发，那么现在剃发者在哪里？如果凭空捏造，这怎么能服人？"另一个无赖接口道："姑且不要说剃发者在哪里，总之，你生意很好，也须大家弄些好处。"店主人道："正因为不好，才致今日无从糊口。你们何必欲得好处，那么随尊意可也。"无赖子见他语言激扬，便不由分说，将店主人拖翻，乱打一顿，"过新浮桥而去"。幸好当时围观者各抱不平，将无赖捆住痛打，才使店主免被敲诈。

　　说起流氓团伙的诈骗活动，最有名的自然还是"仙人跳"。这一手段，宋时称"美人局"，明朝叫"扎火囤"，清时到现在称"仙人跳"，名称虽有所不同，但形式却如出一辙。所谓"仙人跳"，就是一些奸诈之徒，从世上这种男贪女爱的风情上面，想出一些奇巧题目来，他们"做自己妻子不着，装成圈套，引诱良家子弟"，一等成就好事，就率领光棍打将进来，"诈他一个小富贵"。这种讹诈行为，委实陷了不少人物。但有趣的是有时若碰上一个熟谙内中行径的流氓，反而会"赔了夫人又折兵"，不但不能讹得钱财，而且还会落得个"竹篮打水一场空"。如明时有一泼皮子弟，深知扎火囤的行径，佯为不知，故意来缠。正在床里作乐的时候，做此生意的流氓就打将进来，可是这个泼皮不慌不忙，将流氓的妻子搂抱得更紧，不放一些宽松。流氓将刀背放在泼皮的颈子上，却不敢下手。只好放下刀子，拿起一个大擀杖来打泼皮。不料又错打在自己妻子的身上。到了此时，泼皮才与他实说："老兄放下性！小子是个中人，我与你商量。你要两人齐杀，嫂子是摇钱树，料不舍得。若得到官，只是和奸。这番打破机关，你那营生弄不成了。不如你舍着嫂子，与我往来。我公道使些钱钞，帮你买煤买地，若要扎火囤，别寻个主儿弄弄，须靠我不着的。"其夫见说出了底细，无计可施，也只好就此收场。于是，这位泼皮起来，从容穿了衣服，对着妇人叫声"聒噪"，摇摇摆摆，径自去了。这个"扎火囤"的主就正巧碰上了一个"懂行"的无赖，而且这个无赖既有胆量，又有些手段，以至于使得"扎火囤"者也没了招法，竟被无赖子白白地占了"便宜"而去。

行骗

行骗是流氓团伙求生的重要手段，在行骗方面，流氓所采用的方法也是五花八门，一时难以类统，但大体说来，主要有以下几种：

设局赌博，早在宋代，有的流氓就开始采用"设局"以骗财的办法。其中借赌博骗钱则是他们最惯用的伎俩。骗人钱财在清代也较为盛行，有些旗人自己出钱开赌场，诱引别人，聚集无赖，从中放头抽头。有些赌场，是由痞棍所开，而且开在市场上，而有些赌场则由"匪衿"所开，他们也"日集无赖开场赌博，盘算良善"。这些痞衿的赌博场，一般深藏于密室，极为隐蔽。不过，同是赌局，其所起的不良影响则是相同的。

除了设赌局以骗财的以外，以美色设局骗人的更是所在多有。唐传奇中就有许多这类故事，想必都是以生活为本。到了宋朝，徐士鸾《宋艳》之中曾记一段更为真实的经历：说的是北宋宣和年间，吴人沈将仕携金数万到了京师，交上了郑、李二小生为朋友，"一饮一食，三子者，必参会周旋。"某日，三人同游野外，经过一片池塘时，见有一些仆人在洗马，看见他们过来，都垂手请安。沈将仕很惊异，"以为非所应得"。郑、李两个解释说这是故人王朝议的家仆，认识我们俩，故有此态。三人又前行数百步后，李生对沈说，与其信步浪游，泛泛无所归宿，倒不如就骑上王朝议的马去拜访他，他过去在大郡做地方官，家资殷富，有多姬侍，又喜宾客，现在养老在家，卧床养病，"诸姬悉有离心，而防禁苛密。幸吾曹至，必倾倒承迎，一夕之欢，可必得！"郑生也在一旁怂恿。沈将仕果然心动，便随他们一起返回池塘边，只见那些人马还在，郑生开口唤过，三人一一上马。仆人唯唯，请问去往何处？李、郑二人说就去拜认你们家主人。"遂朕镳并辔，转两坊曲，得大门，门内宅宇华邃"，果然气派。仆人行先入内通报，过会儿出来道，王朝议闻有客人造访，"喜甚，但久病倦懒，不能具冠带，愿许便服相延"。果然，一个"衰翁"出来迎客了，"容止固如士大夫，而老态殊甚"。揖座东轩后，王朝议吩咐摆酒席，虽说"不甚腆侈，皆雅洁适口"，唯酒过三巡，王老"忽嗽且喘，喉间淡声，如锯不可支梧"，便打招呼说不能尽东道礼仪了，请郑生代替，自己先去小歇一下，俟服药后再出来陪客，沈将仕颇觉失望，"步于外，将舍去"。忽然听到一间厅堂里传来女人的喧笑和掷骰子声，便循声前往，"自屏隙窥之"，但见"明烛高张，中列巨案。美姬七八人，环立聚博"。而李生径入，和美人们随意调笑，看得"沈神志摇荡，顿足曰：'真神仙境界也，何由我预此胜会乎？'在一旁陪同的郑生马上说，这些女人都是王朝议的侍妾，王朝议正在小寝，"恐难与接对"，你不比我们是熟人，彼此无间，沈将仕再三恳求郑生，自称随身带有许多钱，只要能进去参加，输光亦无所谓。郑生拗他不过，"逡巡乃入，睢盱侦伺"，探头探脑如做贼一般，"良久，介沈至局前"，真是充满了神秘感，更令沈如闯入瑶台仙境。那些美人也真会耍"标劲"，个个做出不胜骇异状，"咄曰：'何处儿郎，突然到此？'"郑生忙为解释："吾友也。知今宵良会，愿拭耳目。"于是美人们一面取酒满酌奉上，一面关照小丫环"伺朝议睡觉，亟报"。"乃共博，沈志得意逞，每采辄胜，须臾得千。诸姬钗耳首饰，为之一空"。而"沈心不在赌，索酒无算"。最后有一个输得最多的美姬拿来一个空樽，说是要做"孤注一决"，沈将仕正昏昏然，信口答应，哪知这一"决"便输了，而"空樽"翻转，里面尽是金钗珠宝，一一计算，不仅沈将仕先前所赢的全得归还，"又探取腰间券尽偿之"。稀里糊涂地还没有搞清是怎么回事，忽"闻朝议大嗽，索唾壶急。诸姬推客出，奔入房"。三人意兴杳然地向王老告别，王老不知道刚才发生过的事，还约他们过几天再来玩。当晚沈归邸后，"卧不交睫，鸡鸣而起"，首先去找郑、李二人，没影儿了。"遽走王氏宅审之，空屋无人。询旁舍居者，云：'素无王朝议者，畴昔之诳，有恶少年数辈，仰平康诸妓，饮博于此耳。'始悟堕奸计。是时钱袋空空如也，而郑、李不复再见踪影"。

在以美色为骗局者之中还有以女性婚嫁行骗的。这种行骗方式，在旧时的中国南北地方均广泛存在。对于这种行骗方式，上海把它叫做"放白鸽"。据说，是因"豢鸽而放，必裹同类归来，获利数倍"而名之。据葛元煦《沪游杂记》卷二《放白鸽》载："近有以人为鸽者，如来历不明之年轻妇女，或售卖自身，或入人室。不匝月间，非卷资遁逃，即诬控拐逃，使买主人财两空。"北京则把这类事情称做"放鹰"或"打虎"。

此类行骗，花样甚多，比较过分的是饰男为女以此骗钱。据《清稗类钞》载，清时有一位绅士，前去扬州买妾，接连看了数家，都没有中意的。时有一老妇，寄居卖女。此女年方十四五岁，丰姿姣好，又善诸艺，大悦，急花重金购回，"至夜，入衾，肤腻如脂，喜而扪其私处，则男子也"。原来，这位老妇是以美童扮美女，刻意修饰之后，"设局以欺人"。

以官府、官名义行骗也是常见手法，这种骗局同样花样繁多，不胜枚举。明清有俗语"撞太岁"，就是说流氓混迹官场，招摇撞骗，靠官府吃饭。对"撞太岁"，明人张襄的解释是："京师依托官府，赚人财货者，名'撞太岁'。吴中名'卖厅角'，江西名'树背张风'，皆穿窬之行也。"这个"撞"字用得极妙。无赖子们整天无所事事，在街上闲逛，目的就是寻找一个骗取钱财的机会以资生计。但到哪里去寻找机会却毫无目的，所以只能靠"撞"大运了。撞太岁的方式也是五花八门。明英宗天顺年间，京师有无赖子数十人，常在吏部前徘徊，打听到选官监生，"或谋赂内外官求美除"，但因家境贫困财力不足，因此只好借贷，于是无赖子就将他们带到富裕人家借钱。借来银子以后，就替他们行贿。如何行贿姑且不论，若一旦有时凑巧，选官偶得肥缺，无赖子就"掩为己功，分有其金"。同时，无赖子又执借银凭据给所除官，一同前往任所，"取偿数倍"。其余伪造文书，冒充官员或官员族属等手段花样百出，难以尽述。

打手

有些流氓被豪强豢养，成为他们的爪牙，打手。

打群架，横行市井，以强暴之力诈取市井百姓的钱财，这是流氓的又一手段。宋代流氓时常在城市里欺行霸市，侵暴乡村入城小农，动辄打人，而且打人的拳法还自成一派，号称"社家拳"。南宋时期，还有一批不逞之徒，专门"以揪打衣食户为事"。即使受害者告官治理，也毫无作用，以致其害益甚。这类流氓活动，在当时也有专门的称呼，称为"打聚"。

大概也正是因为流氓善打，所以流氓当中的确有不少颇有点拳脚功夫者，即使这种功夫不过是花拳绣腿，然对付百姓还是绰绰有余的。《金瓶梅》小说中"破落户"西门庆，其实就是这类流氓的代表。动不动就打人，在街上如山神恶煞一般，这大概就是人们对流氓的基本印象。

明代成化年间，北京的流氓也极凶暴刁泼，专以打人为生。他们时常拿着流星袖棒，有时携带秤锤、尖刀，藏在身上，强霸他人妻女，"欺打平人"。有时碰到地方上的大户解送各项钱粮到北京，这些流氓凶徒就乘机抢取财物，稍有不从，"辄便欺打"。

流氓这种"打"，通常情况下是对一般平民百姓的，然而有时流氓之间也发生冲突，出现互相仇杀的局面。如在江苏太仓沿海一带，就有一些流氓以贩卖私盐为业，继之则结党行劫，最后导致互相仇杀。天津的混混儿经常打群架，以显示自己的实力，也算是耀武扬威；上海的白相人也常在茶馆中"吃讲茶"，如果言语不和，最后也诉诸武力，靠斗殴解决问题。而流氓与流氓之间的寻仇打殴，比起流氓殴打平民来就更为凶惨了。

清代，松江青浦县周浦西六里，名苏家桥，此地就有一些流氓，时常扰乱社会治安，还动不动就斗殴"打降"，有时他们内部也发生一些流氓群体之间的群殴。据载，苏家桥一带，比较有名的流氓有陆寅、王六等人。有一次，他们拦路抢劫了一客商之米，被周浦镇乡兵擒获，就地斩首。周浦镇地方虽小，但流氓的"打降"活动却极多。镇上大富之家不多，而小康之家确也不少。镇上的人获知此事以后，知道苏家桥的流氓会前来寻衅报复，于是一些"强梁者立起议论，倡为先锋之说。分一镇为四境,每铺之富商店铺,或两数,或钱数,各就其地,每日送与强梁者为防护焉。整备刀枪器械,置造旗帜衣甲,编十家为甲,练集乡勇,铸成大炮,以御抢掠"。应该指出的是,这其中的所谓"强梁者",也无非是一些流氓打手,只是由于他们才敢出头露面,充当斗殴中的"先锋",所以当地百姓才将安危寄托在他们身上。在当时看来,作这种抵御流氓的准备是完全必要的,不久,苏家桥的流氓却真的纠合梁家角并塘口等地的流氓,前来周浦镇报仇,"三更时分,东西发号炮,各家惊愕","人人结束执械,思图混战"。这场混战,实际上是一次乡镇流氓之间的大斗殴,其结果是可想而知的。

"打行"原是明代存在于三吴一带的流氓组织,其间的参加者都是一些职业打手。这种组织至清代仍存在。在清代流氓中,也有专事打架的"打手"。那么,清代的"打手"究竟是些什么人呢?对此,清人魏禧的《兵迹》中有如下记载:"四方行教者,技艺悉精,并诸杀法,名曰打手。"如康熙年间,"男子联姻,如贫不能娶者,邀同原媒,纠集打降,径入女家抢亲。其女必婿亲扶上轿,仍以鼓乐迎归成亲,次日杯酒释欢"。民间发生诉讼,一般双方"各有生员具呈",到了听审那天,双方"又各有打降保护"。所以,"打降"又称"打行"。打行的头儿一般善于拳勇,他的部下都是一些少年无赖,"闻呼即至,如开行一般,谓之打行"。

在杭州,由打行中的打手所参与的打降活动非常猖獗。如雍正三年,杭州的土棍董御天在仓桥面铺因赊欠面账而与铺主发生争吵,就纠集一大批流氓,连续打砸倪四、许云先、王长善、徐云乡四家面铺。此事载于《宫中档雍正朝奏折》,打手之凶恶,甚至上动了天听。

流氓的盛宴——政治流氓与流氓政治

人们通常将中国古代王朝的开创者分为两类：贵族和流氓。其实这两者并不冲突：前者因天生有所凭借，动乱时较为容易立身起家；后者则为人行事较少顾忌，能迅速适应尔虞我诈的恶劣政治环境。非但不冲突，反而能达成主客观的完美配合。是以成事的贵族多有流氓气，而成事的流氓全无贵族气。

换句话说，其实他们只是出身或好或坏的流氓。

流氓及流氓团伙的界定标准，是无产又不从事正当行业的人群，而这个"正当行业"的标准却难说得紧，天下扰攘之时，不乏心怀大志的流氓结伙从政，并最终成就大事的，这些人虽然后来被称为太祖、元勋云云，但骨子里还是流氓。

全国性的流氓政治始于汉朝。除刘邦这个开国皇帝是无赖出身外，整个统治集团之中具有流氓身份的人实为不少，形成汉代统治中心的流氓政治。

刘邦手下的将帅，曹参、萧何曾为府吏，算是比较正经，除此外多有鸡鸣狗盗之徒。参谋人员张良也与"侠客"和市井少年多有联系；韩信"贫无行"；樊哙为刘邦连襟，"以屠狗为事"，极为粗鲁蛮横。其他的官员当中也多有无赖，非但文化素质不高，连基本的道德修养也很差。开国后不久，洛阳旧宫内"群臣饮酒争功、醉者妄呼，拔剑击柱"，简直是流氓大聚会，是下层社会来的"功臣"本性的必然表现。在此风气带领下，汉代的一些皇亲国戚与一般大臣，带有流氓习气者也不乏其人。像刘彭离身为封王，即纠合"亡命少年"，"专干一些行剽杀人"的坏事；广川王刘去疾，也网罗无赖少年，专干游猎，并发掘他人墓葬。

五代十国时期是流氓史上的"黄金时代"，流氓活动不再局限于社会生活的下层，而且还是上层政治生活中最惹眼最活跃的成分，政治的流氓化已经达到登峰造极的地步。

这个时期不断变换的各个政权，多由来自社会底层的流氓团伙首领或骨干所建。这些"皇帝"有自己的绰号，后梁太祖初是连荠党都厌恶的"朱阿三"。他在"开国元年"在开封举办国宴，只见酒过三巡之后，文臣武将、皇族新贵各个挽袖出臂，猜拳行令，大殿之上乱得成了赌场。刚才还是九五之尊的"陛下"，现在却和几个酒肉朋友赌钱，在争赌之际，满口村言醉骂。突然之间，有人破口大骂，对着当今皇上吼道："朱阿三！你不过是一个小百姓，适逢运气，皇上提拔你当了四镇节度使，有什么地方对不起你的？你却忘恩负义，灭了唐朝三百年社稷！"说罢，劈手夺过皇帝面前的骰盆，哗哗啦啦全部摔到地上。这个敢犯"龙颜"的人，正是朱温"皇兄"朱金昱，只见他摔过骰盆后，也不顾皇帝在身后骂骂咧咧，恨恨不已，竟自出宫向老家去了。

其他政权的头脑，还有"独眼龙"、"斗鸡"、"郭雀儿"、"贼王八"、"白马三郎"、"无赖子"，等等，值得我们仔细琢磨。如后汉高祖刘知远、吴王梅行密、南唐国主李煜等亦都有兵痞、无赖、赌棍、打手、走私犯等底牌可查。

流氓头子称帝称王，团伙骨干自然就出将入相。信手拈两套五代十国的"政府班底"来看看。后周郭威的部下，从老七兄弟冯晖排起，向上一直从偷鸡摸狗玩到杀人放火的亡命之徒。再听听拥有的"鲍不闹"、"柴黑子"、"顾和尚"、"李猫"、"王剑儿"等诨名的一班节度使、兵马使们的"雅号"，可以想见当时的一般状况。前蜀光天四年，布衣蒲禹卿上一道策论说，现在是"衣朱紫者皆盗跖之辈，在郡县者皆虎狼之人"。编修《宋史》的史官们讲的更干脆："宋初诸将，率奋自草野，出身戎行，虽盗贼无赖，亦厕其间，与屠狗者何以异哉？"须知，宋初诸将几乎全是五代时期的权势人物。

这些由市井之徒组成的各个短命王朝，满地皆可笑之事，与赌场聚所、娼间小处、无赖所居简直无甚差异。

独揽吴国大权的徐温，贩卖私盐很在行，可是个文盲，看不懂奏章。后汉的掌权者，自身鄙陋，可是又瞧不起儒生。太师兼侍中史弦肇自幼"游侠无行"，发迹后老挂在嘴边的是"文人难耐……可恨、可恨！"

如此流氓当然不懂治国，整个五代时期，除了后周特别是在郭威的养子柴荣做皇帝后，有过一番锐意更化的气象外，其他的则根本不管亦不知生产之事，他们所擅长并且很乐意去干的，就是对社会政治经济的大破坏。朱温决黄河之堤以保温州，烧尽堆积如山绵延五百里的粮草储备以"清野"，都说明什么叫流氓意识在"政策策略"中的体现，或干脆叫"流氓政策"。还有那位"斗鸡儿"李存勖，坚信自己是"于十指上得天下"，非但压根没想过恢复生产的问题，还每天带着大批人马外出打猎，肆意践踏老百姓辛辛苦苦在满目疮痍的土地上生产开垦出的农田。他甚至连金銮殿上的秩序也无意建立，倒是觉得这个地方很宽敞，于是放养了一群恶狗，坐朝时群狗或卧或跑，或蹲或窜，"大臣"们就在这样吠猂相伴的环境中与"皇上"商量大事。荆南高季兴父子的"基本国策"更是为"妙",由"政府"组织拦路抢劫,凡各国外交使团或客商行旅打荆南路过,无不被抢。他们不想关心生产,黑道白道上来的财利就是"国库"收入。

非但流氓的行为言语带进了政治,而且流氓的印迹——文身雕青,也随流氓分子进了龙庭。

后周开国皇帝郭威少时,加入到冯晖组织的流氓团伙,各种坏事都干尽了,无所不偷,无所不抢,依然一贫如洗。一次,侧门让一个会文身的道人为自己做"针刺手术"。道人在郭威的脖子右面刺了一只雀儿,脖子左面刺了一些粟谷;在冯晖的肚脐上刺了一口瓮,瓮内刺几只雁。照这个道士对图案的解释,就是两位今后当自爱惜脖颈和肚脐,有什么时候雀儿能衔到粟谷,雁儿能飞出瓮口,也就是发迹的时机到了。其实,这不过是道人对这两个连针刺费也付不起的无赖的调侃,甚至夹着断颈剖腹的诅咒。不过,对郭威、冯晖来讲,却多了份与"针史"不同的吹嘘。

寒食节临近时,冯晖的老婆准备了好几双麻鞋,准备赶集时卖了,换些钱过节用。孰料尽管把鞋藏得很严,还是被无赖丈夫搜出变成了酒资赌本,等到输光醉倒,一头栽在家门口半天爬不起来,他老婆发火道:"节日到了,如何办得?"冯晖居然摸着肚脐大言不惭地回答说:"休说办不办,且看瓮里飞出雁。"最让冯晖老婆做梦也没想到的是,她的丈夫及其同伙还真的"飞出"头了。郭威后来当上后汉王朝的邺都留守,打算废帝自代。后汉皇族中有人向其试探,郭威指着脖子上的染青雕花说:"世上岂有雕青天子?你们尽可放心。"其实这话起不了蒙汗药的作用,雕青无赖做天子,流氓混混占龙庭,流氓政治大行其道,在五代十国是极其惯常之事。

到了明朝,政治流氓化不仅表现在其出了历史上的大政治流氓朱元璋,而且整个政治系统都表现了强烈的流氓化倾向。

朱元璋的某些子孙，即都城与各地的藩王、亲王，完全是一副流氓、无赖嘴脸。他们仗势欺人，无恶不作。他们是名副其实的豪强，其所作所为大多有无赖性。封到山西的晋王朱枫，威逼民间美丽的上等处女入宫，稍有不中意者即随便打死，烧成灰，送出宫外。还对宫女滥施酷刑，有的割掉舌头，有的被五花大绑，埋于雪中，活活冻死；将七至十岁的幼童阉割一百五十多名，伤痕尚未痊愈，就令人运到府内，致使多名幼童死亡。再如伊王朱彝，"平居集裸男女杂坐之"，所以，后来得了一个"厉"的恶谥。又如荆王朱瞻冈，屡次聚集恶少骑射游猎，微服外出，抢夺他人美色妻女。无赖流氓为虎作伥，假传令旨，虚张声势，挟制官府，欺压百姓，更有甚者，将人捉至王府，殴打致死。

王法不治王亲，百姓便要隐忍，隐忍不下，反正是死，只有造反。明湖广吉王、汴城王欺压百姓，强占百姓赖以谋生的田地，"民怨已极，壬午遂有逆冠决河之祸"。中国农民一般只反赃官，不反皇帝，但至明末却再不管那些，义军挖了朱元璋祖坟，把福王朱常洵杀了与鹿肉合烹，号为吃福禄酒。攻下大同后，将明家宗姓约四千余人屠戮将尽。王室的流氓化终于在灭朝之际遭到了老天的报应。

勋戚贵族同样在流氓化。

翊国公郭勋，招纳亡命之徒，滥开违法大店，擅收私税，酷用官刑，四路邀截客商货物，多次霸占军民房屋，贪酷专权。如南京是东南财赋之地，淮扬又是鱼盐饶腴之所，郭勋在这些地方的城市设有私店，他手下的伙计群体聚合，兴贩各种可赚钱的杂物。当时，无论是水上舟船，还是陆地车辆，都有"翊国公"金字牌面，进行骚扰地方的活动，而一些官府关卡因慑于郭勋的权势，也不敢向他们收税。郭勋就是靠自己的特权，侵渔民利，一年能收入几万两银子。一些权势太监所置的房产，一旦故去或失势之后，也被郭勋任情吞并，无所顾忌。当然，这些太监产业的来源也并不光明，郭勋的行为不过是黑吃黑而已，但郭勋这种强行霸占的行为，确实很有一些流氓的手段。

最令人触目惊心的是王朝统治的核心力量——衣冠士绅也流氓化了。明成化十八年，原任南京监察御史方格丁忧居乡。在乡期间，他霸占自己亲叔叔的田产，抢夺寡居嫂子的棺具。不仅如此，他还置朝廷守制大礼于不顾，在守制丁忧期间，放纵儿子饮酒作乐。这位方御史最后被族人告发，朝廷遣官勘治，却仅仅被轻描淡写地拟上"赎杖复职"的处罚。

上下如此，明代于是形成了流氓渗透政治的制度性渠道，这就是所谓"捐纳"制度。它作为科举制的补充，为王朝提供"干部"，只可惜这些"干部"是用三寸不烂之舌和无赖手段换来的钱财买来的。"市井无赖，朝得十金，夕可舞文官府"，流氓无赖钻营取巧即使不为官决断，也可充当衙门胥吏。"捐纳"，说穿了就是卖官鬻爵。像中央的太学这样的全国最高学府，由于纳粟而使无聊之徒进入厅堂。在国子监中多污浊猥琐之人，其所能为朝廷提供的人自当是奸猾卑劣的流氓。

国子监之中名副其实的流氓不少，他们在里面结党营私，交结匪类。万历年间，鸿胪寺序班郭廷林乘四人大轿赴饭，途中正好碰上监生聂文览、朱正色。两人没有回避，被抓住笞打，两人怀恨在心。此后打听到打人者不过是小小的序班，不禁大怒，回去堵住大门破口大骂，郭廷林只好闭门不出。第二日，聂文览就叫了徒党百余人，冲进郭庭林居所，抓住他一直告到寺卿处。郭庭林被捆绑着，徒步跟随，一时间成为笑谈。明后期的监生，入监之前好多即是流氓，当然不能有什么好的影响，平常纵情淫荡，甘愿与低贱者为伍。更甚者，在同僚之间，互相陷害，刊刻诬谤文章，国子监已成藏污纳垢之地，淫荡作乱之所。

监生是王朝的"后备干部"，而生员乃贡生、监生的本源。监生到一定时限，即可被选任为官，部分监生又可通过科举入仕之途。缙士乡绅是监生发展的未来。可是在此前如果是造谣生事，纵情淫荡无赖之人，一旦为官，又不过是流氓入仕而已。晚明仕道黑暗，贪官骤增，虽有朱元璋所定严刑峻法亦不能制止这种情况，看来又与社会生活之中无赖流氓的大量存在，进而又影响到监生、生员有直接关联。

明代的流氓也渗透到最基层的乡村政治之中。明代中期后，保甲制代替里甲制，无赖流氓替代了乡间耆老成为保长、保正。原来的乡间大老凭借自身的威望进行了乡间治理。而后来乡民困顿，只好雇用市井无赖充之。另有无赖充任收粮之官，他们专门克扣小民百姓，以肥私己。

明代流氓涉政的最恶劣表现为流氓与太监合一，明代太监专权是家常便饭，这基本就等同于流氓专权。

最明显的例子莫过于臭名昭著的魏忠贤，年轻时本来就是吃喝嫖赌样样来，成天与一帮无赖鬼混的流氓，后来赌输了大钱，还不起，走投无路，才自行阉割，进宫当了太监，正是这样的流氓无赖，却在天启年间掌握了国家大权，专权乱政，称九千岁。

明代太监不仅从流氓起家，而且一旦得势掌权以后，招纳亡命之徒，成为其头领，对他们颐指气使。这些无赖，对太监的权势甚是羡慕，力图借助太监的权势，为自己找到一棵庇护的大树。东厂西厂的设立，是太监参与政治最显著表现，他们虽没有官职，却通过这两个特务机构进行直接或间接遥控指挥。东西厂不仅仅是朝廷的特务机构，而且也使流氓参与政治合法化，使他们不必再暗地里敲诈，而是堂而皇之地公开勒索，甚至掠夺。

太监专权无异于流氓涉政，其中原委还可从太监自身的心理寻找原因。撇开入宫前的流氓习性不说，太监在生理上的不自足逐渐转变为心理上的变态，倘若说成为被阉割的太监是社会对他们的不公和报复，那么他们对外在世界的回应性报复是在情理之中。其因势趁利，利用身边接近皇权中心的优势，弄权玩势，专政于朝廷，在这过程之中的手法与流氓并无二致。

无疑，这种无道德无节制的流氓团伙暴政，是天下最坏的一种政治。

四海之内皆兄弟
——帮会篇

　　帮会从来被称为"黑社会",确实是因为帮会中不乏恃恶横行之徒,帮会的活动也不乏恃强逞凶的血腥故事。不过,帮会也有它的两重性:其一,在政治黑暗,统治阶级横行无忌、残害百姓的情况下,帮会以恶制恶,对那些鱼肉百姓的贪官、污吏起了威慑作用,成为实质意义上的人民互助团体;其二,有些帮会内忧外患之时,在这种特定的历史环境下,帮会大多以舍生取义的爱国宗旨为号召,前赴后继为国捐躯。在此历史条件下,帮会组织不仅谈不上"黑",反而是十分进步的。

一派溪山千古秀——洪门的前世今生

洪门已有三百年的历史，它是中国近代帮会史上影响最大的一个帮会。青帮、蜀中袍哥等许多帮会都是从洪门这个"源头"上"流出"的。洪门在中国近代帮会史上影响巨大，还有一个原因是洪门中出了不少声名显赫的民族英雄。洪门奉为先祖的郑成功、史可法都是正气凛然的民族英雄。洪门在中国近代帮会史上影响巨大，也是因为它高举反清义旗，与腐朽没落，推行民族压迫政策的清王朝相始终，虽则仍然不脱江湖帮会的负面性质，但终是出了许多奋起抗暴的真英雄。革命先行者孙中山先生为了争取中国帮会支持他的反清事业，曾一度成为洪门的"龙头大哥"。此外，洪门中还有许多传奇故事，这些故事一直在民间广为流传，使得洪门帮会更为人们所关注。

生为逐鹿来——洪门的起源

其实"洪门"这个称呼是帮会中人内部自用,而它更为人知的名称是天地会,取"拜天为父拜地为母"之意。

天地会的起源问题,至今依然一团迷雾,一些严谨的历史学者企图通过对正史史料的挖掘来澄清这个疑问,但是这种方法能否解决疑问,却很值得怀疑:天地会本来就是秘密会社,它的秘密色彩,就注定了正史史料很难追溯到它的起源。天地会自身的秘密文件中,虽然有着各种起源的记录,但是以此记录来对照史实,就会发现天地会内部文件所记载的,怕只不过是经不住检验的传说故事。那么天地会的创始者,又为什么要创造这样的传说,传说背后究竟要表达一种怎么的真实呢?

天地会内部文件关于天地会起源的故事,又被称为"西鲁说",大意是这样的:在清朝康熙年间,有西鲁番人作乱,攻入甘肃,清廷派出大军与西鲁作战,但是不能战胜,于是康熙就布告天下,如果谁能领兵打败西鲁,就封万代公侯。少林寺僧人就揭了皇榜,总计一百二十八名少林寺僧人前往与西鲁作战,结果西鲁大败,少林僧人凯旋。康熙很是高兴,于是便准备重赏少林僧人,但众僧不受官职,仍然返回少林寺诵经修法。不久后,有奸臣在康熙面前诬告少林众僧,称少林众僧其实是与西鲁相勾结,目的是日后要与西鲁里应外合,危害清王朝。康熙听罢大惊,奸臣趁机提出要血洗少林寺,康熙听从建议,于是派兵火烧少林寺,少林寺的僧人只有十八人从这次的围剿中逃了出来,而且在逃亡途中,又被官军围追阻截,最后只剩下五个人,这五个人是蔡德英(或蔡德忠)、马超兴(或马昭兴)、方大成(或方大洪)、胡德帝、李式开(或李色开),这五个人,便是后来所称的"洪门前五祖"。

由于天地会存留下来的内部资料比较丰富,在西鲁的传说中,以上所述的故事相对比较一致，但是以后的故事，就有许多种不同的版本了，相对一致的说法是：这"洪门前五祖"，即少林寺逃难的五个僧人，在逃亡过程中发现了一只颇大的香炉，炉底写有"反清复明"的字样。后来，在某地遇到了一个姓万的和尚（万云龙或万提起，在较为可靠的史料中称为万提喜），五人拜万和尚为师，同时结集了一批人，举行了起义。后来的传说中，又有了陈近南，还有据说是崇祯的孙子朱洪竹，于是朱洪竹被会中当做少主。陈近南与诸位兄弟在红花亭聚会，同盟结义，并且以"洪"为姓，故称之为"洪门"。

以上大约就是天地会内部所传的关于天地会的来源，在这个传说中，重要的人物有称为"洪门五祖"的少林五僧，还有万和尚、陈近南、朱洪竹等人。

这个传说本身就历史真实性来说，是无稽之谈，首先西鲁这个国家本来就不存在，何来西鲁入侵之说？再加上火烧少林寺之类的传说，都经不起考证，所以难以被全盘采信。那么问题是为什么天地会内部会流传着这样的故事呢？其用意又何在呢？

1929年，温雄飞先生著《南洋华侨通史》，首先对天地会中的"西鲁传说"作出了创造性的解释，他认为这个传说背后是影射了一些历史真实，传说的创造者用了很隐蔽的手法来曲折地表现了天地会的真实意图。他的解释是这样的：少林寺揭榜杀敌的僧人是影射郑成功的父亲郑芝龙，因为在清入闽之役中，郑芝龙先是在仙霞关撤兵，而后又降清，是有功于清室的；火烧少林寺，影射郑芝龙虽然有功于清室，但最终被清廷杀戮于北京；洪门五祖影射郑芝龙的结盟兄弟；万云龙影射郑成功，即郑芝龙的结盟兄弟团结在郑成功的周围；明太子朱洪竹影射桂王永历或唐王隆武；香主陈近南即是天地会的创始人，郑成功的部将陈永华。

温雄飞先生的这个解释很有创造性，以此为基可做一番推测。

首先，天地会的成立与郑氏政权有极大的关系，这个判断似乎不可抹杀。最可能的情况，乃是由郑成功创立天地会。与秘密会党有深层合作的革命党人陶成章在《教会源流考》中写道："明室内乱，满洲乘之，再蹈亡国之惨。志士仁人，不忍中原之涂炭，又结秘密团体，以求光复祖国。而洪门之会设也。何谓洪门？因明太祖年号洪武，故取以为名，指天为父，指地为母，故又名天地会，始倡者为郑成功，继述而修整之者，则陈近南。"台湾史专家连横在《台湾通史》中也说："天地会者，相传为延平郡王所立，以光复明室者也。"

早期天地会，主要分布在台湾与福建一带，而这一带恰是郑氏政权的势力范围，这恐怕不是偶然。郑成功的父亲郑芝龙的崛起，本身也带有帮会色彩，郑芝龙在日本时，与颜思齐等人结为兄弟，密谋推翻日本的幕府，在日本国土上建立一个中国人的殖民国家，后来举义没有成功，逃到了台湾，颜思齐死后，郑芝龙成为这个大海帮的头头，后来归顺明朝政府。郑成功解放台湾时，不过三十余岁，他的部将中，不乏当年与郑芝龙共同经营海盗事业的人，所以郑成功企图以秘密会社的形式，在大陆秘密反展反清势力，这个是有基础的，说不定天地会中许多的仪式帮规，就是来自颜思齐、郑芝龙当年的秘密组织。

但是值得思索的问题是，如果天地会是郑成功所创建，那么为何早期天地会的文件中并不直接写出来呢？以郑成功的名望作为会社的创始人，不是可以扩大天地会的影响力吗？为什么天地会内部文件要隐蔽这个事实呢？

主要的原因，可能是因为到了郑成功的孙子郑克塽降清之后，由郑成功指派到大陆发展的天地会却拒绝投降，坚持反清复明的政治主张，但是出于保护郑克塽以郑氏家族利益的出发点，天地会内部使用了极其隐晦的笔法，隐瞒了郑成功作为天地会的创始人以及精神领袖的事实。即使如此，通过对天地会的内部文件剖析，仍然可以复原这个历史真相。

通过这个推测，可以对天地会内部文件进行复原性的解释，天地会文件中，有一个重要的人物，就是少主"朱洪竹"，朱洪竹实际上便是天地会的真正领袖。"朱洪竹"其实有可能便是"郑成功"：郑成功曾被赐姓为朱，又叫国姓爷，所以用"朱"字代替"郑"字；郑成功原名叫郑森，又叫大木（大木是郑成功的老师钱谦益为其所起的字），"洪"有"大"的意思；而"竹"暗含有"木"的意思，所以"洪竹"实际上暗含有"大木"的意思，这或者就是天地会内部殚精竭力所要隐藏的真相。

到了清朝晚期，民族革命运动风起云涌，这个时候已经用不着隐瞒郑成功是天地会创建者的身份了。原来的天地会的内部传说"西鲁传说"被大大扩充了，而郑成功此时就从幕后走向台前，经过扩充的说法是：在郑成功占据台湾之后，与部将及勇士创建了"金台山明远堂"，为了反攻大清，郑成功就派了蔡德英、马超兴、方大成、胡德帝、李式开五人秘密潜回大陆，为了隐蔽身份，在少林寺出家为僧，后来参加了西鲁战争。这相当于给早期的"西鲁传说"增加了一个前传，这个前传已经将郑成功作为天地会的实际创始人。这个前传故事，是从哥老会中流传出来的，据说是在郑克塽降清之际，其部将把洪门的《金台山实录》以及其他资料用一个铁匣密封后沉入海底，后来这个铁匣被一个渔民捞起。1835年时，云南有位秘密会社的人物叫郭永泰，到福建从事药材生意，有一天正好从这渔民家中过，无意中发现这本《金台山实录》，就以十两银子买下来，因为这本书是从海底打捞上来，所以后来洪门将这本书称为《海底》。

现代历史学家从正史的角度出发，对于天地会的内部文件抱着怀疑的态度，依据清代正史资料，则有据可查的天地会第一人，是乾隆年间的福建漳州云霄人氏万提喜，这是个和尚，又称为"洪二和尚"，从万提喜开始，天地会就比较有脉络可寻，万提喜有一个弟子叫严烟，后来严烟渡海到了台湾，到台湾发展天地会，严烟发展的会员中，最重要的是林爽文，后来林爽文成为天地会第一次大起义的领袖，天地会第一次登上历史政治舞台，从林爽文开始。

不过依目前所见，万提喜只是天地会从秘密走向公开的关键一人，并不能说是创建人，对于秘密会社的研究，只关注正史的史料，而忽视天地会内部的文件，是不正确的，但是内部文件的荒诞，又使得研究者望而止步。其实，诸如此类的荒诞说法，在宗教传说中，也是举不胜举，但是荒诞不等于虚无。同样，历史真相也不等同于已知史料，或者只有深入传说，才可以体会到一种精神。

天地会是中国古代秘密会社的登峰造极，其中又包含着中国非主流文化的精神，其坚强不屈、前仆后继、不畏死亡之精神，乃是中华民族生命力之体现。如许地山说："天地会底精神，可说比其他较为积极，所以功绩也较伟大。"

三合河水万年流——洪门的各种规条禁忌
一　供奉

与其他任何行业组织乃至宗族一样，洪门也供奉祖师，由于洪门的起源版本实在太多，删削了哪一家又都会引起某个支派的不满，于是洪门干脆兼收并蓄，供奉了为数庞大的先贤祖师。

洪门香堂上供奉的牌位，依次是：

始祖：洪英、傅清主、顾炎武、黄梨洲、王夫之

五宗：文宗史可法、武宗郑成功、宣宗陈进南、达宗万云龙、威宗苏洪光

前五祖：蔡德忠、方大洪、马超兴、胡德帝、李式开

中五祖：杨仗佑、方惠成、吴天成、林大江、张敬之

后五祖：李式地、洪太岁、吴天佑、林永超、姚必达

五义：郑君达、谢邦恒、黄昌成、吴廷贵、周洪英

五杰：郑道德、郑道芳、韩龙、韩虎、李昌国

三英：郭秀英、郑玉兰、钟文君

二师：男军师史明鉴、女军师关玉英

其实这里供奉的人物颇有讲究，既有顾炎武黄宗羲之类历史上真实存在的反清学术宗师，又有广为人知的洪门"五祖"，兼及传说中各个支派的创始人。而对于各家说法不一的始祖"洪英"，则干脆以代号称之，也可算是煞费苦心了。

二　位次

洪门等级森严，从上到下大概有十个等级，略说如下：

行一：制皇、龙头、坐堂、陪堂、盟证、香长、管堂、刑堂、执堂、礼堂、护剑、护印、心腹，共十三位大爷。

行二：圣贤，一位二爷。

行三：桓侯、披红、插花，共三位当家三爷。

行五：红旗、黑旗、蓝旗、执法、青刚，共五位管事五爷。

行六：花冠（巡风）、镇山、巡山，共三位六爷。

行八：白旗、八德，共二位八爷。

行九：九江、江口、检口、守口、斗口，共五位九爷。

行十：大老幺、小老幺、铜章、铁印，共四位幺爷。

没有行四、行七。

排行职位职责简述：

制皇——前任山主，有职无权。

龙头——统辖全权的山主。

副龙头——统辖全权的副山主。

坐堂——辅助龙头办理全山事务，权力极大，仅次于正副龙头。

陪堂——辅助坐堂办理公口上一切事务。坐堂处理公务，须陪堂签署始能生效。

盟证——盟誓之证人。必须由山堂中元老来担任。

香长——主香之人。开香堂的主祭者。有的山头以龙头兼任。

管堂——负责管理全山之事。

刑堂——处理刑罚之事。刑堂命令由外八堂执行。

执堂——统计本山人数，类似兵部，管理军事，组织训练。

礼堂——按洪门礼仪，负责教育大家。

护剑、护印——为龙头近身的掌剑、掌印者。

心腹——亦称新服、新福、刑副，具有特殊资格，在洪门中有显著功绩才能充任。

圣贤——刘关张桃园结义时，关圣位于老二的位子，洪门开山立堂必行迎圣典礼。圣贤行伴圣，送圣及迎圣之职。基本是个清闲职位。

桓侯——又称当家，桃园结义，桓侯张飞居三。督管钱粮出纳事务，为当家三爷第一级。

披红——管理局部钱粮收支，为当家三爷第二级。

插花——管理催粮、督粮、护粮等事务。

红旗——大管家，专管外务，能弹劾内八堂大爷，约束外八堂兄弟，有发号召集弟兄的特权。

黑旗——负责内务，防止身份不清者混入会中。

蓝旗——负责巡查本山堂内事务，及迎风、接驾等事宜。

执法——为惩戒官。

青刚——帮办，协助上述四位。

花冠——又称巡风，负责严查奸细。

镇山——为花冠助手，通风报信，为全山耳目。

巡山——为花冠助手，负责山内外防守。

白旗——又名纲纪，护掌十八本律书，负责记功过。

八德——负责旌鼓旗帜及军品制造。如会内兄弟有了过错，负责找保人讲情。

九江——负责掌管挂牌，五牌以上高挂金牌，五牌以下高挂银牌。如降级则挂蓝牌。

江口、检口、守口、斗口——负责盘查外人，防守要隘关口。

大老幺——又称辕门，专管内八堂收发传达之责。

铜章——掌管腰牌。

铁印——负责登记来宾腰牌，复查用印。

小老幺——处理招待宾客的一切杂务。

三　暗号

洪帮最重义气，有事彼此帮助也是洪门组成的初衷之一。

行走江湖，最常见也是最需要的义气当然是轻财，一个山头的成员到另一个地方去后，身上没有了钱，这时，他不必着急，因为"四海之内有洪门"。如果被证实确实无钱，不需半天，这个地方的其他洪帮成员都知道本地来了一个新的洪门兄弟，大家自然会有钱出钱，有力出力，加以帮助，而且他的吃住还由当地洪门中的专人招待，走时还要送他以适当的路费。

而如何证实这人是洪门中人呢，当然需要特定的礼节。他只要在街上走路时，将手做暗号，在头上、脸上抓两三下，洪帮中的成员只要一看见就会走过来"对实"，即查问明白。这查问的开头语就是洪门最重要的礼节"三请教"。第一个人先说一句"请教"，那人回答："转请教"，又回一句"再请教"，这才回答各自姓名，开始深谈。这在洪门里叫做"三请教"。对大哥行礼时，左手做成暗号，右手做成拳头直伸向前。大哥的答礼，只用左手或右手做成暗号，放在胸左或胸右。

类似的接头暗号，是洪帮成员社会生活的重要内容。

洪门中恐怕无人不知的一个暗号叫"三把半香"。这个暗号是，将大拇指与食指靠拢，做成一个圈子，中指、无名指和小指三个指头伸直，和现今世界上通行的表示"OK"的手势完全一样，这个手势在空中摇晃一下，帮会其他人一看就知道是自家兄弟，虽然不相识也一定会跑过来帮忙。若洪门中人被人殴打，只要举起手来做这个暗号，所有在场的洪帮成员都会一拥而上，大打出手，绝不让自家兄弟吃亏。这个手势的意义是：圈圈就是指是圈子里面的人，是自家兄弟。那三个伸直的指头是指"桃园三结义"，要像刘备、关羽、张飞那样讲义气。

洪门暗号的重要内容还有茶阵，洪门会内联络地点多设于茶铺酒肆，在这里用茶具布设暗号当然最为方便。茶阵的构成要素相当简单，一只茶壶、数只茶杯，便能幻化出不同的阵形。"茶阵"的主要功能有四种：试探、求援、访友、斗法。"试探"乃是以茶阵考验对方是否为洪门同志；"求援"则是以茶阵暗示己身有危难，需要同志相助；"访友"是在登门拜访朋友同志时，借茶阵的摆设以探知对方在家与否；"斗法"则有互相较劲之意。

"茶阵"分成三阶段：布阵、破阵、吟诗。第一阶段"布阵"，将茶阵摆出。第二阶段"破阵"，由对方破解，通常经由茶杯的移动、茶水的倾倒以达到破阵的效果；如果对方能够破阵，就可能是洪门同志。第三阶段的"吟诗"，则是在破阵以后，由破阵一方吟出所破茶阵的对应诗句，达到双重确认身份的效果。一个完整的"茶阵"应包括图像、阵势定制（又可分为"布阵"、"破阵"）及饮茶诗（又称"谣诀"）。

单鞭阵：阵式为求救于兄弟的意思。对方能救者，可径饮其茶。不能救者，弃其茶，再倾茶饮之。

四大忠贤阵：此阵只在请求弟兄援助时应用。若为寄托妻子而允诺者，即取左边一杯茶饮下。若为借钱而答应其请求，则取次一杯茶下。若为援救兄弟之生命，则取第三杯饮下。若为救免兄弟之危难，则取第四杯茶饮下。若不能应其请求，或不愿应其请求，则变更茶杯位置。再饮下。

木杨阵：阵式为茶杯两只，一只在盘内，一在盘外以试探是否兄弟。要饮，应先将盘外茶杯移入盘内后，再捧起相请。

四 切口

洪门成员分布广泛，切口亦各不相同，大致通用者约略如下：

背公事（洪门中大人物秘密收人）、拉拐子（行礼）、小喷筒（手枪）、大片子（大刀）、小片子（小刀）、烘天（炮）、斩条（又叫斩红香，洪门中香堂宣誓）、困槽子（当衣物）、伞窑（饭店）、罗汉窑（即浴室，又曰闹海窑）、马子（官吏）、哑巴窑（庙宇）、滚盘子（车子）、威武窑（衙门）、古子（官员）、围河里（金姓）、受熏（吃鸦片烟）、熏捍子（烟枪）、黄连子（茶）、勒子（轿子）、底子（船）、四脚子（马）、横河里（姓王）、摆河里（姓俞）、跑河里（姓马）、烟河里（陈姓）、蝴蝶（马褂）、大篷（长衫）、篓衣大篷（皮袍）、篓衣蝴蝶（皮马褂）、穿心子（马甲）、叉儿（裤子）、土筒（套裤）、八狗子（棉袄）、拖风（棉被头）、踢头子（鞋子）、顶官子（帽子）、望乡子（楼）、八面子（风）、花花子（钞票）、宝莲子（灯）、鹅毛子（雪）、扇面子（人脸）、鸡爪子（手）、金刚子（腿）、定盘子（心）、才条子（牙齿）、罗汉子（肚腹）、樱桃子（嘴）、踢土子（脚）、招子（眼睛）、气桶子（鼻）、帅拂子（头）、顺风子（耳）、口条子（舌）、裕子（酒）、粉子（饭）、摆尾子（鱼）、江片子（肉）、凤凰子（鸡）、扁嘴子（鸭）、湾腰子（虾）、溜子（龙）、扒山子（虎）、跟头（猴子）、蛾眉子（月）、跳加官（拍马屁）、起发（由贫而富）、打埋伏（隐藏瞒人）、找财喜（找意外财）、卷旗（撤销）、透开（展开）、开花（骂人）、霸（殴打）、叫梁子（调和息争）、叫粉子（解释误会）、报赤壁（复仇）、找皮绊（寻事生非）、碰到钉子（遇见对头）、站拢（叫人集在一处）、跳高（向外交接）、花起来（捆绑）、在水边（困乏中）、打起发（忽然富贵）、树上火（身上衣服阔绰）、树上清秀（身上清洁）、山上（身上）、调将（请人相助）、料高（自夸自大）、一枪药（只有一次本钱）、半壶水（不讲情义的人）、带彩（受伤）、下卡（派人防守）、老里（门外汉）、丢当头（宣誓）、靠牌头（借人的力量）、受夹（受人逼）、在玄（洪门中人）、开剪子（说话）、开光（洗面）、作担子（作喜庆事）、办指识（当面介绍）、塾底（塾资本）。

五　洪门俗谚及信条

帮规轻如鸿毛重如泰山（是说，帮规很严厉，不犯则轻，犯之则重），不来不怪，来要受戒（就是说人们不在帮则已，既然在帮即应遵守帮规，尊重道义）。光棍要立如松，坐如钟，行如风。（就是说在帮的人要讲品行，知礼貌）。有理光棍，不做无理勾当（即不做无理的事）。光棍不在大小，只要玩得好（是说地位不在大小，只要有义气、做事值价就行）。光棍以礼为先（不论何事，须以礼谊当先），光棍能杀人也能救人（能救人于水深火热之中，亦能杀人于铜墙铁壁之内）。光棍不交无益友（无益之友，交之有害）。光棍知道光棍苦（是劝在帮的人，毋寻同道的过错，凡事都要原谅），在帮方知帮中难。（如失了业，受穷困，就有应付环境的难处，凡不在帮的人，是不知道在帮之苦的）。在家不打人，出外无人打（是教人讲仁义，对于外乡旅客，要格外的好看待，不可欺人，将来出门，自有许多便宜）。光棍德似檐前水（就是说人能敬上爱下，子孙必能照样仿行，如屋檐之水，滴滴归入旧窝，绝不会错，俗云待人好，即待自己好）。光棍劈竹须爱笋（言凡事须留余地，不可牵累别人），光棍点到而知，空子棒打不退（光棍随机应变，空子不听人劝。）。光棍受敬不受压（不受任何压迫）。

吃一根鱼翅，拖三年航船（就是说受人滴水之恩，亦须报答，沾染一点污斑,难免千古遗恨)。三年河东,三年河西(人的穷富,不是永久不改的,故俗云"穷无根,富无苗",即劝人不要势利太过)。请将不如激将(这是一种诡术,用言挑剔,使人自去为之,如论道义,则当戒之)。老虎下山拜土地,强龙不压地头蛇(言初到一个地方;须先结交当地之人,凡事,都要让当地人居先)。光棍有四得(要苦得、受得、穷得、富得)。光棍要两清(财帛分清、女色分清)。光棍有三让(让老、让小、让妇女,凡事不与争论)。头发绑老虎,情理服人(是说人要守法讲理,论人情,不可恃蛮横行)。光棍赚钱大家用(钱要均等分配,不可一人独得)。光棍进门看脸,出门看天(要识人事,识天时)。光棍不用背后钱(是不用事后的钱)。光棍不挡人财路(不要阻拦别人生财之道)。光棍不挡人色路(不阻拦别人恋爱)。先清后洪,鲤鱼化龙(是说以国为家的行为)。

先洪后清,要剥皮抽筋(是说反叛的意思,因清门就是洪门成员去做间谍工作,故在洪不能在清)。铁树不开花,清洪不分家(清洪两门,都是革命团体,应当一视同仁,共同奋斗,不能异视,为敌为雠)。有洪有清,才成革命(深知一切社会情形,方可言改革事业)。天下乌鸦一般黑(天下光棍人,皆是同一意思,故曰光棍爱光棍,惺惺惜惺惺)。光棍不站无理之地(不做违理背义之事)。真光棍要站码头(是在门的人,应站在水陆交通要埠,做一件事业,尤要得地方人士的拥护,所谓做事,须得天时、地利、人和、三事既得,当然名立功成)。识相不识相,全在招子亮(是说,眼睛应识事识人,不可藐视一切)。光棍须戒三桩事(吃嫖赌本是人生乐事,但要戒过分贪多以免堕落)。青竹竿,不扶干大肠(吾辈帮友,尝有仗义行侠,打抱不平之事,但须慎重而行,所助之人,如青竹竿之挺健可扶则可行,如干大肠之软弱不可树立则止,否则必定吃力不讨好,反为所累)。愿替光棍背包,不与空子同道(光棍人做事爽快,是有决断的,与之共事,纵受一点小害,终有得到报答的希望，如替空子同道做事，成则无功，失败有过，且多后悔，怨天尤人）。只有千里交情，没有千里威风（凡人以仁义行天下，到处无害，如恃力强暴不仁，到处都要吃苦）。千里不带柴和米，万里不带灯油钱（是说有学问，又有在门的义气，走到天下，都有人接待，但如在家不交接人，则出外亦必无人来交接你，故凡有学问又会交接人者，出门不要带钱的）。光棍吃肉毛朝里（光棍人吃了人的苦，总要忍气吞声不说出来）。孙子有理服太公（帮规一律平等待遇，不论何人都要遵守，如或犯了帮规，便要一样地处治，比如孙子有理可以质问祖父，但只准口头和平质问，不可有打骂犯上的行为，凡我帮人均应注意）。光棍头上有风车（识时势，随风转舵之谓）。是相归皮皮归水（相夫皮水已详于前，任何相夫，会赚钱不用，生了病不能不请医吃药，医生又将钱送给女人用，那就归于水了，是劝人不要把钱看得太重）。万相归鸾鸾归娼（想要赌，将钱送给鸾把生用，鸾要嫖，就把钱送给娼门了）。皮绊皮绊，三年不谈十年不烂（是有纠葛，一天不和解，仍然存在，总以解决为佳）。

人空心不空（俗云，人空心不空，乃人不在帮，心中确知帮中诸事，如误认空子不懂阴阳变化，目空一切，恐事出意外，不及防范，就要吃亏，那时才知空子厉害，宜慎防之）。许愿须还愿，许愿不还，立见灾难（不可随便许人以财物，许了必须给予，如不实行，必致因恨成仇，结果必有祸事）。光棍无钱常戴孝（是避免人轻视之计，故穷时常穿孝服，使人不知其穷）。光棍免困常出门（常常出门，以免人议其无业，且易遇着机会）。光棍常思己过（闲坐无事，自己细想，所做之事，有无过失，有则改之，无则加勉）。是相不开口，神仙难下手（凡事不乱开口，使人不知其弱点，纵有窥伺的人，亦必无法下手）。光棍软如棉，空子硬如铁（光棍作事，凡事和平，见机进退，纵无大功，亦无大败，空子作事，一味任性猛进，不受忠告，不纳人言，终归失败，自寻苦吃)。光棍有三场不到(火场杀人场塞会场,免惹意外祸殃)。光棍穷极不当衣(长衣不可当去因为短装不能见人)。光棍气死不告状(俗云,告官由官,官断十条路,九条人不知,总宜息讼为善,古人云,好人不告状)。光棍背后要人骂,当面要人怕(是说光棍要以大义行事,敢作敢为)。光棍闲谈不说人非(谈话,莫说朋友之过)。光棍教弟即爱弟(拜弟行为言语不好,要当面加以纠正,不可姑息宠爱养成大恶)。光棍劝人如劝妻(夫妻间,重爱情,如有不良处,暗中劝之,要保存他的廉耻,否则恼羞成怒,反生恶感)。光棍借钱不借路,又曰:愿送十串钱,不送一句言(不借路者乃防人有问路斩樵的行为)。光棍请将要谢将(请人帮忙,不论事之成败,都要酬劳,否则必有怨言)。真光棍,不交无廉耻(不与穷凶极恶无赖者来往)。光棍大,要人驾(俗云:花花轿子人抬人,大光棍是小光棍驾起来的。俗云:人驾人是无价之宝,水驾船波浪上飘)。光棍怕人敬(爱了人的敬重,任何事都要负责去做)。光棍受打不受骂(故青帮中有船头打架,船梢说话的俗语)。光棍五子要清洁(鞋子、帽子、袜子、裤子、褂子)。光棍不言饥寒(不向人说自己苦处)。光棍做事四方圆还要带腰子式(教人圆通应事,切勿坚持一人之见)。三年可考一个举人,十年难学一个光棍(言光棍,较举人难作)。光棍要名不要命(命只一世,名可万世,人生能活几年,如能成名,虽死犹生,故光棍人,轻生命,而重信义,就是要求名垂千古)。光棍可大可小(是说光棍人也要做事,职业不问大小都要去做以免坐吃山空)。光棍能屈能伸(是说光棍人,能受辱,能伸雪,故有三年吃个枣子,五年才吐核。又曰光棍不吃眼前苦)。光棍无事干,到处找皮绊(因无事做,就到处寻事生非,这是很不好的,愿帮人痛改之,但求正当出路,勿计较大小好坏,如实无事可做,不妨换个地方,再求出路)。光棍手内好拔刀(光棍人做事要爽快,一经说明,就要办到)。

光棍三怕三不怕(怕误死、怕生病、怕做错事、不怕因正义而死、不怕恶势力、不怕穷断筋骨）。好事胆不可小，坏事胆不可大。有事不怕事，无事不找事（事，是非也，有事临头不可怕，怕之无益，无事时，不可生事招非。俗云：多一事不如少一事）。忠义不怕死（为大义而死，是为成仁，所以不怕）。廉洁不爱财（古云：横财不发命穷人）。君子爱财取之有道（应得的取之，不应得的不要）。小人被财驱使（小人只要钱，任何事，只要有钱就做）。钱为人所用，人不可为钱用（钱是社会上代替之物，贵在流通，不是收在土里的，应该拿出来做点事业，不可受人之钱，行不义事，应以仁义为主，无钱也要干去）。光棍一处能求人，万处能教人（向一人叩求学问，学成之后，自有千人万人向你求学）。光棍借了就舍了（借钱不必要还，要还不必借予）。光棍救人不望报（光棍救人，不求人报酬，天然自有好处，如向人索酬报，就失去了佛祖济世的慈悲之心）。光棍说丑妻陋田，无价之宝（妻丑无人垂涎，陋田无人争夺，可以永为己有）。光棍说滥交朋友，有损无益（交友不可滥交应有选择，但既交了朋友，须永久以仁义待之）。光棍无米不留客（无力量，不要担任人家的事，恐怕做不到，反招人怨）。光棍病急莫荐医（对人病重，不可随便荐医，恐防误人性命）。光棍说破船不揽重载（船破已险，如再装重，必会沉没，故凡作事，必须量力而行，不可贪功任性，贪得无厌）。光棍身不入官，无价之宝（俗云：有子万事足，无官一身轻）。光棍行动三分财，不动财不来（是劝人，勤劳耐苦，不可懒怠）。光棍说重赏之下，必有勇夫（任何事，能悬重赏，必能得到担任的人）。光棍说良药苦口利于病（药味是苦的但要病痊就得吃它）。光棍说忠言逆耳利于行（好话不好听，但有利于行事，虽恶声，亦要听之，方可成事）。光棍说奢侈乃贫乏之媒（好阔绰不自量力，终必破产受穷）。光棍说勤俭为富贵之本（勤能补拙，俭可成家）。光棍说望梅不能止渴（凡事不必望人救助总要自己奋斗）。光棍说画饼不能充饥（凡事不可依靠他人，因为实力在人，自己终无主权，还是自立为是)。光棍说君子以德待人（以好意善举待人，引人同入福门）。光棍最恨的小人以色敬人（不可以女色敬友，陷友人于不义）。光棍说君子之交淡如水（君子相交不论一天、十年都是一样，所谓淡淡相交永远要好）小人之交亲如蜜（小人交友一见面，亲密异常，结果越久越疏，反恩成怨）。光棍反对的是贪官比强盗不如（强盗劫财只抢现金。贪官诈财，连人的田地，房产和子女，通同要去还不罢休，所以说贪官比强盗还凶，人们须当注意）。光棍人穷志不穷（人穷，是一时的运劣，志穷是终身大害，凡人应知逆来顺受）。光棍明哲保身，知机而退（劝人，急流勇退，要学张良一样，免受韩信一样杀身之祸）。光棍文不借书，武不借将（不借书，是防泄露，恐人偷学其法，不借将，是防自己的力量分散）。光棍能遭人忌，必是良才（凡人有人忌妒，必是有用之才，须以道义助之）。光棍要能受折磨，才算铁汉（能受一切痛苦总有成就之日）。光棍说冤家宜解不宜结（俗云：恩人以多为妙，仇人以少为宜，恩人虽多无害，冤家有了一个，就有倾家破产和生命之虞，所以为人不可轻易开罪于人）。光棍知耻近乎勇（人能知道羞耻，便不会醉生梦死，妄想非分之财，妄做不义之事）。

六　纪律

洪门纪律是十分严酷的。这种严酷的根本在于没有开除的制度。因为洪门是一个秘密组织，龙头怕开除手下后会泄露内部秘密。洪门对于违反纪律的成员处理的方式最常见的有两种。第一种是轻刑——"三刀六个眼，自己找点点"。第二种是死刑——"自绑自杀"。

在帮的人如果犯了错误，由大哥按情节轻重分别处理。如果犯的错误较轻，仅仅是违犯了洪门纪律，就不必受死，但是要受三刀六眼之苦。那就是自己动手，用锋利的刀子在自己的大腿上戳三刀，再戳六个眼。这便是洪门中的"好汉犯法，自办自杀"。可在用刀子向自己的大腿上戳三刀六眼的时候，一是要当众戳，二是绝对不准叫出声和喊痛。

如果在自戳时不作声的，旁边的洪门兄弟认为你是好汉，会同情你，替你在大哥那里说情。还会用准备好的刀伤药来替你包扎。如果在用刀戳自己腿时怕痛，甚至喊"哎哟"的，大家都不会同情你，更不认为你是好汉，没有人来替你包伤口。一个人在洪门是否被认为是好汉，这一点是非常重要的。如果大家认为你是好汉，即使犯了错误，以后同样有提升的机会。如果你被认为不是好汉，问题就大了。如上所言，一个人在用刀戳自己时，大喊"哎哟"，有可能会被直接勒死。

严重违反帮规的要受死刑——"自绑自杀"。《帮会奇观》里记载了这样一个例子。1904年，黄兴、彭希明、陈少芝、曹亚伯等为在长江准备起义，公推万武与刘道一这两位洪门大爷前往湘潭策动哥老会会首马富益共图大业。马富益有个叫马龙标的结义兄弟，少年英俊，精明能干。因为他生得十分英俊漂亮，在开会议事时与一个洪门兄弟的妻子勾搭上了。按照洪门纪律，对于穿红鞋（即和会中弟兄妻子通奸）是要诛杀的。事情败露后，马福益很生气，可还是忍痛割爱地把马龙标交给了刑堂提讯。审问明白后，判了死刑。到了执刑那一天，马龙标当面托马福益日后照顾他的母亲，然后慷慨自赴刑场。那天晚上，夜雨霏霏，洪门中送马龙标去刑场的有六七个兄弟。一路上，马福益依依不舍地对他说："我的好兄弟，我们兄弟你恩我义有许多年了，可你不该生得太体面了，这送了你的性命呵！"马龙标说："大哥，谢谢你这些年来对我的照顾，我死后老母亲就麻烦你多费心了。"这时天空中的雨一下子大起来，忽闻马龙标用极悲惨的声调叫了一声："大哥，地下滑得很，前面又有一条小水沟，你留心一点啊！"大家听了都不觉泪下，尤其是马福益忍不住泪流满面，叫了一声："兄弟，谢谢你，祝你十八年后再做一个顶天立地的好汉。"说话之间大家已经到了刑场，原来所谓刑场只是一片荒野，前无去路，只有一条浩浩荡荡的大江。这时只听马龙标高叫一声："各位洪门兄弟们，一齐少陪！"说完只听得"呼"的一声，人已不见了，只见夜色中一江水波向东流去。这便是洪门历史上"自绑自杀"的一段真实记录。

除了上面这两种惩罚办法外，洪门还有严格的二十一则、十禁和十刑。洪门的二十一则主要有：第一则，犯罪波及其他洪门成员者，捕之处以死刑，轻者割其双耳。第二则，奸淫兄弟妻室，或与兄弟子女私通者，处死刑，决不宽恕。第三则，诱拐兄弟至国外者，割其双耳。第四则，因图悬赏出卖兄弟者，处以死刑。第五则，称香主，篡取权力者，处以死刑。第六则，示外人以仪式书及会员证者，割其双耳，鞭打一百八十下。第七则，新会员有越轨行为者，割其一只耳。第八则，泄露洪门机密者，割其双耳。第九则，恶言攻击父母者，割其双耳。第十则，以强欺弱者割其双耳。第十一则，破坏香主之名者割其双耳。第十二则，在兄弟起义之时胆小不参加者割其双耳等。洪门的十禁主要有：一禁，兄弟之妻室必须端正，兄弟本人不得好色。凡妻室不务正业者，割其双耳。兄弟贪色处以死刑。二禁，兄弟之父母死后，无力埋葬告于有钱的其他兄弟，无论何人不能拒绝，否则割其双耳。三禁，兄弟诉说穷于有钱者，不能拒绝。有侮辱者或拒绝者，割其双耳。四禁，兄弟至赌场，不可故意使他输财和设法骗取之，否则鞭打一百八十下。五禁，兄弟在自己这里寄存钱财后不可私用之，否则割其双耳。六禁，自入洪门后贫富不分，有恃强凌弱者割其双耳等。洪门的十刑有：第一刑，凡不孝敬父母者，鞭打一百八十下。第二刑，泄露要紧事者鞭打一百八十下。第三刑，无事生非者鞭打一百八十下。第四刑，愚弄兄弟者鞭打一百八十下。第五刑，利用外人侮辱兄弟者，鞭打一百八十下。第六刑，经营兄弟钱财而私用者，鞭打一百八十下。第七刑，酒后闹事者鞭打七十二下。第八刑，隐藏兄弟寄托之钱财者鞭打二百下。第九刑，违反兄弟之情，与其争斗者鞭打七十二下。第十刑，为欺人而赌博者，鞭打七十二下。

七　洪门加入仪式

第一步：开坛。摆设完成，就由白纸扇高叫："恭请坛主。"所谓"坛主"即主持是次香堂仪式之重心人物，可以是坐馆，二路元帅，或者堂口大佬主持。坛主以"三把半"香供奉，在场每人均需下跪。各就职司之位，"坛主"就座。

第二步：传新人。之后白纸扇大叫："传新人！"把守门口的"天佑洪"人物，循例盘问，当然事先已"彩排"。新人过关，由"执事红棍"派清香一枝，然后下跪，高举过头。

第三步：三十六誓。"执事红棍"提出大刀，以刀背轻拍"新马"，然后大声传谕洪门三十六誓七十二例如有违反便要受家法"三刀六眼"。每名"新马"循环前述，然后进行另一仪式。

第四步：斩凤凰。"执事红棍"提出生猛公鸡，手执大刀，背诵凤凰诗，念毕手起刀落，鸡头坠地，再以七分白酒承接鸡血。上至"坛主"，下至"新马"皆指头沾血，口内一啜，代表"滴血为盟"，至此礼成。

第五步：发誓。与其他兄弟一同诵读，表示自己从今以后爱兄弟，不爱黄金。可能影迷朋友会记得香港电影《黑社会》中林雪扮演的一个憨直守义的黑社会角色，他挂在口边的规条其实就是洪门的入会誓言。

1. 自入洪门之后，尔父母即我之父母，尔兄弟姊妹即我之兄弟姊妹，尔妻我之嫂，尔子我之侄，如有违背，五雷诛灭。

2. 倘有父母兄弟，百年归寿，无钱埋葬，一遇白绫飞到，以求相助者，当即转知有钱出钱，无钱出力，如有诈作不知，五雷诛灭。

3. 各省外洋洪家兄弟，不论士农工商，以及江湖之客到来，必要留住一宿两餐，如有诈作不知，以外人看待，死在万刀之下。

4. 洪家兄弟，虽不相识，遇有挂外牌号，说起投机，而不相认，死在万刀之下。

5. 洪家之事，父子兄弟，以及六亲四眷，一概不得讲说私传，如有将衫仔腰平与本底，私教私授，以及贪人钱财，死在万刀之下。

6. 洪家兄弟，不得私做眼线，捉拿自己人，即有旧仇宿恨，当传齐众兄弟，判断曲直，决不得记恨在心，万一误会捉拿，应立即放走，如有违背，五雷诛灭。

7. 遇有兄弟困难，必要相助，钱银水脚，不拘多少，各尽其力，如有不加顾念，五雷诛灭。

8. 如有捏造兄弟歪伦，谋害香主，行刺杀人者，死在万刀之下。

9. 如有奸淫兄弟妻女姊妹者，五雷诛灭。

10. 如有私自侵吞兄弟钱财杂物，或托带不交者，死在万刀之下。

11. 如兄弟寄托妻子儿女，或重要事件，不尽心竭力者，五雷诛灭。

12. 今晚加入洪门者，年庚八字，如有假报瞒骗，五雷诛灭。

13. 今晚加入洪门之后，不得懊悔叹息，如有此心者，死在万刀之下。

14. 如有暗助外人，或私劫兄弟财物者，五雷诛灭。

15. 兄弟货物，不得强买争卖，如有恃强欺弱者，死在万刀之下。

16. 兄弟钱财物件，须有借有还，如有存心吞没，五雷诛灭。

17. 遇有抢劫，取错兄弟财物，立即送还，如有存心吞没，死在万刀之下。

18. 倘自己被官捉获，身做身当，不得以私仇攀害兄弟，如有违背，五雷诛灭。

19. 遇有兄弟被害捉拿，或出外日久，所留下妻子儿女，无人倚靠，必须设法帮助，如有诈作不知，五雷诛灭。

20. 遇有兄弟被人打骂，必须向前，有理相帮，无理相劝，如屡次被人欺侮者，即代传知众兄弟，商议办法，或各出钱财，代为争气，无钱出力，不得诈作不知，如有违背，五雷诛灭。

21. 各省外洋兄弟，如闻有其有官家缉拿，立时通知，俾早脱逃，如有诈作不知，死在万刀之下。

22. 赌博场中，不得串同外人，骗吞兄弟钱财，如有明知故犯，死在万刀之下。

23. 不得捏造是非，或增减言语，离间兄弟，如有违背，死在万刀之下。

24. 不得私做香主，入洪门三年为服满，果系忠心义气，由香主传授文章，或前传后教，或三及第保举，以晋升为香主，如有私自行为，五雷诛灭。

25. 自入洪门之后，兄弟间之前仇旧恨，须各消除，如有违背，五雷诛灭。

26. 遇有亲兄弟与洪家兄弟，相争或官讼，必须劝解，不得帮助一方，如有违背，五雷诛灭。

27. 兄弟据守之地，不得籍故侵犯，如有诈作不知，使受危害，五雷诛灭。

28. 兄弟所得财物，不得眼红，或图分润，如心怀异念，五雷诛灭。

29. 兄弟发财，不得泄漏机关，或存心不良，如有违背，死在万刀之下。

30. 不得庇护外人，欺压洪家兄弟，如有违背，死在万刀之下。

31. 不得以洪家兄弟众多，仗势欺人，更不得行凶称霸，须各安分守己，如有违背，死在万刀之下。

32. 不得因借钱不遂，怀恨兄弟，如有违背，五雷诛灭。

33. 如奸淫洪家兄弟之幼童少女，五雷诛灭。

34. 不得收买洪家兄弟妻妾为室，亦不得与之通奸，如有明知故犯，死在万刀之下。

35. 对外人须谨慎言语，不得乱讲洪家书句，及内中秘密，免被外人识破，招引是非，如有违背，死在万刀之下。

36. 士农工商，各执一艺，既入洪门，必以忠心义气为先，交结四海兄弟，日后起义，须同心协力，杀灭清朝，早保旧主回复，以报五祖火烧之仇，如遇事三心两意，避不出力，死在万刀之下。

誓毕，众人同声发愿：立誓传来有奸忠，四海兄弟一般同，忠心义气公侯位，奸臣反骨刀下终。

平生不识陈近南

金庸先生笔下的天地会是一个令武侠迷神往的江湖组织，广泛活跃于福建、广东、广西、江西、浙江、湖南、云南、贵州、四川等地，更有一位名扬四海、江湖好汉人皆敬仰的总舵主陈近南。江湖上更有传言，"平生不识陈近南，便称英雄也枉然"。能得到如此高评价的人物，在金庸小说中极为罕见。

前文有言，在天地会的内部文件中，确实将军师"陈近南"作为开创者，而供奉人物中也有他的名号。只是此人生平，向来是个难解之谜，按照《守先阁藏天地会文件》记载：后来有位和尚陈近南，提起明朝一事，兄弟尊他为先生，如此则陈近南是个和尚。而据清史家萧一山先生等人的考证，陈近南的来头更是大得吓人，他认为陈近南是兵部尚书兼翰林院学士，因反对清雍正帝焚烧少林寺，又被奸臣陷害，遂辞官云游，回湖北故乡，自号"白鹤道人"。

其实民间宗教与结社组织历来有编神话故事的传统，所以作为传说中天地会早期重要人物但又非主要人物的陈近南的真实面目，怕是难以考辨，这也给了文学家发挥的余地。

> 总舵主道："我姓陈，名近南。这'陈近南'三字，是江湖上所用。你今日既拜我为师，须得知道为师的真名。我真名叫做陈永华，永远的永，中华之华。"
>
> ——《鹿鼎记》

在金庸先生的生花妙笔下，陈近南的真实身份有了定论，即郑成功部将陈永华。

陈永华字复甫，泉州府同安人氏。其父陈鼎，明天启七年举人。甲申之变后回乡躬耕，永历二年间，郑成功攻克同安，授陈鼎为教谕。清军攻陷同安，陈鼎在明伦堂自缢。当时陈永华十五六岁，已补为博士弟子员。清军入城后，陈永华出逃，并下决心弃儒生业，以天下事为己任。当时郑成功占据厦门，图谋恢复明朝江山，于是延揽天下士子。兵部侍郎王忠孝推荐陈永华、郑成功与他谈论时事，终日不倦，并且高兴地说："复甫，你是当今的卧龙先生。"不久授予参军，并以宾礼相待。

陈永华为人沉稳静穆，不善于言谈。但如果议论时局形势，却能中肯綮，定计决疑，与人交往，诚字为先。平时布衣蔬饭，随意淡然。

永历十二年，郑成功与诸将讨论北征之事，很多人都认为不行，只有陈永华力排众议，认为可行。郑成功很高兴，于是派他留守厦门，并辅佐世子郑经。郑成功对郑经说："陈先生是当今名士，我留下他辅佐你，你应当以老师之礼待他。"

1662年，郑成功攻克台湾，授予咨议参军。1662年5月，郑成功病死台湾，其子郑经继位。陈永华勇于任事，知无不为，谋无不尽心。所以，郑经很是倚重他，军国大事必询问他。

郑经刚到台湾时，一切初建，制度简陋，陈永华就一一助他建立起来。史载他"光大成功屯田旧规，亲赴南北劝农。进而改进民宅，易茅以瓦。树栅治街，禁赌励勤。请建孔庙，创设国学，教之养之，世多贤士。发展贸易，物价以平。蒸然之治，乃不让于内地。民敬且怀，吏服尽职。同时，陈永华劝农桑，禁淫赌，诘盗贼，于是地无游民，田野渐拓。"台湾渐渐繁盛起来。

1680年，陈永华病逝，享年四十六岁。

考其生平，并无有参与天地会活动，只不过把这样一位鞠躬尽瘁，矢志复国，有诸葛孔明遗风的人物塑造成天地会的创造者，精神上倒也相称。

武功实难全——天地会与林爽文起义

1786年，乾隆五十一年。皇帝接到了一份奏折。

福建陆路提督任承恩奏请，他要亲自赴台湾镇压新近发生的民变。之前，闽浙总督已经调福建水师提督黄仕简率三千人马渡海平乱。此时，乾隆已经平定大小金川、准噶尔和回部等内乱，皇帝正处于一个帝王所能达到的顶峰，对台湾小小的叛乱，他颇不以为然，"岂有两提督往办一匪类之理！若不诚是巧诈，若诚是至愚！"因此，当他知道福建巡抚徐嗣曾未同闽浙总督咨商便命令闽安协副将徐鼎士率兵赴台平叛时，反而加以严厉训斥。

然而，他未曾想到，水陆两路提督同时抵台平乱，竟然持续经年，任承恩和黄仕简因贻误军机被革职拿问。最终，他不得不调陕甘总督福康安以"钦差协办大学士"身份，统领湖广、四川、广西、贵州等省六万大军，号称十万，登台湾岛作战，耗费了一千万两白银方才结束了这场战争。

这场让大清王朝灰头土脸的战争，后来被乾隆皇帝列入"十全武功"，它的发动者，就是台湾天地会领袖林爽文。

林爽文，福建漳州平和县人，乾隆三十八年17岁时随父母到台湾，迁居于彰化大里杙，赶车度日，素喜结交，曾任县衙捕役。1783年，天地会漳州平和县人严烟渡海来台，在彰化阿密里庄（今台中县乌日乡光明村）开布店并传授天地会。林爽文闻知会内人众，患难相救，乃于次年4月从其同乡严烟入会。1786年9月，林爽文邀平日意气相投的林泮、林领等人结盟入天地会，并约会各处村庄，互相传习，入会者日多。林爽文为人爽快，得来银钱肯济助他人，因此大里杙一带会党视其为老大。

乾隆五十一年年底，新任知县俞峻抵彰化县上任，因听闻大里杙会党恃险抗官，主张严办。差役则借机索诈，林爽文堂兄之子林泮等会党房屋均被兵丁焚毁。林泮等遂纠集会党抗官拒捕，并邀林爽文领导会党起事。但林家族长林石与林绕等，反对此种抗官谋反行为，除再三劝阻外，并将林爽文藏于山内粪箕湖地方，不许其出来，以免堂兄弟胁其出面领导。1787年1月9日，俞峻亲自前往搜捕，庄众惊惧。16日夜，刘升等乃集结会党及庄民千余人，袭陷大墩军营，杀害俞峻等官员，接着沿途邀集会党与无赖并胁迫庄民同行，众至二千余人，于17日夜陷彰化县城，释放狱中囚犯，抢劫仓库，并杀害台防同知刘亨基、理番同知长庚等官员。

刘升率众攻陷大墩军营与彰化县城后，以"大盟主刘"为名发出许多安民告示，但众人议论纷纷，很多人不服，从而推举为人义气的林爽文为首。于是林爽文自称盟主大元帅，号"顺天"，任命元帅、副元帅、将军、军师、节度使、知县、同知等官。起义军较高的军事首领为将军，将军之下有若干"股头"，每个"股头"为一个作战单位。每个将军所统率的士兵人数不等，"股头"下面的人员也无一定数额。起义军虽设官分职，称主建号，但彼此之间平等相待，互以兄弟相称。顺天政权的领导者大多是农民和城镇贫民。他们掌握政权后，对贪官污吏坚决镇压。在林爽文发布的告示里明确写有，"台湾皆贪官污吏，扰害生灵，本帅不忍不诛"，"因贪官污吏剥民脂膏，爰是顺天行道，共举义旗，剿除贪污，拯救万民"。起义军攻下彰化、淡水等地后，没收了一些地主的土地给参加起义群众耕种，顺天政权提出了"保农业"的政策，派专人管理"开沟放水灌田"。使农业丰收，米价下跌，在大里杙、水沙连等地，米每石仅八百钱，而在清政府控制的鹿港，米每石达三千钱。

当时林爽文31岁。

义军于1787年1月24日攻陷诸罗县城（嘉义市），随即南下茄冬（台南后壁嘉苓村）、盐水港（台南盐水），沿途纠结聚众数万。1月30日，庄大田率众攻陷凤山县城，镇压知县与典吏等官员。

2月上旬，林爽文与庄大田两股人马合力猛攻台南府城，但因杨廷理率兵民力抗而未能攻下。另外，总兵柴大纪于3月中旬收复诸罗县城。至此，官兵与林爽文等变民形成以诸罗县城与府城为主，以鹿港、凤山等地为辅的长期拉锯战。清廷乃抽调浙江、湖广、贵州、金川、北京等地共四万大军，增援台湾。

乾隆五十二年，陕甘总督福康安率万名精兵入台，和岛内的清军、地主武装以及清廷招募的原住民一道，对敢于造反的"乱臣贼子"林爽文发动总攻。林爽文节节败退，终于在今天的苗栗附近被俘，被押解到北京处死。庄大田在四面楚歌中坚持了一阵子，也被捕。起义至此失败。

真正令乾隆皇帝震惊的是，在平乱过程中，官员们从被擒获的民变首领杨振国、林爽文和庄大田等人的供状里，第一次发现了"天地会"，在康乾盛世里居然存在着一个不为官府所知的秘密社会，且已有二十多年之久！

对义军领袖的审讯记录勾勒出了天地会的源流：出生于福建漳浦的僧人提喜，最初在本村（高塘）寅钱寺出家，后来才到高溪观音亭为僧。乾隆二十六年，他以结拜弟兄的方式，在高溪观音亭创立秘密组织,并以"人生以天地为本"之义,取名天地会。他创造了三指诀,大指指天,小指指地,直伸中指按于心口,接烟递茶都用三指这个暗号,会内之人一见便知是"自己人",又用五点二十一隐指洪字。他的首批弟子有卢茂、方劝、陈彪、赵明德、陈丕、张破脸狗等人。

至此,乾隆和他官员们方知,乾隆三十三年福建漳浦卢茂举事,三十五年李少敏、蔡乌强举事,亦是提喜和尚的手笔。

一个和尚所开创的一个秘密组织,在二十多年里神不知鬼不觉地网罗了众多的农民、佣工、小差役、小商人、算命人和乞丐,形成地跨闽、浙、粤等省一股巨大的社会潜流,自是给乾隆造成了巨大的心理冲击。其实以历史的眼光看来,所谓的乾隆盛世,本就是一个人口过度增长、个人所得资源比例恶化和道德堕落的社会。生存、安全这样的基本问题,已经无法经由个人努力来改善,这种情况由于官员的腐败和不负责任的司法制度变得更加无法容忍。既然社会无法提供公平,人们便寻求一种补偿机制。"忠义堂前无大小,不贪富贵不欺贫",天地会的信念,吸引着那些生存无着、流离失所之人,吸引着那些无权无势、备受不公之人,也吸引着那些四方浪荡、打劫偷盗之人。

于是在中华农业帝国的艰难转型之际。许多人不再依存于祖祖辈辈耕种着的土地之上,他们游荡于帝国的繁华市镇,远及荒僻乡野。于是,在移民五方杂处的市镇,在商品和交通发达的地域,诞生了真正意义上的游民社会,这个秘密社会分解着传统自然经济的同时,也将为彻底消解封建帝制出上一把力。

只是不知道,大清高宗皇帝在下诏厉禁会党的同时,有没有意识到自己的黄金时代,其实只是镀金时代。

男儿知何处——司徒美堂与洪门的归宿

清代,洪门举行过多次大规模起义。林爽文起义之后,又有咸同年间的上海小刀会起义、两广洪门起义等。清王朝对洪门实施了严厉的镇压政策。为了生存，洪门便利用各种名目进行活动。如天地会、三合会、三点会、小刀会、致公堂，等等，后来还派生出一个强大的支派哥老会，统称"会党"。到清末，洪门已经成为相当强大的社会力量。特别是长江流域的哥老会及两广的天地会，会、堂并立，活动频繁。同时，从清中叶起，已经有洪门人士在海外立足，到清末势力也日益强大。《革命党与洪门会之关系》中记载："旅英华侨挂名致公堂者逾十万人。"总之，清末的洪门已经是任何革命者都不可忽视的反清力量。

早在孙中山创建反清的兴中会时，其成员有很多就是洪门中人。到1903年，孙中山先生正式加入洪门致公堂，并被封为"洪棍"。孙中山为致公堂手订《致公堂重订新章要义》之《纲领》，其中就有"驱除鞑虏、恢复中华、创立民国、平均地权"的誓词，这个口号最终因作为同盟会入会誓言而广为人知。

1905年，孙中山在日本横滨创建同盟会，并被推为总理。然而，此时的孙中山除了同盟会总理之外，还有保留着洪门致公堂"洪棍"的身份，同盟会中的另一位领导者黄兴是哥老会的"龙头"（类似于三合会的"洪棍"）。同盟会中有很多人都是洪门中人。

从孙中山创建兴中会，加入洪门，创建同盟会，到辛亥革命为止，孙中山发动了著名的"十次起义"。在这些起义中，洪门会党发挥了至关重要的作用。下面简述一下"十次起义"的经过：

第一次是1985年的广州起义。这次起义由兴中会领导，起义的基本队伍则企图依靠会党及绿林。然而起义未及发动因秘密泄露而失败。兴中会会员陆皓东和洪门首领丘四、朱贵全被捕遇难。

第二次是1900年的惠州起义。起义的基本队伍为嘉应州一带会党及新兴一带之绿林。领导者有郑士良、陈少白，还有洪门首领黄福。起义高潮时投军者达两万多人，其中大多数为洪门中人。义军首先聚集于三洲田，并于8月15日晚袭取沙湾，后屡获捷，惜无弹药接济，卒至自行解散。

第三次是1907年的潮州黄冈起义。起义的基本队伍为会党。直接领导者有许雪秋、余丑、陈涌波等，均为会党首领。此役于4月11日发动，义军占领黄冈，后在井州与清军八营激战。义军势渐不支，退回黄冈。以无弹药接济的缘故，最后自行解散。

第四次是1907年的惠州七女湖起义。起义的基本队伍为惠、潮一带的会党。首领为洪门的陈纯、林旺、孙稳。此役孙中山派邓子瑜回国领导，于4月22日在七女湖起义。首战获胜，接着连克泰尾、杨村、三达等圩，进抵柏塘、八子低、公庄等处。后因无弹药接济，义军最后自行解散。

第五次是1907年的钦廉防城起义。起义的基本队伍仍然是洪门会党中人，首领为王和顺、梁植堂、梁建葵、柴少庭、刘显明等。此役，孙中山派出黄兴、胡毅生回国领导。7月下旬，义军从三那出发，取防城。后因攻钦州失利，被迫退入十万大山。

第六次是1907年的镇南关起义。起义的基本队伍是由洪门首领黄明堂、王和顺、梁兰泉、关仁甫等率领的会党武装。起义由黄兴策划及领导，于10月25日发动。义军从越南进入国境。镇守镇南关的清朝官兵多系受招安的原会党武装。义军事先已经对其进行过策反，因此比较顺利攻占镇南关北、中、南三座炮台。义军与清军鏖战七天。其后，清军来援之军达四千余人。义军寡不敌众，遂由镇南关撤入越南境内。

第七次是1907年的钦廉上思起义。起义的基本队伍是钦廉一带的洪门会党，由黄兴领导。2月25日，义军从越南进攻钦州，转战钦廉、上恩一带，经过数十乡镇，历时四十余天。义军先后与两万清军交战，后来，因弹尽粮绝自行解散。义军余众遣归十万大山，图谋再举。

第八次是1908年的云南河口起义。起义的基本队伍是由洪门首领黄明堂、王和顺、关仁甫等率领的会党武装。起义发动后，孙中山派黄兴回国担任领导。3月29日夜，义军从越南进入国境之后，联络部分防营及警察，攻占河口、兰溪、新街。清军大举来援。义军退回越南，以图再举。

第九次是1910年的广州新军起义。这次广州起义革命党人已经秘密筹备多时。可惜，却因军警冲突的原因而导致新军仓促起义。而防营、民军未能及时响应新军而失败。

第十次是1911年的黄花岗起义。3月29日，黄兴率部攻击两广总督府，总督张鸣岐逃逸。革命党人因遭到闻讯而来的清军的围堵而败退。此役结束之后，经人检收革命军战死及就义者遗骨，得七十二具，葬于黄花岗。烈士大部分为洪门中人。

综观孙中山发动的"十次起义"，除了1910年的广州新军起义之外，其余九次起义的基本队伍都依靠洪门会党武装。

孙中山发动"十次起义"受挫之后，为了进一步得到洪门会党的支持，于1911年五月赴美。孙中山在旧金山与洪门致公堂大佬黄三德协商，决定将同盟会并入洪门，这是孙中山继1903年加入洪门之后的又一重大举措。至此，洪门几乎全员投入了推翻封建统治的旧民主主义革命洪流中。

1949年10月1日，开国大典的天安门城楼上，有一位八旬老者，他名叫司徒美堂，是名扬海内外的华侨领袖。而鲜为人知的是，他其实也是一位"洪门大佬"。这位革命老人的经历，倒也大致反映了正直侠义的帮会中人由自助社团到反清复明，再到旧民主主义革命和新民主主义革命的"归正"历程。

1868年，司徒美堂出生在广东省开平市赤坎镇，12岁即因为生活所迫，随乡人远渡重洋到美国谋生，在唐人街一家餐馆做杂工。当时，为了保护自己利益，很多华侨加入了洪门致公堂等组织。洪门致公堂是当时北美华侨下层群众的一个最大的民间结社组织。它以"忠心义气、团结互助"为信条，以"反清复明"为旗号。1885年，17岁的司徒美堂拜堂盟誓，加入了洪门致公堂。

司徒美堂从小习武，勇力过人。20岁那年，一个当地流氓到司徒美堂打工的餐馆吃霸王餐，被司徒美堂三拳两脚打死。司徒美堂因而被判了死刑，幸而得到了致公堂的法律援助，免于死刑，他侠义敢为的声名也随之传播开来。

1894年，司徒美堂来到波士顿，成立了安良堂，打出了"锄强扶弱，除暴安良"的旗号。安良堂很快就成为洪门致公堂旗下的强势团体，最后发展到全美国31个城市都有安良堂，规模浩大，成员达2万多人。司徒美堂本人被称为"大佬"，尊称为"叔父"。该堂有自己的法律顾问，值得一提的是，在这些法律顾问里竟然有后来的美国总统罗斯福。

1904年，孙中山以"洪门大哥"身份赴美进行革命活动，司徒美堂被孙中山革命理想所打动，决定亲任保卫员之职，聆听了许多革命道理，提高了认识。孙中山对司徒美堂的组织能力也深为赞许，给予指导。1905年，司徒美堂又从波士顿至纽约，组织"安良总堂"，继续从人力、财力等方面支持孙先生的革命活动。1911年，辛亥革命爆发，司徒美堂倡议将多伦多、温哥华、维多利亚三地四所致公堂大楼抵押出去，为孙中山提供革命经费。司徒美堂还以美洲致公堂总理身份，发动各地致公堂通电300余封，拥护孙中山就任南京临时政府总统。辛亥革命成功后，孙中山请司徒美堂回国当监印官。但司徒美堂却以"功成身退"和"不会做官"为理由，婉言拒绝。

抗战爆发后，司徒美堂与旅美进步人士共同发起成立纽约华侨抗日救国筹饷总会，发动华侨支援祖国抗战。

当时美国唐人街有很多下层华工社团，被称为"堂口"，有各自的地盘。在美国东部，安良堂和协胜堂是两个比较大的堂口，相互之间曾长期堂斗。"九一八"事变爆发后，司徒美堂认为，华侨应该团结一致，共同对敌。他主动向协胜堂检讨自己，并召开了两堂的"和平大会"。从此，两个堂口团结一致，共同发动华侨募捐支持抗日。抗战八年，纽约"筹饷总局"募捐达1400万美元。这之中，由司徒美堂领导的安良堂捐款最多。

1941年冬，司徒美堂被遴选为国民参政员，从美国返华出席国民参政会。不料他途经香港时，太平洋战争突发，香港沦陷、司徒美堂亦遭软禁。日本特高科头子矢崎了解司徒美堂的底细，派人召他到特务机关去威胁利诱，强迫他出任维持会长，企图利用他出面组织香港帮会，协助日军搞"强化治安"。当时司徒美堂已届75岁高龄，表现出的却是高度的民族气节。他对矢崎说："我已年逾古稀，不想在入土之前背黑锅，那样犹如贞妇白头失守，半生之清苦俱非。所以我决意不当什么维持会长。"特高科很想杀掉这个倔老头，但碍于香港帮会势力大，不敢贸然下手，只好忍气吞声将他放掉。司徒美堂在洪门弟兄的帮助下，乔装冒险潜离香港，偷渡到了大陆。

到达重庆后，蒋介石夫妇对他毕恭毕敬，到访必亲迎，出则亲自搀扶到门外，并许以国府委员之职。而司徒此时却目睹了国民党腐败和大后方民众困苦，对国民党感到极为失望，于是便拒绝加入国民党并不肯任官职。

抗战胜利后，司徒美堂过问政治的热情日增，表示要回沪召开五洲洪门恳亲大会。回国前他分别致电中共、民盟和蒋介石，中共和民盟当即复电欢迎，唯蒋不予答复。1946年4月，司徒美堂率众抵沪。6月21日，司徒美堂晤蒋，话不投机，悻悻而去。两天后，他亲赴南京梅园30号拜会中共代表周恩来，旋又参加中共代表和上海民主人士为他举行的欢迎茶会。此后，周恩来代表中共亲自到司徒美堂寓所两次访谈，并邀他到解放区参观。两相对比，使司徒美堂开始疏离国民党而接近共产党。

1947年，司徒美堂与美国驻华大使司徒雷登曾在南京见面。两人之间展开了一场有趣的对话。司徒雷登说他爱恋中国，习惯于中国人的思想和生活，所以与其说自己是美国人，还不如说是半个中国人，并说以自己"半个中国人"的资格来欢迎"半个美国人"的美堂先生。他又说，在燕京大学几十年，桃李满天下，可以"团结"在一起做一番"事业"。美堂先生却回答说："是的，我在美国住了六十九年，可是并不怎么爱现今的美国，所以我不是半个美国人，我是个地地道道的中国人，只爱恋中国，我只愿把骨头埋在中国。美国人在中国开学堂办医院，并没有使华侨对美国人较为亲热一些，因为我们知道美国人有两张面孔、两套办法，很不诚实。美国人民援助中国，我们很感激，但美国兵、美国飞机、美国的银币在中国流通，美国人那样'关心'中国的政治，美国政府那样热烈地搞中国内战，很明显，这不是援助，这样下去，中国不亡于日本就会亡于美国。"

1948年，司徒美堂公开声明拥护中国共产党及召开新政治协商会议、组建人民民主政府的主张。翌年1月20日，毛泽东发函，邀请司徒美堂回国参加新政协会议。

1949年9月，第一届政协会议期间，围绕着新中国的国号有过一场争论，在《共同纲领》中的国号"中华人民共和国"之下，本有一个中华民国的简称。在新政协期间周恩来邀请数十位辛亥老人，对此进行商讨。一些辛亥老人对"中华民国"的简称尚有些旧感情，主张延用或暂用。但司徒美堂说："我没有什么学问，我是参加辛亥革命的人，我尊敬孙中山先生，但对于中华民国四个字，则绝无好感。理由是中华'官'国，与'民'无涉。二十二年来更给蒋介石弄得天怒人怨，真是疾首痛心。我们试问共产党所领导的这次革命是不是跟辛亥革命不同？如果大家认为不同，那么我们的国号应叫中华人民共和国，抛掉中华民国的招牌。国号是一个极其庄严的东西，一改就得改好，为什么要一段时间之后才改？语云：'名不正则言不顺，言不顺则令不行。'仍然叫做中华民国，何以昭示天下？我坚决反对什么简称，我坚决主张光明正大地用中华人民共和国的全称。"此言掷地有声，最后，经过一番讨论和主席团的决定，新中国取消了中华民国的简称，而使用中华人民共和国的全称。

1949年10月1日，司徒美堂作为美洲华侨代表，并参加了开国大典。

由互助组织到黑社会
——青帮小谈

苛政猛于虎的感叹，自《论语》时代起从未停歇，大多数平民摆脱苛政的理想手段是寻找桃源，少数侠者的选择是打死老虎，而流氓的选择是成为老虎——或者只是虎伥。

明清两代，漕运进入全盛时期，每当漕船北上南下之时，千万漕船云集运河之中。南粮北运，行程数千里，最重要的就是安全。各地方运送皇粮赋税，深知责任重大，不能有半点懈怠，因此都要雇用镖局、帮会护航。于是在清代，出现了一个专事漕运及管理的帮会组织，也是中国历史上最大的帮会组织——青帮。

青帮又叫"清帮",原是清代民间的秘密结社组织,建于雍正四年。最初参加帮会的人员都是以漕运为业,负责管理漕船装卸、码头停靠、河道治理、运输安全等。漕运废除后,青帮成员弃船登陆,进入城市,主要占据上海、天津和长江下游其他通商口岸,由漕运管理转向抢占码头、经营毒品、开设赌场、妓院,控制军、警、匪、特等部门,进而投靠反动势力,成为罪恶统治的爪牙。随着新中国的建立帮会势力被全部取缔。

水手的家园——青帮诞生

说起青帮的起源，有多种传说，且其间往往相互矛盾，漏洞百出，皆因帮会成员口头相传，缺乏原始真实记录所致。因帮会长期以来一直处于隐秘之中，最多是半公开活动状态，外界很难知晓其内幕。帮中成员又普遍不擅文字，只有少数能写几笔的帮中成员根据从不同渠道得来的传说和记录，编了不少各有特色的野史。我们也只好通过这类东西再加上清廷史录，粗探青帮的大致起源。

青帮之产生晚于洪门，而起源传说却常与之搅在一起，其中最不靠谱的一种是，青帮的成立以反清为宗旨，这是从"内应"一说做文章。将其替清廷做事说成是"打入敌人内部"，以为将来举事做准备。此一说要追溯到天佑洪这个人。相传康熙五十二年，洪门后五祖相继去世。此时洪门领导人叫苏洪光，传说他曾死而复生，托名与崇祯皇帝一起吊死的王承恩，受神灵之佑，再生转世，名唤天佑洪。天佑洪领导洪门已成大势引起满朝震惊，故全力镇压，洪门活动开始困难，天佑洪想出两招要使洪门摆脱困境，一是给洪门改名为天地会、三合会等等，二是派一部分兄弟假装投靠清廷、作为内应，发展会众，这一部分负有特殊使命的洪门兄弟成了一个单独的组织——清帮，也就是后来的青帮。

此说当然没什么道理，青帮护粮是在为清廷做事。与洪门是不折不扣的敌人，早年洪门也确实仇视青帮。这种传说，当是在漕运中落，青帮对清廷也没有利用价值，所以被打压的时候出现。

其实青帮起自水手们的互助组织。青帮的前身是水手的罗教，明清各有漕省份中，江苏、浙江承担漕粮大半，两省的运河码头成为漕运水手聚集的场所，为民间宗教的传播和民间组织的发展提供了有利的条件。

罗教是明正德初年由山东即墨人罗清创立。罗清,后人尊称为罗祖,他自称"无为居士"、"无为道人",所以,罗教又名罗祖教、罗道教、无为教等,属于白莲教的支派之一,明神宗万历年间,《明实录》便有罗教"讳白莲之名,演白莲之实"的记载,其思想以佛教教义为主,吸收了儒、道以及其他民间信仰的成分。

罗清家族世代皆为军籍,罗清年轻时便充任密云卫一带的守备军人,并曾担任过运粮军人,史载:"正德间,山东即墨县有运粮军人姓罗名静者,早年持斋,一日遇邪师,授以法门口诀,静坐十三年,忽见东方一光,遂以为得道。"罗清早年拜和尚为师,研习佛理,故罗教受佛教的影响最大。罗清创教于密云卫,并开堂讲经。最初,听众主要是守备军人和运粮军人,所以罗教创立不久,便与漕运发生了直接的联系,漕运水手是其第一批教徒。罗清死后,教内分裂为两支,一为无为教,一为大乘教。无为教是罗教正宗,成为后来水手罗教的主流。

明末,罗教南传杭州和苏州,在南方漕运水手中流传开来,漕运中的民间组织开始萌生。清代档案作了如下记载:"明季时有密云人钱姓、翁姓、松江人潘姓三人,流寓杭州,共兴罗教,即于该地各建一庵,供奉佛像,吃素念经。于是有钱庵、翁庵、潘庵之名,因该处逼近粮船水次,有水手人等借居其中,以致日久相率皈教。"《松林丛书》另有记载:"漕船北运之初,此二人(指密云的钱氏与翁氏)沿途为人治病舍药,讽诵祈禳,劝人持斋守法,死者敛钱瘞之,久而相率皈依。"从上面的二则史料中,我们得出这样几个结论:其一,罗教开始在漕运水手中流传的时间是明末清初;其二,对罗教在漕运水手中传播起重大作用的是翁、钱、潘三人,此三人后来在组织中被尊为"三祖";其三,罗教的最初传教方式与其他民间宗教大致相同,但漕运水手之所以皈依者众,则主要是由于罗教庵堂是漕运水手的最佳栖息场所。"三祖"建庙传教之后,教门兴旺。由于入教水手趋之若鹜,早期的三座庵堂已不敷居住，于是水手们又凑银集资陆续建立了 72 座庵堂，并且"庵外各置余地，以资守庵人日用，并为水手身故义冢。每年粮船回空，其闲散水手皆寄寓各庵，积习相沿，视为常业。"掌庵人也逐渐由年老退漕水手担当，庵堂完全成为漕运水手把持的宗教和生活场所。

漕运水手与罗教可谓相互依存。漕运水手既是罗教教门的第一批信徒，又是罗教发展的主体成员；而罗教对于漕运水手同样至关重要，这从漕运水手大量皈依罗教的原因中鲜明地反映出来。漕运水手皈依罗教的原因主要有二：一是寻求精神上的寄托。漕运水手每年重运和回空，往返数千里，途中屡经险恶之地，长时间漂泊不定，生活的艰辛，命运的无常，以及对生命的时刻的忧虑，促使水手渴望从精神上寻求到某种慰藉，这就给民间宗教的渗入留下了心灵空间。二是出于谋求生计，寻求自保的需要。自明末以迄，江浙"各帮水手多系山东、河南无业之辈"，他们"终年受雇在船，无家可归"。这些聚集在江浙水次的无业游民，清初之时数以万计，构成江浙漕运水手的主体。而造成这种现象的原因主要是社会政治状况及地区经济差异使然。当时，漕运弊端重重，各级漕运及地方官吏层层盘剥，浮收勒折，中饱私囊，因而江浙农民皆视漕运为畏途，纷纷寻找其他的谋生途径；与富裕的江浙地区相反，山东、河南、直隶等地地瘠民贫，灾害频繁，百姓"岁偶不登，闾阎即无所恃，南走江淮，北出口外"，"滋生无策，动辄流移"。正是在这种历史背景下，江浙一带成为山东、河南等省流民的汇聚之区，造成漕运雇佣水手大多为无业游民的现象。这些水手每年受雇运输漕粮，但是当漕船回空之后，要等到第二年方可再次受雇重运北上。在中间这一段空闲时间中，水手们的食宿生计便是一大问题。这时，水次附近的罗教庵堂成了水手食宿生活的重要场所。水手们寄寓其中，由"守庵之人垫给饭食"，"俟重运将开，水手得有雇价，即计日偿钱"，漕运水手因此得以安身，守庵之人也"借沾微利"。庵堂的庵地与义冢则成为水手生可托身、死有归宿的最佳场所。久而久之，漕运水手皈依罗教当在常理。水手对罗教的需要主要体现在对庵堂的实际依赖上。

从明末三庵的建立至清朝雍正年间的一百多年间，由于政权更迭，风云变幻，朝廷一直没有关注罗教在漕运水手中的传播。雍正五年，水手之间发生冲突，官府捕获当事人，审出了漕运水手中普遍传习罗教的情况，方始引起清廷的重视。在高度集权的社会里，统治者对于各种民间组织十分敏感和恐惧，有着一种本能的防范心理。所以，水手罗教事发之后，清廷立即进行了干预和压制。从雍正年间至乾隆中叶，水手罗教屡遭严禁。总体而言，雍正年间政策较严，但处理措施较为宽松，仅没收庵堂的经卷、佛像，改庵堂为水手居住的"公所"，这种做法是企望改变庵堂的性质，却又不激化与水手之间的矛盾，以保证漕运的稳定。可以说，此时的水手罗教虽有聚集力量的趋势，但由于漕运行业尚稳定，水手生计有所保障，精神上也有所寄托，所以对朝廷和社会并不存在多大的敌意和威胁。然而，乾隆年间对水手罗教的处置却十分严厉。乾隆皇帝认为其"恶习难返"，是影响社会的隐患，"非彻底毁禁不能尽绝根株"，下令"所有庵堂概行拆毁，毋得仍前存留，复贻后患"。由于清廷的毁禁政策，促使水手罗教发生了重大的变化，其发展出现了转折。

当罗教在江浙漕运水手中广泛流传的时候，漕运行业中的水手行帮悄然萌发。

康熙三十五年，清廷对漕运制度进行了较大调整，缩减军运份额，将原每船运军10名改为1名，余下九名选用民间水手。这一变化增加了漕运人员中雇佣劳动者的成分，因而也增长了漕运中诸如雇佣与工钱、矛盾与协调等一系列问题的出现，这就促使水手们必须加强内部团结。同时，这些雇佣劳动者主要是无业游民，多无家室，他们的日常归所、生老病死都需要相互之间的帮助。水手行帮正是适应这些实际需要而产生的。

乾隆三十三年是水手罗教向水手行帮转化的关键一年，由于官府拆毁了杭、苏一带的庵堂，水手的生死依托荡然无存。清廷采取严厉措施，旨在严禁水手习教结社，但是，此时的水手组织已根深蒂固，清廷对庵堂的毁禁，客观上反而迫使水手组织突破宗教的形式。漕运水手由陆地转移到水上，由以庵堂为活动中心转向以老堂船为活动中心。随着这一转化过程的完成，水手帮会系统形成，其权力体系确立。

清代每一个帮会都设有一老堂船，堂船上悬挂着罗祖画像，委派一人专管香火，并管理全帮水手的收支账目，此即当家，亦称老管，一般由数人轮流当值。他们制定帮规、仪式等，掌握着对帮中水手生杀予夺的大权。每个帮会内部，俨然是一个独立的秘密王国。

嘉、道年间，清王朝由于国力走向衰弱，已无力严厉控制漕运水手了，水手行帮掌握了对漕运的控制权，霸占漕船，视同己业。这是水手行帮与水手罗教的不同之处。罗教虽然在水手中流传甚广，但雍正年间并非每个水手都皈教；嘉道年间，情况则完全不同，"凡投充水手，必拜一人为师"，道光五年，据浙江巡抚奏报，各帮派控制的水手"不下四五万，沿途牵手尚不在此数。"水手行帮已基本控制了江浙一带的漕运水手、舵工、纤夫人等。虽则宗教对水手们的影响仍没有完全消失，但总体而言，漕运水手行帮已绝不是一个宗教组织了，此时水手供奉的罗祖也从教主转变成了封建行业祖师。

水手行帮组织日趋严密，当社会形势及所处环境发生变动时，便会转化成一股更强大的社会力量，向漕运以外的其他领域渗透。

道光二年，江苏省整治陷于窘境的漕政，大量裁减漕运人员，对于裁减的旗丁，官府以津贴的方式，予以安置；对于仍属"无业之民"的水手、舵工人等，清廷也采取了相应的措施，"由地方官查明籍贯，每人酌给盘费制钱二三千文"，让其暂回原籍务农。然而，这些人长年在外，在家乡毫无家业，所以真正回家乡的人很少，大量失业的水手仍滞留在漕运水次，各种冲突与仇杀彼伏此起。道光四年，江浙二省因灾进一步减运，各船水手无所归依，"民间恐其逗留滋事，绅士富户各捐己资，每名给制钱三千文，官为押送回籍"。不管这些措施效果如何，官府对裁减人员毕竟有所照应。道光五年清廷议行海运，并试办成功。其后，海运、河运虽有反复，但对整个漕运水手群产生了巨大的冲击，而上述十分有限的安慰措施，清廷再也无力实行。故而，水手"人众业寡，行计艰难"，更多的水手流落江湖。为了应付这一社会变动，维持组织的原有力量，寻求有效的生存方式，水手行帮开始改变组织策略和行为方式，不仅维持原来在水上的势力，而且开始向岸上渗透。咸丰三年，清廷全面实行海运，运河漕运废止，漕运水手承担南粮北运的历史彻底结束，最终促成水手行帮的彻底转变。

数以万计的水手、舵工、纤夫等失业后走上了不同的道路。一部分人汇入起义大军中，史载："咸丰初年，河陡漕停，粤氛猖獗，无业游民听其遣散，结党成群，谋生无术，势不得不流而为贼。"也有一部分水手被清军搜罗。但由于此时漕运水手组织已经十分严密，所以绝大部分水手并未卷入清军与义军的军事角逐与人力争夺中去，而是逐渐聚集到两淮盐场一带，组织起来，开始了贩私盐、行劫掠的不法勾当。也就是此时前后，这些人才正式打出了"青帮"的旗号。

所以从严格意义上说，从青帮产生的那天起，它就是黑社会。

"元明兴礼，大通悟觉"——青帮的传承

青帮的规矩不像洪门那样严格，对外也不像洪门那样防范森严。这是因为青帮早期就不是一种被严格查禁的政治组织，其帮会的基本宗旨没有很强的政治性。青帮的基本宗旨是："义气团结，互帮互助。有福

同享，有难同当。"青帮也有许多江湖黑话、暗语、"切口"，甚至在日常生活中也可以用帮中特有的语言相互问询，例如家中来了客人，只要来客把帽子朝上（代表船），用手绢（代表锚）往帽子上搭便知是否要求在此吃住。如果手绢全搭进帽内，这就告诉对方，不必准备吃住，坐一会儿就走；若将手绢一端搭在帽檐上，另一端搭在桌面上，表示"下锚"，即今天不走了。

青帮是一个由师徒关系构成的纵向型帮会，因此十分讲究论资排辈，主张"班辈分明，可论辈不论岁，是师即须尊敬，是徒即得恩待"。前辈与后辈之间的师徒关系是青帮成员之间最重要的关系，青帮就是靠师徒关系一辈一辈地传衍下来，这是青帮与其他帮会之间在组织结构上的一个重要差别。所以，青帮历史上一直延续下来的一项重要的活动就是收徒仪式，即所谓上"香堂"。

投奔青帮，有三道手续。

第一步是"记名"。欲入青帮者需要由"引进师"担保引进，引进师要向他介绍入帮须知，主要是关于保守帮内秘密等内容。然后再把他介绍在某一师父门下，在得到"本命师"的认可后，要亲自到要拜的师父（本命师）那里呈递"门生帖"，磕头记名，然后听候察访。门生帖的内容包括入帮人的姓名、年龄、籍贯、职业、现在与永久住址等。这时，对帮内的秘密尚不传授，以防泄密。

第二步是上小香堂，拜师父做门生，算是预备考察阶段，这一阶段大约三到五年。青帮后期对考核不太看重了，自然这个阶段就大大缩短，又有些高官或文化人加入青帮都各有目的，一直就只是门生，故更无所谓考察。要做门生较简单，若你要拜某人为师，只需找该师傅两位徒弟做介绍人，由他们向师父推荐，师父同意后，就择时机搞一个小小的仪式，这就是上小香堂。在上小香堂前，要先写一个拜门帖子，帖子格式固定。大致如下：

门生×××，××岁，由××、××介绍，自愿拜在×××公麾下为徒，终身聆训，听候驱策。

帖子写好后，备上一份礼物，由介绍人领到师父家拜门。面见师父要一跪三叩首。然后入座由师父问几个问题，无非是家庭、个人背景之类。这时司仪在佛堂上燃烛焚香，拜师者要上佛堂向祖师爷行大礼，面向如来佛三跪九叩首。接着由司仪带领，向引见的师兄行大礼，仪式就算完成。最后，作为礼节，新入门的徒弟将由司仪领着去拜见师母，也是行一跪三叩的大礼。

上过小香堂的人，才刚刚入门，叫做"一只脚门里，一只脚门外"。这时的师父还不传授帮规海底，初入门者对帮会内部还了解不深。但只要上过小香堂，就被帮中其他人认做自家人，帮中称"家里人"。同一个师父的徒弟之间称为"同参兄弟"，对帮外人则称之为"空子"。

一个门生，经过一段时间考察，师父认为门生可靠，考察合格，便准许门生上大香堂，正式履行收徒仪式，这时才算是真正的青帮弟子，可以称"徒弟"了。

第三步就是开大香堂正式收徒，入帮了。开大香堂程序较复杂，花费也很高，不能经常举行，只是有了合适机会，并同时有一批门生正式入帮时才举行。开香堂不是公开庆典，不论在清代还是民国时期，一般都不公开举行，总是选择较僻静之处和夜深人静之时。开香堂招收徒弟时，必须有三个师父，一是"本门师"，也就是徒弟要拜的老头子，另一个是"引进师"，即介绍人，还有一个叫"传教师"，负责主持整个仪式，并传授帮规。上香堂有一个规定，就是上述三个师父所谓"帮口"必须有所不同，换句话说，三个师父要属于不同的帮口。帮口的含义是这样的：早期粮帮，按归口分为三十六帮半，每帮拥有自己的船队，象征周天三百六十五度，帮名再按"江淮"、"兴武"等各由一排到十二，形成所谓"江淮四"、"光武六"各帮口。在开香堂时，有一项仪式是三个师父分别交代自己的帮口和三代姓名籍贯，因三个师父不属同帮，故称"三帮九代"。这"三帮九代"加上"十大帮规"是徒弟们必须熟记在心的。

青帮的香堂一般分为三大类：第一类是"喜事香堂"，收徒就是此类；第二类是"评事香堂"，要请"三老四少"等帮中人物来讨论帮内重要事务；第三类是"刑事香堂"，即对违反帮规者给予惩罚，届时也要请"三老四少"到香堂陈述、商讨受责罚者违反帮规的事实和公议惩处的办法，并进行执法。总之，只有遇到重大事件才开香堂，因而仪式庄重，青帮还为此制定了香堂规范。内容如下：

第一，对于收徒者择定的日期、地址须严加保密，不得向外界泄露。

第二，须绝对服从主香者之指导，纵令千拜万拜，亦不得厌烦。

第三，须衣服清洁整齐，不得短衣拖鞋、露胸赤脚。

第四，开香堂时，须依法肃立，不得东张西顾、扶肩搭背、摇头摆脚、故意吐痰咳嗽、交头接耳。

以上是针对入帮者的要求，对参加香堂的帮内外人员也有严格要求，主要是：

第一，香堂门口不准自由出入，严防"空子"偷窥窃听、喧哗吵闹之事。

第二，凡有来宾，均须先签名报告，由"知客师"招待于客室。来宾不得擅闯香堂，如欲参祖时，应呈报主香人，经许可后方得入堂。

第三，不论何人一律脱去马褂背心，除却眼镜帽子，垂手低头恭立观礼，不准插嘴多言。

第四，若遇非常事故，如地方官到临、发生火灾等事，在场者须静立勿动，悉听主香人处理。

第五，如有人发生疾病，得由主香人派人往医院诊治，或送回病人家中，但香堂仍然照开。凡在堂老少弟子，不得借词退出香堂，或发生自惊自扰不幸事端。

开香堂有一套固定的程序，如下：

第一，所有参加开香堂的人，在进入香堂之前，必须"净面"、"涮船"。净面即以清水洗面，涮船指漱口和饮水。第一口水只能漱口不能饮用，第二口水是净口水，须咽下。

第二，由收徒者带领众人鱼贯进入香堂。进入香堂后，要在祖位前行跪拜礼。跪拜亦有固定的程式，而且要背诵诗赞：如："双膝跪尘埃，焚香朝五台，弟子请祖爷，临坛把道开。"诵毕起身，请收徒者参祖，然后由香堂各执事参祖。

第三，投师者在三祖师香案前，由三师各自交代"三帮九代"和"十大帮规"。所谓"三帮九代"，三帮就是指本门师、引进师和传道师三人所在的帮头，九代是指三位师父三代师父的姓名，三三进九，即九代。新入帮者须一一铭记在心，因为这是青帮最核心的秘密。

第四，由本命师把新入帮的弟子介绍给在场的前辈和同参弟兄，新入帮者则一一叩拜。

第五，"颂祖"。所有参加仪式的三老四少和新入帮弟子一齐跪下，由传道师念诵："祖师生长在杭州，武林门外把道参。三位祖师头里走，弟子磕头在后头。"

至此，开香堂的仪式结束。

参加开香堂的除三师和投师者外，还有两种人。一种是属于"帮场架势"的，大多和开香堂的老头子有交情来往，或虽无交情，也是经特别邀请而来；也有开香堂的人名气大，参加者虽不相识，特别赶来表示祝贺，借以拉拢的。另一种是对开香堂者不满，或因故有了隔阂，或因开香堂者不知名，怀疑其混充，而试图来抢占山头。但他们并不以暴力发生冲突，而是找机会用帮内的行话进行问答。经过一阵激烈的交锋，会出现不同的结局。来者若看到开香堂的老大确是有"道行"的"家里人"，又有许多有名望的人在场，仪式也很正规，双方自然冰释和好。有的虽然来势汹汹，终敌不过地头蛇，只得夹着尾巴走人。也有互相挑剔，各不相让，以致仪式不能继续进行半途而废者，这样，开香堂的老头子自然就站不住，只好另开码头。

开香堂是青帮的头等大事，因而仪式的执行也较为严格，1935年张仁奎办的一次大香堂。过程大约如下：

提前一个月，张的门徒已着手准备。开大香堂前十天左右，张老大爷在各省的徒弟和门生都陆续赶到上海来参加盛会。所有的门生和徒弟自然不能空着手，都备有贺礼，按通例一律送钱。按能力大小，多者千元，少的十元。这些礼物，都充作开大香堂的费用。

大香堂就在张府举行，来参加的有徒众数百人，像韩复榘、黄琪翔等外省大人物均委托同参兄弟代表送礼参加。上海青帮名人黄金荣、陈世昌、杨虎等于晚八时都来到范园张府。一般说，开香堂时，除了三位师父和投师的人外，其他人若参加，都称作"赶香堂"。来者多属于前往捧场道贺，即所谓"帮场架势"的，大多数是开香堂老头子的故交；或虽无交情，但因某种考虑特别邀请来的，也有不请自来想拉关系的。所以，上海青帮巨头开香堂往往各色人物云集。

香堂正中悬挂着罗祖画像，供桌上从左到右依次是钱祖、翁祖、潘祖之神位，神位前供干果四包，荤素菜八件。在门外设有"陈四小祖"神位，设香炉供四菜。这陈四是传说里青帮的第一个徒弟，算是整个青帮的开山弟子，所以给他供一份香火，以为纪念，但因他后来犯规被开革出门，已不算青帮中人，故将神位放在门外。那次的大香堂本命师（本门师）是张仁奎，属兴武六帮；传道师樊锦臣，属嘉海卫帮；引见师高士奎，属江淮四帮。三位师父入堂之后，由二位先进山门的老资格徒弟担任香堂执行兼司仪。他们燃点五束用红纸条裹着的香烛插在桌下的香炉内，名唤五指抱头香，香的安排象征帮中兄弟抱头团结。

然后司仪口称："请本命师张师父孝祖。"张仁奎便在翁、钱、潘三祖师神位前三跪九叩首。依次樊、高二位师父依此办理。接着三位师父到门外陈四小祖神位前行一跪三叩首大礼。

三位师父回入香堂，在香案左边就座。司仪又宣布："各兄弟孝祖。"站在堂前的百十位徒弟一起跪下行大礼。对三位祖师大礼毕，全体原地面向门外小祖神位行大礼，然后，全体起身立于堂前。这时司仪请三位师父移坐在香案前正中位置，宣布："各位先进老大参师，新进弟兄陪拜。"于是全体跪下，再行大礼。站起后，先进老大立于两旁，新上大香的立于正中。司仪又说："各位新兄弟行拜师大礼。"诸新徒再行大礼。

礼毕，司仪宣布："各位新兄弟跪下受训。"各位新兄弟又听命跪于堂前，由执事把桌下五指抱头香提起给每一位新上大香者各一支，用心执于面前受训示。三位师父每人讲几句，再由司仪每人发给一份油印的十大帮规和三帮九代的名单。张仁奎开言道："这是我们门里绝密之宝；要妥为保存，不得对外泄露，上不可告诉父母，下不可告诉妻女。你们只要牢记三帮九代，腰中不带柴和米，走遍天下有饭吃，这就是你们的终身饭碗，切记切记。"

仪式的最后一步是新兄弟向三位师父的谢恩，再来一次三跪九叩首，再向各位先进老大行见面礼，接着各位先进老大一同向三位师父道喜，这时司仪焚纸马宣布礼毕。大伙由司仪领着，新兄弟在前，老兄弟在后，去拜见师母，全部过程结束。接下来是非正式的活动，因为时间已是午夜，司仪对大家宣布，师母已备好元宵，请大家入席团圆。第二天上午，大家一起又在范园吃团圆酒，新老兄弟坐在一起亲若家人，气氛很有喜庆的味道，席间还有许多名人出席前来捧场。最后与师父一起合影留念。在这之后，新徒弟集资设宴向各位师父谢恩，至此全部大香堂正式、非正式活动就圆满结束。

期盼已久的游民带着对祖师的敬仰，对生活的追求，完成了入帮仪式。严格的审核制度及入帮仪式从某种程度上讲，对青帮的人员组成作了严格的把关，保证了青帮的组成不至于过分的鱼龙混杂。

青帮的辈分决定其在帮中的位次，而辈分是按"字派"排列确定的，字派排列如下：清净道德，文成佛法，仁伦智慧，本来自信，元明兴礼，大通悟觉（有将"觉"记为"学"者）。有趣的是，当青帮因沦为彻底的黑社会组织而被人民政府铲除时，其正好传承到最后的"觉"字辈，这也算是当初制定青帮辈分的那位祖师爷一语成谶吧。

莫到琼楼最上层——青帮的皇子兼流氓

前文已言，青帮的辈分完全由"字派"确定，民国初年"大"字辈分最高，后来声名赫赫的流氓大亨杜月笙拜"通"字辈陈世昌为师，是"悟"字辈，是"大"字辈的徒孙，他曾经半真半假劝过帮内年高德劭却仍没有收山的"大"字辈前辈张树声："你老人家不要再给我收些小祖宗了。"也可见青帮人物对辈分的重视。

在民初比较有名气的大字辈人物中，有一位特殊的人物。他的母亲是朝鲜公主，父亲袁世凯当过83天皇帝，他却自己跑到上海，加入青帮还当了几年"老头子"。他就是袁世凯的次子袁克文。

袁克文的生母金氏1884年嫁给中国驻朝鲜通商大臣暨朝鲜总督袁世凯时才16岁。她出身朝鲜安东外戚大族，家族里出过很多嫔妃。金氏带着自己的三位使女嫁给袁世凯时没有想到，这位丈夫给新妻们排位次时，并没有按她的身份来排，而是按着年龄排，把她排成了三姨太

（还不算早就娶在中国老家的正室），金氏一嫁成恨，排在了自己的丫环后面。

袁世凯驻朝鲜时，按照大清律法，中国官员还不准在国外娶妻生子，袁世凯就把金氏的头生子以沈氏所生的名义抱出来给百日的客人看。这就是青帮"大"字辈老头子袁克文的出身，这个怪异的身世，好像他一生怪异的开头。

袁克文6岁识字，7岁读经史，10岁习文章，15岁时就学于天津北洋客籍学堂。不久袁世凯在家里设置专馆，并聘请了名师执教，从而使袁克文受到了比较严格的传统教育，于诗词歌赋、经史子集乃至书法绘画都有相当深厚的根底。他擅长舞文弄墨，广结文人骚客，一生尤酷爱京剧艺术。还在清末的时候，他就参加过由权贵子弟溥侗等人组织的"言乐会"曲会，又拜名师方秉忠、赵子敬为师，常常亲自粉墨登场，先后同欧阳予倩、梅兰芳等同台献艺，成了一个享誉南北的著名票友。他文笔不错，在报界、文学界都小有盛名，长期担任《晶报》、《半月》等上海一些小报的主笔。因此，袁克文被时人誉为"名士"、"当代曹子建"。然而，游离政治之外的袁克文却因"太子"之争、兄弟内讧一度被迫离开京城，远走上海。

1912年袁克文远赴上海是因为长兄袁克定加诸于他的一桩绯闻，袁克文一生绯闻也不少，但是这一次被克定传他淫及父妾。

袁克文避至上海，这个灯红酒绿的世界除了给风雅的袁克文提供了物质享受，还使他有了另一种"身份认同"。他加入青帮的消息，成为各报新闻。

当时，袁世凯复辟帝制的逆行遭到了全国人民的一致声讨，帝制处于风雨飘摇之中，袁克文作为袁世凯之子，也成为众人的敌视对象。为了寻求保护，袁克文不得不加入了上海青帮。民国社会秩序混乱，政局不稳，人们的各项基本权利甚至连生存权利都得不到保障，不少人只得纷纷投入秘密社会组织，以非正常手段谋求生存或者保全其生命财产。因此，青帮这一秘密结社在民国年间十分兴盛，特别在上海成为一股很强的社会势力，不仅在社会下层有广泛基础，还笼络了一些有身份的社会人士。

袁克文到上海后，拜青帮"理"字辈张善亭为"老头子"，加入了青帮，成为青帮大字辈人物。张善亭是当时青帮组织中辈分最高、人数极少的"理"字辈人物之一，时年事已高，关门不再收徒了。由于袁克文用金钱活动和袁家名声的影响，张破例了一回，后来再也没有亲自收徒了。袁克文加入青帮后，在帮会分子的精心保护下相当安全。他自己曾对弟子回忆说："我自对你张爷爷孝祖之日起，随时随地都有人做我的临时保镖，这些义务保镖都是上一流的人派来保护我的。"

袁克文虽是个文人，但极明白事理，他知道自己这个"大"字辈在上海没有什么根基，一到沪上就主动造访了黄金荣，给黄金荣带去的见面礼是10枚英国人铸造的黄金纪念币。这是袁世凯请英商专门造的，用来纪念他成为大总统。黄金荣拿给杜月笙看后，杜也很欣喜，传说黄金荣又送给了杜月笙三枚。

黄杜二人也极能投其所好，除了在四马路上寻花问柳的时间，黄杜都会邀袁二公子搓麻，公子旗开得胜连下几城。但最终以输光告终，而黄杜也做尽人情，临走会赠还袁克文几千块钱。但是袁克文生来不是帮派的人，他在本质上还是个纯文人，入帮会纯粹是玩票的性质，尽管是玩票，帮会与袁氏之间当然还存在着相互利用的关系。但就他自己来说，更多的是仰慕孟尝春申君而已。做个自由自在的游侠，而他周围的人，每遇困境，也能因他一句话而解围。

后来父子间的误解消融，袁世凯叫他回京，他也就顺水推舟，因为离家时携带的10万块钱已经挥霍光了。

袁世凯1915年称帝时，袁克文27岁，不仅已经妻妾成群，而且在上海天津都开过香堂，当上了青帮老头子。1915 年冬天，袁氏在登基前"大典筹备处"按着英国宫廷礼服的款式设计了一系列的皇室服装，包括他个人的，他的皇子的、公主的。

在北京试穿皇子服那天，袁克文没有参加，袁克文的侄子袁家诚在接受《新世纪周刊》采访时说，袁克文是未来"皇子"中唯一不赞成他父亲称帝的。这一年文人袁克文还写了一首《感遇》。

乍着微绵强自胜，阴晴向晚未分明。

南回寒雁掩孤月，西去骄风黯九城。

隙驹留身争一瞬，蛩声催梦欲三更。

绝怜高处多风雨，莫到琼楼最高层。

最后两句被定性成为"反诗"，袁世凯的政敌如获至宝，将这首具有极高文学造诣的政治讽喻诗，变成了他们直击洪宪帝制的利器，而袁克文在被其弟克定告密给父亲后，就被软禁在了北海。

袁克文入帮后一直与大字辈保持交往联系。从他的《寒云日记》来看，袁和青帮大字辈们的交往还是相当密切，相互往来的有徐朗西、步章五、刘登阶、张树声、樊瑾成、李琴堂、高士奎等人，袁称他们为"盟兄"。1919 年，袁克文同青帮大字辈张树声、刘登阶、高士奎、樊瑾成、曹幼珊等 17 人在上海举行恳亲会，订兰谱之交，并摄影留念。1927 年三四月间，外号南"天王老子"的张树声病危，袁克文亲自探望，在张病逝后代其嗣子撰写哀文，之后又主持祭奠活动。

袁克文加入青帮后，第二年就开香堂收弟子，自成一种势力。这样一个文人收徒，门徒的成分也很有意思，在上海期间，收入门下的多是艺人，有余叔岩、俞振霆、俞逸芬、韩世昌。电影《霸王别姬》里葛优扮演的"袁四爷"，是一个复杂的艺术形象，从行事风格看像天津著名戏霸汉奸袁文会，可从艺术见识看就有袁克文的影子。

但是等他回到北方后，投到他门下的人物渐杂，三教九流无所不包。比如安利洋行买办毕馨斋，英商塘沽驳船公司经理王汉臣，当然还有本土商人。据他的胞妹袁静雪以后回忆，袁克文在天津开香堂收过不少徒弟。袁世凯死后不久，袁克文准备和名京剧演员陈德霖在北京新民大戏院合演《游园惊梦》，袁克定认为这是"玷辱家风"，就通知警察总监薛松坪派人准备把袁克文关押起来。袁克文得知后，分派他的徒子徒孙把住戏院的前后门，不让警察进去，薛松坪亲到现场也无可奈何，袁继续演他的戏。褚玉璞当直隶督办时，为便于有效控制鱼龙混杂的部下，想组织清一色的青帮政府，规定凡是不在帮的一个不用，褚的部下就有不少拜袁克文为"老头子"，投在了袁的门下。这里可以看出，在京津一带袁克文的帮会势力还是不小的。在上海，袁也有一定的帮会势力。有史料记载，1923年元旦的夜晚，上海一舞台有一观众与剧馆发生口角之争，第二天，此人率领100多人气势汹汹来到剧馆，并扬言将向剧馆投掷炸弹，剧馆求助于袁克文，袁急令弟子李金标出面调和，最终此事得以和平解决。

袁克文在天津度过了他生命中的最后4年。1931年3月22日，袁克文病逝于天津英租界58号，42岁。袁克文一生极为复杂矛盾。他在上海期间，还以自己14年抽大烟而一朝戒绝，为戒大烟做过广告，但是回到天津后，又是烟枪不离手，病体不离床。他在去世前刚得了场猩红热，还没痊愈，这位风月盟主就去会了一次旧相好。回家后旧病复发，不治身亡。一生散金无数，而身后笔筒里只被人翻出了20块钱。

袁克文一生，交友无数，虽然都是笔墨文翰之交，筵宴冶游之友，真心怀念的人也不少。出殡队伍中，自发组织起来的僧尼道士达4000多人。另一支自发的队伍是上千妓女，她们有着统一装束，发系白头绳、胸戴袁克文头像徽章，丧事算得上风光旖旎。天津公祭者中还有前北洋政府总统徐世昌、国民党元老于右任。与津门呼应的上海，公祭者中有生前好友周瘦鹃、包天笑、刘山农、孙东吴、刘襄亭等，都是当时知名的文人。灵堂里挽联挽诗,层层叠叠,多到无法悬挂。

时人公认最出色的挽联是梁众异所做:

> 穷巷鲁朱家,游侠声名动三府;
>
> 高门魏无忌,饮醇心事入重泉。

却正好可为他的王孙兼流氓人生做一结穴。

红花白莲藕——会党拾零

莫愁无知己——会党的发展

公元 18 世纪下半叶,即清朝的乾隆、嘉庆时期,以天地会为主体的秘密会党在中国大量出现,至 19 世纪末 20 世纪初即清光绪、宣统年间,会党的组织已遍布全国。从城市到乡村,从交通码头到驻军兵营,到处有它们的山堂香水。会党的名目已达一二百种,会众数千万,形成了一种无处不在的社会势力。这在世界历史上极为罕见。

清王朝的统治,发展到乾隆、嘉庆时期,已由盛转衰。吏治腐败,贪污成风,各种社会矛盾暴露无遗。在当时的许多社会矛盾中,最突出的是由于人口爆炸性增长和土地兼并严重所造成的耕地开发与人口增长的比例失调、人多地少的严重矛盾。

据学者的研究推算,中国人口的实际数在明代万历年间已达五千万,经过明末的农民战争和社会动乱,人口大减,至清初只有六千万。但清代的统治自平定三藩和台湾以后,即进入康熙、雍正、乾隆三朝的"盛世"阶段,政局比较稳定,经济恢复,生产发展,人口也随之大幅度地增长。乾隆初年，全国在册人数已接近一亿五千万，到乾隆末年，已突破了三亿的纪录，再过四十年，到道光二十年，就达到四亿一千二百八十余万口，成为中国封建社会人口数最高的历史纪录。上述情况表明，从清顺治元年（1644年）到乾隆末年（1795年）这一百五十年间，中国的人口增加了五至六倍。如果延伸到道光二十年，则二百年内人口增加了七倍。这个速度是十分惊人的。

但是，在这同一时期内，作为生活资料主要来源的耕地，却没有相应增加。据统计，明万历六年，全国耕地面积有七百余万顷，至清乾隆三十一年册载最高土地数，全国耕地面积有七百八十余万顷。这就是说，在二百五十年内，耕地面积只增加百分之十。如果以乾隆三十一年的耕地面积数，与清顺治十八年的耕地面积五百四十余万顷这个数字相比较，也只增长了百分之三十几。如果将耕地以人口平均计，清初每人平均约有十亩，乾隆三十一年就下降为二亩多。在这期间，农作物单位面积的产量，并没有多大变化。清代人口增长那样迅速，而耕地开发和生产发展却如此缓慢，就造成了人多地少的尖锐矛盾和生活资料来源的日益短缺。这种情况，乾隆年间即已相当严重，当时的许多地方志和文集常有"生齿日繁，地不加广"，人民"生计常苦不足"，"渐多游手"，这类记载。这种情况，从生态学的角度看，就是社会生态的失去平衡，它必然会影响社会结构的稳定，引起社会变迁。

应该进一步看到，这种人口膨胀与生产发展不相适应，人多地少的矛盾，是发生在中国的封建社会。随着人口总数的增长，地主阶级的人数也相应增多，地主阶级的人口增多，即是兼并之家日多，必然造成土地的更加集中。如果将地主阶级的人数按全国人口总数百分之五的比例推算，那么清初地主阶级的人数应有二百五十多万，乾隆中叶便有一千五百万，到道光二十年鸦片战争时可达两千万。他们在土地日益紧张的情况下展开长时间的激烈争夺，到乾隆年间，已形成"田之归于富户者大约十之六"的局面。与此同时，他们对农民的压榨也更加紧和扩大。这样，就造成大量的农民失去土地，破产流亡。当时，有人对占有土地和丧失土地人口比例作过估计："今天下……占田者十之一二，佃田者十之四五，而无田可耕者十之三四。"如此众多的人群丧失了安身立命的土地，不能不是一个严重的社会问题。

怎样来解决这个严重的社会问题呢？清朝统治者都感到束手无策，连皇帝也说"宵旰筹思，终乏良策"。广大劳苦群众为衣食所迫，不得不想方设法，自谋生路。他们或去他乡出卖劳力，佣趁度日；或肩挑负贩，小本营生；或漂流江湖，行乞糊口；或上山开采；或入海为盗。其中解决人多地少，衣食困难的一个重要途径，就是移民。也就是人口密集地区的失业人群，大批向地广人稀的地区迁移。我们看到，清康熙中叶以后，一些人口密集、土地贫瘠地区的群众，已开始大批自发地向外流迁。人口外流最突出的，南方是福建、广东。北方是山东等省。

这几个省，都是依山傍海，山海交错，素属地瘠民稠。闽粤两省沿海地区，自康熙、雍正以来，就有大量的无地农民外流。他们除一部分出洋谋生外，大部分则成群结伙，向地广人稀的台湾、广西、四川等地迁移。山东等省民人则大批流经关外东北地区。据记载，台湾的人民，在康熙以前不满十万，经过闽粤内陆民人的大批迁渡，康熙初年增至二十万，乾隆中期即达百万，嘉庆二十年已增加到二百万。广西、四川和奉天地区的人丁数，同时期内也十倍百倍的增加。如果以顺治十八年人丁数的升降比为 100，那么，到乾隆上三十二年时，广西就升为 4066.79，四川上升为 18378.92，奉天上升为 12839.39。这些地区人丁增长比例如此之高，当然有本地人口增殖的因素，但主要是由于外地人口的大量流入，此外其他地区的人口，也有不同程度的流动和迁移。

大量的破产农民，离乡背井，流落到外省以后，生活孤立无援，极不稳定，常常遇到天灾人祸的打击，和封建统治者的欺压。出于互助的需要，他们迫切要求结成团体。于是，像天地会、哥老会这类异姓结拜兄弟，实行"一人有难，大家帮助"的秘密会党，就应运而生。我们看到，康熙二十二年以后台湾开始盛行结拜之风，雍正末年乾隆初年就出现了父母会、小刀会等组织，乾隆二十六年天地会在福建漳州地区创立后，很快就随着移民传入台湾。与此同时，天地会随闽粤民人的迁流，传入广西等省。在四川，随着外省流民的大批入川，以及本地破产劳动者的涌现，乾隆初年就出现了啯噜党，后来演变成哥老会。在东北，出现了在理会、红胡子等组织。其他省区，凡有破产劳动者游民聚集的地方，几乎都有这类秘密会党的存在。由此可以看出，秘密会党的发展趋势，与人多地少矛盾的加剧，破产农民队伍增长的步伐是一致的。清代中叶秘密会党名目陡然增加（史料证明，秘密会党大量出现在乾隆二十年之后），正是中国人口走向历史的高峰、清王朝由盛转衰，中国封建社会走向没落的时期。这绝不是偶然的历史巧合，而是上述社会矛盾运动客观规律的反映。由此我们也就不难得出结论：清代秘密会党的兴起，不是由于"满汉民族矛盾"，而是由于社会矛盾。人口恶性膨胀和土地兼并剧烈，造成了大批无地可耕的游民，就是清中叶秘密会党兴起的主要社会根源。到了晚清时期，即中国进入近代半殖民地半封建的社会以后，由于外国资本主义势力的侵入，传统的自然经济遭到严重破坏，社会形态发生了质的变化，更大量的破产劳动者游民队伍从旧式的交通航运业、传统的手工业和农业中分离出来，加之连续不断的自然灾害所造成的千百万流离失所的难民，和连年战争所造成的数百万散兵游勇，这些就是近代中国秘密会党势力得以飞速发展的主要来源。

其实，秘密会党的组织结构，基本上还是模拟了中国传统的封建家族制度，并没有摆脱封建落后的状态。

中国是一个古老的农业大国，素以家族、宗族和村寨作为社会生活的基本单位。这种以血缘为纽带，并具有浓厚封建地域性的社会组织，是适应了小生产的闭塞的自然经济基础。在这样的社会里，从人们的经济生活，到其他的社会生活，不是以个人，而是以家族为单位进行的。这种传统，到了近代，还基本保持。当大量的游民群众从这个传统社会中被排挤出来以后，他们没有土地、没有财产。没有户籍，没有职业，生存受到严重威胁，因此他们迫切要求生活互助。同时，由于这些人离乡背井，漂流异地之后，就丧失了传统的亲族连带关系，在精神上造成了极度不安，因此他们渴望归属于世俗社会团体。这种物质和精神方面的基本欲求，是他们加入秘密会党的潜在动机。在这样的动机支配下，他们就模拟传统的家族制度，创造天地会、哥老会、青红帮等这类具有虚构血缘关系特征的家族制的帮会团体。

秘密会党内"血缘关系"的创造过程，首先是通过歃血拜盟，使成员形成血缘的共同意识。歃血拜盟、血盟誓约的风俗在中国古代即已流行，其中结拜义兄弟是血盟最重要的一种。这种结拜血盟兄弟的风习，通过《水浒传》中梁山聚义和《三国演义》中桃园结义的故事在下层人民中流传下来。到清代，就被天地会、哥老会等各种秘密结社所采用。他们在实行异姓结拜兄弟时，都拜天为父，拜地为母，而"饮血酒"是最重要的一项仪式。新入会的成员都要用银针刺破自己的中指（有时以割鸡血代之），滴血入酒，共饮一杯血酒。饮血酒时，要吟唱"此夕会盟天下合，四海招来尽姓洪，金针取血同立誓，兄弟齐心要和同"等诗句。同时要在神明的照览下，宣读"结为同胞兄弟，永无二心"的誓约。经过这样的结拜仪式以后，秘密会成的党员都一律改姓洪，互称"洪家兄弟"，从而酿成会党成员的血族意识，创造了相互之间的血缘机能，最后就凝聚成一种命运与共的血缘家族拟制的帮会团体。

其次，秘密会党在组织机构方面，也仿照家族制的构造原理，虚构起会党成员间纵横的血缘关系。由于世俗血缘家族关系基本上是纵向的父子从属关系和横向的兄弟和睦关系，因此，秘密会党也按照各自的需要，模拟这种家族制，在它们的内部建立起纵横两种关系，并使之保持均衡状态。纵向关系方面，以青帮的严格辈字制和师徒传承制最为突出。青帮早期是运河线上运输漕粮的水手帮会，它的成员大多来自运河沿线的农村失业者和游民。由于这些人的出身地点不同，风俗、习惯、语言也不同。而漕运工作是一种集体性的艰苦劳动，他们在数千里的运输途上，经常要遭到土匪的袭击和异帮人抢夺等职业威胁。因此，要把这批苦力劳动者组织起来，并霸住漕帮，非有强力的精神统制和严格的帮规家法不可，青帮内崇拜罗祖和实行严格的辈字制度的家长统治，正是适应了这种需要。一方面，我们可以看到，运河沿线漕运劳动者在各处所设的碇泊安息所，同时也是他们守护罗祖神的共同祭祀和信仰的集会所。这种共同的宗教信仰的建立，可以在生活不安定的水手们慌乱的心中，唤起一种连带感和道德感，产生一种团结力量。另一方面，我们又看到，青帮建立了一套严格辈字制度和家长统治，其辈分按"清静道德，文成佛法，仁伦留意，本来自信，元明兴礼，大通觉悟"二十四字排列，凡拜师入门，各按字辈，入门弟子与师父之间的关系如同父子一般。这样，前后世代相传，就使全体成员置于一个等级森严得犹如封建家族的序列之中。在青帮内部，实行上下绝对服从的家长统治，宣扬"师徒如父子，同参如手足"，其核心是建立师父的绝对权威。他可以"替祖代法"，对违反帮规的成员，施以各种酷刑处罚，使所有成员束缚在这种封建家长式的控制之下，而不能自拔。

横向关系方面，以天地会、哥老会的组织结构为代表。由于天地会、哥老会的活动并不限于一个地区或某个职业部门，也没有统一的奋斗目标，因此，它们的组织机构重点不在发展强力的统制和统合手段，而是发展横向的同辈、同僚的关系。在一个组织的内部，往往只因主持入会仪式、掌握钱谷、侦察情况和通风报信等需要，而设置一些职位，各执掌官之间都是兄弟相称。如天地会的首领（总理）为大哥，香主为二哥，白扇为三哥，以下还有先锋、红棍、草鞋等。哥老会的山主为龙头老大哥，圣贤为老二，新副为老三，以下直至老幺，为适应江湖游民结社的流动性需要，天地会和哥老会的成员，只要持会簿和票布，即可随处传会，开立山堂。天地会随处开台，广泛发展之后，就设立起房族制度，分设长房、二房、三房、三房、四房、五房等。哥老会则在各地分设山、堂、香、水。这种横向关系的发展结果，就出现了山堂林立，各自分峙，虽有交通，不相节制的局面。

总之，无论从纵向关系还是从横向关系看，秘密会党的组织结构都是家族血缘制的模拟。按生物学的道理来说，血缘是永远切不断的。秘密会党虚拟这套血缘关系，目的是为了维护和巩固帮会大家庭。因此，秘密会党的成员要随意从帮会家庭中脱节出来，也是不许可的。它的帮规就明确规定，"拜把之后，不许擅散"，"进帮不准出帮"。入帮以后，必须视帮为家，"患难相共，与帮同休"。

由上述可见，从秘密会党的组织结构看，无论青帮红帮，或是其他团体在形式上都是模拟了传统的血缘家族制，在实际上，都采取了封建家长制的统治。

秘密会党模拟创造这套"血缘家族制"结构，当然不是想回复以自然经济为基础的田园生活，而是为了适应江湖生活患难相助的需要。秘密会党的互助性质，可以从它们的条规则例中找到证据。例如，《洪门三十六誓》就规定，自入洪门之后"倘有父母兄弟，百年归寿，无银埋葬，有白燐（密信）飞到求兄弟相帮，必要通知各兄弟，有多帮多，无钱出力，以完其事"，"各省外洋洪家弟兄，不论士农工商，江湖之客到来，必要支留一宿两餐"，"兄弟患难之时，无银走路，必要相帮，钱银水脚，无论多少"，"或有抢劫取错兄弟财物香，即速送回兄弟"，"有兄弟被人打骂，必要向前，有理相帮，无理相助"，"或赌博场中，不得假吞骗兄弟钱财"，"有弟兄劫抢偷拐，或骗执之财，不得眼红"，等等。

而洪门的《二十一则》、《十禁》、《十刑》，就是对洪门成员违反上述原则的种种处罚具体条例。

此外，秘密会党还颁布腰凭、票布，持票即可"随所至皆得衣食"。彼此联络有切口隐语，和"三指决"、"茶碗阵"、"挂招牌"等暗号。开码头时，有盘问对答的诗句。这些都反映出会党的流氓无产阶级性质和江湖习气。

中国进入近代以后，社会结构发生了巨大的变化。一方面，以自然经济为基础的农业社会在瓦解；另一方面，近代化的城市在成长。但是，由于这种变化是在半殖民地半封建的秩序下进行的，不仅农村生产力极度低下，经济凋敝，而且城市的工商业也得不到正常的发展，加之自然灾害连年发生，战乱持续不断，失业人群和饥民队伍层累地被制造出来。这些失业和饥饿的人群为了求生，就大批投奔会党，加入匪帮，从事非法的"盗匪"活动。所以有人说，近代的中国，就是一个会匪遍地、盗贼横行的"土匪之国"。近代的中国会党，不仅活跃于农村，而且密集城市和交通码头。根据他们在城市不同地区的活动特点，我们可以将近代会党分为城市型和农村型两种不同的类型。

农村型的会党，是以农村中的破产农民和其他游民为主体而组成。在旧中国的农村，他们究竟有多少山堂，已无法确知。但是，我们从一定时期某些地区性的文献记载中，还是可以窥见其大概，例如，据《平桂纪略》所记，自道光三十年至同治八年，广西就有会匪团体一千个以上。据同时期的《堂匪总录》和《股匪总录》记载，广西十二府"堂匪"的堂号数（附土匪）即有二百一十三个，"股匪"有二百三十股。如果加上当地的棒棒会、孝义会、金钱会、北帝会、父母会、青莲会等种种名目，以及水上的艇匪组织等，总数不会少于一千个，由此可见一斑。

农村会党的社会功能，对内主要是谋求其成员的生活自保、协调成员之间的关系和行动步伐。由于农村破产势动者和贫苦农民加入会党的最基本要求是谋求饭食，因此，农村会党的首要任务就是解决会众的吃饭问题。我们看到，农村会党解决会众的吃饭问题的方法，往往是数百为群，实行集住的共食制。这种共食制，以太平天国时期广西天地会的"米饭主"最有代表性。凡米饭主，都开堂设馆，招待饭食，但会众抢夺的财物，要一律交公，同时必须遵守会内纪律，服从指挥。当时，在天灾人祸压迫下，广大无家无食的破产农民，有人管饭，生活受到照顾，无论在物质上和精神上，都是最大的慰藉，所以投奔"米饭主"的群众很多，广西最大的"米饭主"杨西安，在平乐沙于街开设的"连义堂"拥有数万会众。在同一时期里，湖南的会党，也实行"供给银钱饭食"的制度；淮北的捻子，则实行集体掠夺，坐地分赃制。这种谋求生活自保的管饭制度，在许多农村的会党中，一直延续下去。如光绪初年，江苏东海县盛春山主持的"春保山红帮"，不仅实行平均共食，而且对因帮务而致残的人——"老公"，还给予终身奉养。辛亥革命时期，河南的"在园会"和青帮也为饥饿民众解决饭食问题，所以在民间流行着"要想吃饱饭，赶快去在园"，"在帮的都是一家人，不在帮的没有你的馍吃"，浙江龙华会其宗旨中还明确规定："要把田地改作大家公有财产……大家安安稳稳享福有饭吃。"

农村会党的对外功能，主要是进行非法的不择手段的经济掠夺活动。有时也进行抗击官府，反对贪官污吏的政治斗争，但又常被统治者收买，充当世仇械斗和镇压人民的工具。

由于会党的基本成员是脱离生产的，所以他们的经济活动就偏重于寄生的、非法的部门。通常是进行走私贩运，开设赌场、烟馆、妓院，和从事偷盗抢劫等各类土匪活动。

走私贩运，主要指私盐贩运和鸦片贩卖。这是会党取得生活资料来源的一个重要途径。其中，私盐贩运活动古已有之，但到近代尤为突出，在近代中国的各条私盐路线和运销地区，几乎都有秘密会党的活动。如川私地区，就有哥老会的贩私活动；潞私地区，有哥老会、刀客、红胡及教匪勾结枭私活动；芦私地区，青帮、红帮、捻党处处充斥；浙私、闽私、粤私各线，则有私贩党、添弟会、三点会、千刀会等的活动。在以上各地区中，以两淮地区的私贩最为猖獗。据清朝地方官报告，此处游民多以贩私为衣食之源，苟图温饱者，蚊附蝇营，结队横行，"大伙以数千计，小者二三百为群……凡安徽之颖、亳、庐、凤，江苏之徐、邳，河南之南、光，山东之曹州，湖北之襄阳，江西之南、赣、吉，红胡、教匪、捻匪、会匪以及粮船水手，皆其党类，处处充斥，阻坏盐法，扰害地方"。

在近代的鸦片毒品走私运动中，会党也是一支最活跃的力量。自嘉庆、道光年以来，在黄埔、澳门各海口，珠江口外之零丁洋上，以及广东内河西江、北江的鸦片走私，以三合会的势力为最大。民国时期，青红帮的贩毒活动，遍及长江流域，以至两淮的偏僻农村。四川、云南的烟帮，多与当地的哥老会相勾结。

但是，会党在农村中最大的活动，还是从事各类土匪活动。可以说，近代中国的土匪活动与会匪活动是密切相连而不可分的。所以，胡林翼、曾国藩等在镇压会匪的过程中，曾总结出一条经验：只究其为匪，不问其为会。

按照近代中国土匪（会匪）的组合方式、活动规模、持久能力及活动的地理区域等因素，可以将它分成三种类型：暂时性的匪帮、半永久性的匪帮和土匪军队。

暂时性的匪帮，是最简单的土匪集团。它是一种小规模的、季节性的、地方上的游民的纠结。这种集团的成员，大多因经济上遇挫折，生活难度，即三五成群拜把，数十人结帮，在地方上搞小规模的偷盗活动。"忽散忽聚"，是他们活动的最大特点。

半永久性的土匪，即组织相对稳定的大股土匪。这种土匪集团，大多是在严重的自然灾害和战争动乱的地区出现。因为在那里，还有巨大数目的农民投奔"绿林"，所以他们往往是千百为群，拜台结会后，选择一个比较安全的地带，或山寨，或湖泊，或平原的"三不管"地区作为基地，从那里出发，奔向远方掠夺。例如，太平天国起义前夕，广西连续遭受天灾，饥荒严重，"通省群盗如毛"，"土匪纷起"，拜台结会，旗帜各编堂号，"每堂少者数百人，多者三四千不等，合数堂便已逾万……专以淫掠勒赎为事，通省无虑数十起"，就是属于这种类型。在整个晚清和民国时期，淮北地区成百上千的土匪结帮，是一种普遍现象。据报导，20 世纪 20 年代中期，这一带就密集了二十至三十万土匪，他们丛簇结集在鲁、豫、苏、皖四省的边界线上。1925 年，河南一省就有五万人的土匪队伍，而到了 1930 年，山东一省就拥有一百万土匪。其中拥有数百或数千人的大股土匪，山东省有四十七股，河南有五十二股。这种大股土匪，内部组织比较严密，一般都拥有"侠盗"式的首领，首领与匪众之间，是建立在一种保护人和被保护人的关系之上，匪首向大众提供安全和物质的保证，匪众则报以从事掠夺和对于头领的忠诚。这种土匪内部的组织状况，与秘密会党的机构是基本一致的。这种大股土匪，除了进行有组织的抢劫掠夺活动以外，有时也干出一些与梁山泊绿林豪杰相类似的劫富济贫、为农民伸张正义的事迹。例如，19 世纪 40 年代，广西天地会张嘉祥部，曾以"杀官留民，劫富济贫"为口号，并提出了"上等之人欠我钱，中等之人得觉眠，下等之人跟我去，好过租牛耕瘦田"的口号。到 20 世纪的二三十年代，在山东的临清的土匪中，也流行着一支与此相似的民谣。江苏盐城的一个土匪集团，还发布过这样的宣言："我等发出告谕，要求绿林大众为了一个目的群集起来，清算我们社会中的腐败因素，普通乡里是我们关切的对象，集团财产是我们的目的。首先，我等必须处死贪官污吏和为富不仁之辈,摧毁中国灾害的根源,并把它改造成为完全的新世界。"这些向往公平和正义社会的民谣告示,反映了广大贫苦农民的愿望,正由于这个原因,农村会党、土匪集团,常常有众多的农民参加,如张嘉祥的"怡义堂",最盛时期拥有万余群众。民国时期一些地方的绿林部队,情况也大体如此。而在会党起义高潮时期,就有更多的农民群众加入起义行列。所以,会党起义的真正力量,还是来自农民群众。

从相对稳定的(半永久性的)大股土匪向前推进一步,就成为土匪军队。土匪军队一般多在几股土匪联合的基础上,采取军队式的编制,诸如分成军、师、旅、团、营之类,有的还采用正规的纪律条令和戒严令。他们除了进行常规的土匪掠夺活动以外,还不时向城市集镇和地方政府发动袭击。如淮北地区的各支捻军、民国时期活跃现华北的白朗部队、河南的"老洋人"部队,以及江西井冈山地区被共产党改造前的袁文才、王佐的部队,都属于这种性质。

总之,以上各类土匪活动,都是农村会党对外功能的主要表现形式,也是他们求生的主要行径。

鸦片战争以后,随着中国近代城市的兴起,大批农村的失业者、土匪、游民涌进城市寻找职业和生活机会,秘密会党行帮的势力也就在城市中迅速发展起来,于是就形成了近代城市型的会党。

由于近代中国城市的半殖民地性,以及城市行业多样,竞争剧烈,人群庞杂,流动频繁,统治者的力量较强等因素,就决定了城市会党有许多不同于农村会党的特点,这些特点是:

1. 它的范围更加广泛,系统更为庞大。如上海、武汉等城市的青红帮,上至官府下到里弄,从工厂码头到摊贩商店,从赌场戏馆到澡堂妓院,无处不有他们的势力。

2. 分帮分行,各分地段。以上海为例,除了本地帮之外,还有苏北帮、安徽帮、浙江帮、广东帮、福建帮,等等。在同一个行业里,如铁路、码头上，还分为广东帮，江南帮、湖北帮、福建帮等帮派。各帮在同一城市里，又按地区划分势力范围，如上海，老城区是上海帮的基地，公共租界的虹口区是广东帮的范围，英租界归浙江帮，十六铺一带属安徽帮。

3. 组织严密，帮规复杂。由于帮会势力已渗透到城市的各行各业，为适应行业、地区之间的纵横联系和控制，它们建立了一套严密的网络组织和详细的帮规暗号。如青红帮在长江各城镇码头都设立了山堂组织，和进行联络的"海底问答"、"江湖切口"，就是最明显的例证。

4. 具有更强的寄生性和反动性。帮会进入城市以后，就逐步演化为黑社会组织，其头目不仅包赌包烟包娼包盗，过着荒淫无耻的寄生生活，而且还与帝国主义反动军阀相勾结，充当他们的爪牙鹰犬，与人民为敌。如上海的黄金荣、杜月笙、张啸林、杨虎，武汉的刘贵堂、杨庆山等，都充当着这样的角色。

至于城市会党的社会功能，除了一些基本点与农村会党相同外，它在为城乡破产劳动者介绍职业，以及在开展经济斗争等方面，也还有某些特殊的作用。

综观近代中国城乡会党的社会功能，我们就不难发现，其对内职能与对外职能的道德标准是互相矛盾和对立的，它对内要求互助，对外实行掠夺的求生战略，与它政治上的两面性一样，都深刻地反映了游民阶层的阶级特性。

古代保险业——父母会

雍正年间，朝廷接报查获了一些有趣的组织。

雍正四年五月初五日，诸罗县境内莲池潭地方，有蔡荫等十三人结拜父母会，公推蔡荫为大哥。雍正六年正月十三日，请罗县觉仔林地方有陈斌等二十三人结拜父母会，饮血沥酒，公推汤完为大哥，以朱宝为尾弟、蔡祖为尾二。同年三月十八日，蔡荫又与陈卯等二十人在萧养家再结父母会，仍推蔡荫为大哥，以石意为尾弟。诺罗县父母会成立的宗旨，是为父母年老疾病身故筹措丧葬费用而创设的，属于互助性的经济活动。据父母会成员尾二蔡祖等供种："陈斌在汤完家起意招人结父母会，每人出银一两拜盟，有父母老了，彼此帮助。"蔡荫、陈斌等人为父母年老身故丧葬预筹互助费，这是父母会得名的由来。《台湾旧惯习俗信仰》有一段叙述如下：

> 所谓父母会，就是各会员父母去世时，以父母资助丧葬费用为目的而组成。虽说祭祀神佛，其实等于利用神佛，和现在的"人寿保险"相差无几。类似父母会的还有孝子会、孝友会、长生会、兄弟会等，名称虽然不同，但组织几乎相同。就是当几十个人创立父母会时，先各自出一定的金额，用其利息作为祭祀神佛之用。又各会员分别指定其专族中的一人，当此人死亡时，各会员再捐款作为丧葬费。

父母会成员因生活贫苦，无力办理丧费，所以招人入会，每人出银一两，用其利息作为祭祀神佛及丧葬等费用，类似后世的人寿保险。《台湾私法》一书，对台湾父母会的性质，有一段较详细的说明，节录如下：

> 台湾有称父母会或孝子会的互助团体，其目的在补助会员的父母、祖父母、伯叔等丧葬及祭祖费，是一种保险团体，因而此等尊属全部亡故时，该团体原则上要解散。南部地区的父母会，皆不置财产，中部地区的父母会，大多拥有财产。亦有保险对象的尊属全部亡故后仍不解散而继续充为祭祀费者。然而仅依会员协定存续而已，无论何时皆得以解散处分财产，所以亦有在杜卖所属财产的契字注明"今因孝子会完满"，表示父母会的目的已达成，将所属财

产处分者。父母会亦有置总理或炉主等管理财产、主持祭祀者。会员对此财产的持分,通常以股份表示,是一种合股组织,其财产为会员共有。

由引文内容可知,台湾父母会资助或保险的对象,除了会员父母外,也包括祖父母和伯叔等亲属。诸罗县境内的父母会,是移垦社会里常见的一种社会共同体,模拟宗族制的兄弟关系,会员之间,彼此以兄弟相称,大哥汤完等人与尾弟朱宝是兄弟平行关系,情同手足,合异姓为一家,使其组织宗族化。雍正年间的台湾父母会,就是一种虚拟宗族,既是地缘关系的依附式宗族,也是以经济利益为纽带的合同式宗族。会员入会时,各出银一两,都是财产的持有人。会中成员对会中财产的持分,通常是以股份表示,属于一种合股组织,父母会就是一种合同式虚拟宗族。但因其组织形式是属于异姓结拜弟兄组织,与清朝律例相抵触,而遭到官府的取缔。

类似台湾父母会的秘密会党,并不罕见。

雍正八年福建厦门破获一表会,会首李才原为水师营兵,因结伙酗酒打架,被枷责革粮后,又至厦门盟伙李环机家饮酒滋事,被辕门官白虎汉解回原籍安插,李才纠众结盟,欲向白虎汉报复。李才结盟拜会,平日会中成员各出银一两,以打造军器。李才被革粮后,会员每人各出银一两,希冀买补营粮,因会中遇事要出银一两,故称一钱会。会中费用,由弟兄均摊。

乾隆十三年,福建漳州府长泰县陈巷墟地方查出居民戴瓜素习弹唱,是年六月十五日,戴瓜纠邀林渐等三十七人,各出钱六十文,聚集饮酒弹唱,号为父母会。其得名的由来,似因为父母年老身故,念经弹唱而得名。梁老三是广东南海县佛山镇人,向在广西营生。

嘉庆二十年七月,梁老三邀得欧发祥等七人在广西恭城县结拜忠义会,因欧发祥出钱较多,派为大哥。湖南衡阳县人李泳怀亦在恭城县小贸营生，与梁老三熟识，谈及孤身无靠。梁老三告以曾在县境结拜忠义会，入会以后，可免外人欺侮，会中人如有疾病身故，各出钱一百零八文资助。同年十月，李泳怀等十二人齐至县抢空庙内结拜忠义会。

广东和平县人僧宏达，出家后到江西走南厅塔下寺披剃为僧，与和平县人吴亚妹因系同乡，彼此熟识，常相往来。嘉庆十九年闰二月，吴亚妹至塔下寺，谈及曾入三点会，劝令僧宏达入会，以免受人欺侮，遇贫乏时，同会弟兄彼此出钱照应，僧宏达应允入会，随后即结拜三点会。

广东曲江县人杨憨头是添弟会的成员之一，嘉庆二十年十月，杨憨头徙居云南开化府文山县新寨塘。他为人凶悍，附近居民饱受欺凌，每逢年节，均须致送食物。杨憨头见村民易于欺压，起意复兴添弟会。嘉庆二十一年二月，杨憨头纠得二十七人，每人各出银一两，或出钱米，共推杨憨头为大爷。

前述父母会、忠义会、三点会以及云南的添弟会，都是属于合股组织，也是一种合同式的虚拟宗族，会中成员都是弟兄。

道光二十年十月，贵州大定府白蟒洞人汪摆片因素好的张老四之母病故，无力殓埋，于是邀同陈水虫等二十七人结拜老人会，资助张老四银钱包谷，以筹措丧葬费用。贵州老人会与台湾父母会，名目虽然不同，但其目的却相同，都是为了父母年老身故资助丧葬费用而倡立的合同式虚拟宗族。老吾老以及人之老，患难相助的手足情谊，就是父母会和老人会共同的文化传统，都具有正面的社会功能。但清初以来，朝廷已制定取缔异姓人结拜弟兄的律例，老人会的组织及其活动，都与朝廷律例相抵触，也遭到官府的取缔。

由于社会的普遍贫穷，许多秘密会党往往成为聚众敛钱的组织。许多会党的成立，就是为了骗敛钱物，得财花用。而这种群体保险团伙，倒也算是"出淤泥而不染了"。

自开自落小刀会

1843年上海开埠后，随着它同各地贸易的发展，一些秘密会党组织也悄悄地进入上海。当时广勇的秘密团体双刀会，闽勇的秘密团体鸟党，旅沪福建人的青巾会，旅沪江西人的编钱会，都开始在上海生根发芽，加上由本地农民、手工业者、团练乡勇组织的百龙党、罗汉党等，各种秘密会党可谓五花八门，而在众多会党和帮派中，以刘丽川为首领的天地会实力最为雄厚。

刘丽川，原名阿源，广东香山人，本系农民出身，后见时世变迁，民间困苦，夙兴夜寐，苦思再三，认为"大丈夫当立功名于乱世，不宜缩首以潜身"，便在香港参加了民间秘密组织天地会。道光二十五年十月二十日，刘丽川担任了天地会领导人，开始暗招军士，进行反清活动。四年后，因在广东打不开局面，刘丽川随一帮海员来上海谋发展。刘丽川凭着能说一口英语，当过糖业掮客、丝茶栈伙计，有一段时间因失业请在外商洋行做事的同乡吴健彰帮忙介绍一份活儿干，忙了一阵也没有什么结果，便以中医身份，挂牌行医，替人治病。刘丽川本没有受过医道训练，其行医实出于失业之无奈，但他善于根据不同的病症，对症下药，治疗病人颇有成效。加之他有义侠之风，对于前来求医的贫苦病人，往往慷慨相助，不收分文诊费，为此深受同乡敬重，名气也越来越大。刘丽川在从医的同时，仍大力从事天地会的宣传和组织工作，广泛动员广东和福建来的水手入会，日子一长，他发展了大批天地会成员，自然而然地被会员们推为首领。

1853年春天，太平天国军队占领江南重镇南京，5月下旬，闽南小刀会在海澄县起义成功并攻占漳州府，消息传来，令在沪的各派会党兴奋不已，经过一番联络和磋商，众头领决定组成一个统一的秘密团体，选择在适当的时候举行起义。这年 7 月初，一个统一的秘密团体上海小刀会成立。代表天地会的刘丽川，因实力最强，威信高，被推为大首领。代表闽南小刀会的李咸池为第二首领，李仙云、林阿福、陈阿林均为重要首领，而百龙党的潘起亮、朱月峰、蔡永良、张汉宾和罗汉党的徐耀等人，也成为上海小刀会的领导骨干。

清政府上海地方官府眼看各派会党活动十分活跃，便加紧了弹压。7 月中旬，有一天，百龙党首领潘起亮、张汉宾率领数十人同上海道署后面地藏庵勇发生斗殴，道台吴健彰闻讯，即令清兵将他们捆缚送县，饬知县严刑究办。署理上海知县袁祖德先后捕到潘起亮、张汉宾，二话不说，先施以酷刑，再将他们关于牢笼中。后来，恰有一批抗粮农民冲进县署同袁祖德斗争，潘起亮、张汉宾才在混乱之中得以逃脱，免于一死。袁祖德为了镇压会党，滥施淫威，上海县监狱中关押的一百多人，因不堪压迫，发动越狱。袁祖德带领兵勇当场毙杀 3 人，又对其他囚犯进行审讯，将为首越狱者击断两腿，胁从者断其一腿，用刑之残酷，令人发指。到了 8 月 10 日，道台吴健彰干脆发出告示，命令解散会党，严申"知情不报者，问罪如律"。袁祖德则根据这一命令，带领清兵数百人，赶到县城北门外小刀会处大肆搜查，逮捕了李咸池等 17 人，后经小刀会警告袁祖德"若不释放李咸池，就难保自己的脑袋"，李咸池等人才得以释放。在这种充满恐怖的形势下，小刀会加快了在上海举行起义的步伐。

9 月 5 日，小刀会一部分会员在嘉定起义，一举占领嘉定县城，揭开了上海小刀会起义的序幕。

9 月 7 日（八月初五），照例是举行祭祀孔子大典的日子。这天凌晨，在上海县城内文庙正殿前，牛、猪、羊等牲品排列齐全，主祭人、主考官及一班士人都已早早来到，恭候着道台和其他官员的到来和祭祀大典的开始。正在此时，六百多名小刀会成员，头扎红巾，手执器械，在刘丽川等首领指挥下,已潜至县城的东门、北门附近,等候着城门打开。在小东门,七百多个新近招募来驻扎在城门内的广东籍壮勇,早已经小刀会暗中联络,作为起义内应。此时他们得到联络暗号,便将城门打开,众小刀会战士蜂拥而入,向县署衙门奔去。县衙门里的40名广勇,有些本来是小刀会成员,立刻从腰间取出红巾戴在头上,加入起义行列,不是会员的,纷纷逾墙逃走,连带广勇头目也逃得无影无踪。知县袁祖德猝不及防当场被杀。

起义军杀了袁祖德后,即向道台衙门赶去。小刀会起义的消息很快传至文庙,祭祀大典顷刻之间乱了套,士绅星散,庙门紧闭。街上的起义军受到老百姓的热情支持,沿街居民不时将一捆一捆红布从窗内扔到街上。

起义军来到道台衙门,将它围得水泄不通。道台吴健彰率领勇丁准备应对,等到起义军逼近,照例开空炮数发,排枪一阵,企图以此来驱散起义军。然此举已无济于事,只见小刀会会众呐喊着拥入道署。吴健彰见情况不妙,便命勇丁炮击起义军,然而勇丁们反将炮口转向堂上,同时纷纷从腰间拿出红巾,戴在头上。原来这些兵勇都是三合会的弟兄,事先已得到小刀会要举事的消息,在此关键时刻亮相,助小刀会一臂之力。吴健彰被活捉,就这样,人数不多的小刀会起义军,靠着一些铳枪、长矛和小刀,占据了这座有着27万人口、高墙围绕的县城。

起义军为巩固对县城的占领,派出战士分守六处城门,每门十余人,凡出入者皆加以盘问,箱笼包裹均不准带进带出。取得胜利的起义军,按照天地会"反清复明"的宗旨,将新政权定为"大明国"。刘丽川称为大明国统理政教招讨大元帅,李咸池称为平胡大都督,陈阿林被封为左副元帅,总理军务,林阿福被封为右副元帅,兼署上海县事,其他首领均一一封为元帅、将军、大臣、参谋、先锋不等。起义胜利的当天午后,新政权以"顺天洪英义兴公司"名义发布告示,声称当今"贪官污吏,布满市朝","礼义不存,廉耻尽丧。暴敛横征,野皆狼心狗行之吏,卖官鬻爵,朝尽兔头麋脑之人","所以政教日衰,风俗颓败,人心离而国势难支",为此决定"歃血同盟,誓清妖孽,厉兵秣马,力扫腥膻"。要求"城厢内外,勿用惊迁。士农工商,各安常业",同时声明义军纪律严明,"军令如山,秋毫无犯","不得取民间一物,不得奸民间一女,违者重究",凡军士不听号令、奸淫妇女、掳掠财物、偷盗猪狗者均予斩首。起义军严明的纪律和维护城内社会生活照常进行的努力,吸引了不少民众加入义军,加上周立春带领嘉定、青浦一带的起义军四千人前来,很快使起义军的队伍扩展到了近三万人。

小刀会起义活捉了道台吴健彰,摧毁了清政府在上海的政权,苏松太道吴健彰没有"享受"到像上海县令袁祖德那样的命运,福建帮主张将他杀死,刘丽川领导的广东帮与吴健彰是老乡,关系处理得比较好,不肯杀他。吴健彰被放出后奔赴镇江,立即上奏朝廷请求派兵围攻上海,以平叛乱。

当年小刀会的上海风云人物,并非有鲜明的文化性格和值得称道的政治品质,他们分属不同会党,各自为政,时势造英雄,让这些人走到了一起成就了一番大事。

刘丽川是整个起义的"操盘手",却不是权威,他代表的是粤帮香山派。林阿福、陈阿林,闽帮同安派领袖;李咸池,闽帮龙溪派领袖;李仙云,闽帮兴化派领袖;徐耀,嘉定天地会头目;潘起亮,庙帮百龙会领袖;李绍熙,粤帮嘉应派领袖;徐渭仁(他的加入只因同情潘起亮。潘是他的团练头目,亲随兼马夫。),上海乡绅;周立春,青浦天地会领袖。

福建帮占据了领导地位,帮主陈阿林、李咸池都很霸道,对刘丽川是敬而不服。刘丽川周围主要是广东帮,香山帮又自成一体,人数没有潮州帮多。

刘丽川主张与太平天国进行合作,奉洪秀全为正朔,首领们都不肯答应。起义中的许多人抽鸦片,匪气十足,况且洪门也不信什么上帝、救世主。洪帮里面敬的是关云长，太平军是见偶像就毁的，连关公与岳王庙都不留，就这一点会党们就通不过。

小刀会起义胜利之后，各帮派争权夺利，没有更长远的计划。刘丽川一直想与太平天国建立联系。起义后，刘丽川自称"大明国统理政教天下招讨大元帅"，旋即改称"未受臣职刘丽川"，并改用太平天国纪年。到后来则改称"太平天国招讨大元帅"。小刀会起义军的服饰和旗帜与太平天国基本一致，并颁布太平天国法令，宣传拜上帝教。不过，太平天国似乎根本不买他的账，当洪秀全听说刘丽川打着天国的旗号在上海活动时不禁勃然大怒。

"七党之人，各怀意见，令出多门"，起义军内各堂林立，屡发内讧。除了刘丽川之外，各首领仍旧打着大明国的旗号，发布告示。劫下的吴健彰的四十万两饷银，刘丽川主张用于起事，陈阿林等福建帮非要平分不可，而且索要一半，至少二十万两。见这些流民占据了上海，商家纷纷关门，百姓争相逃难，租界内人口一下子增加了几十倍，洋人对此也十分发愁。上海城里小刀会各帮派因为争夺地盘与财物经常发生械斗，刘丽川发布的命令如同一张废纸。

然而来镇压的清军更加无能，虽不断变换战术，却一直扭转不了屡遭失败的局面，便加紧同外国列强勾结，将希望寄于列强的武装干涉上。1854年九月十月间，清政府当局经同列强会商，开始修筑界墙，围困被小刀会占领的海县城。先是法国公使同意清军在法租界筑界墙，将法租界和县城隔绝，后来又在北门的落红桥一带筑界墙，切断了从小东门一路对起义军的接济。英、美、法列强出于自身利益考虑，同时也为了向清政府夺取更多的特权，逐渐抛掉了"中立"的伪装，开始以武力帮助清政府对付小刀会起义军。

外国列强的武装干涉首先由法国打头阵。1855年初，清军和法军按照事先的策划，发动了进攻上海县城的"北门之役"。1月5日深夜，法国军舰"贞德"号和"高尔拜"号开炮轰击上海县城，次日凌晨，法军又从法租界内向东北隅的城墙开炮。7时30分，城墙被轰出一个缺口，法军登陆部队的250人在炮火掩护下，越过壕沟，爬上城墙缺口，插上法国国旗。他们压根儿没想到，此时，隐蔽在城墙缺口对面一家典当铺里的一门重炮的炮口正对准他们。只听得"轰隆"一声，一颗炮弹在欢呼的法军中爆炸，杜伦上尉、贝蒂少尉和三个士兵即刻丧命，数名军官和士兵受伤。两队法军冒着起义军的炮火进入城内，可是他们遇到的是致命的火力。城里每一座房屋都像一座堡垒，成为法军难以逾越的障碍。法军前进得十分艰难，且损失惨重。在他们终于到达北门，将清军放入后，便赶忙撤退了。从北门进城的1500名清军，兽性大发，滥杀无辜，但在起义军勇猛机智的攻击下，仍然逃脱不了狼狈逃窜的命运。在这次"北门之役"中，法军付出了死伤四十多人的沉重代价，这在某种程度上又促使法军更深地陷入了攻击起义军的泥坑。

"北门之役"之后，清军和列强决定加强对县城的围困，以断绝对起义军的一切供应。他们加快了界墙的修筑，为此强令拆除了一批妨碍构筑界墙的民房，致使不下数千人在寒冷的冬季无家可归，颠沛流离，有的甚至被迫自尽，造成家破人亡的惨剧。至1月22日，一道高一丈多、厚三尺的界墙建成了，从法租界的黄浦江边，沿着环绕县城的河浜北岸，一直通过洋泾浜以南的周泾浜，从小东门德大码头起，至北门的落红桥对岸，又自北门落红桥至打狗桥，再从打狗桥至老马路止，共计654丈长，耗银洋12916元。界墙筑成后，清军和外国列强完全切断了外界对城内起义军的物资供应。一位名叫斯嘉兹的外国目击者在其所写的《在华十二年》中写道："法军宣告严格封锁，对于企图同叛党往来的人，一律开枪射击。有一天黄昏，我们望见一个可怜的老妇人想把一篮食物送给城内的一个贫民，给法军的子弹打中了。她的大腿受伤，奄奄无力，倒在地上。法军哨兵又举起来福枪瞄准，射击这可怜的老人，在她近旁溅起像密集的雨点一样的泥土,接连又开了两枪,最后她的背上又中了一枪。"

清军和外国列强共同对县城实行的严密封锁,使起义军再也得不到外界的接济,处于弹尽粮绝的严重困境。当时的英文报纸《北华捷报》曾报道说:"据报城中饥荒严重,许多人早已离城而去。"确实,自从界墙修筑,县城内的粮食来源逐渐断绝,起义军不得不实行粮食配给制,限每人每天食米半升,而民间所藏糠秕,也尽收归公有,贫苦之家只能以糠秕煮粥,杂以野草食之。留在城内的二三万居民,大多数是妇女和儿童,许多妇女为饥饿所迫,成群结队地挤在起义军高级首领的住所前面,叫喊着要粮食,老百姓有两三次几乎骚动起来。从1855年1月25日起,刘丽川等小刀会首领命令起义军皆食糜粥、草根,掘穴搜蟛蜞以果腹,同时把少量粮食供应给百姓。2月上旬,粮食已颗粒无剩,起义军杀牛马以食,民间罗雀捕鼠,甚至吃狗、猫之肉,凡是可食用的东西,都被拿来煮食充饥。饿死人的惨象终于出现,每天有八到十个人饿死。由于外界的供应断绝,城内其他物资也极为匮乏,城中油烛俱绝,弹药也消耗得所剩无几,严峻的生死存亡问题摆在起义军面前。

2月17日,小刀会众领导人开会商议转移。刘丽川同陈阿林商定,各领一部分部队,在西门外集合,并在清军中寻找友人引路,进行突围。

在这次最后的突围中,刘丽川战死,大多数小刀会起义军英勇殉难,小刀会起义至此失败。但在广大群众的多方掩护和帮助下,仍有一部分小刀会将士冲出重围。潘起亮率领的一部分起义军在2月17日夜出城后,凭着机智和勇猛,加上会讲上海方言的便利,在当地群众掩护下,终于冲出清军重重包围,历尽艰辛,抵达镇江,参加了太平军。后来潘起亮在同清军的作战中屡建战功,被封为衡天安。

救世主的许诺
——中国教门

所谓"邪教",就是被历代政府、合法宗教和主流社会所排斥的民间教派。其实这概念本身并不固化:如今的宗教或也曾被当初的统治者视为邪教;真正的邪教,也有可能具有反抗封建统治的一面。中国"邪教"大致可分为两个时段,以元末红巾军起义为界,此前,"邪教"一般指的是不被政府认可的宗教尤其是异端教派;此后,明初白莲教彻底遭禁,它的许多枝蔓形成了一般意义上的秘密宗教,这些则是地地道道的邪教。

从天师道到摩尼教

常有人戏称,宗教和邪教的区别仅在于最后有没有成事,这种说法当然有失偏颇,但其中反映的真实历史就是,不管宗教或者邪教,在他们出现在一个陌生的环境中时,常是以"异端"的面目。

尽管今天佛、道二教被我们视为正统、合法,但在历史上的某些特定阶段,两者之间连绵不断的争斗固不待言,即使就各有偏好的统治者而言,也往往视此方或彼方为"妖妄"。在道教、佛教的演变过程中,它们与统治者和社会主流的关系,确实多有不和谐之处,尤其是在它们的早期。而且,由它们内部分裂而出的一些异端教派,以及打着它们旗号的某些民间教派,其言其行,确实与我们现在所说的邪教已经相差无几。追溯邪教源流,有必要从被人视为"千古习邪之首恶"的太平道说起。

被视为"邪教"的道教与道教异端

两汉时,社会上巫风弥漫,神仙方术盛行。这种风气浸润于文人之中,形成了一个特殊的喜好方术并以之作为攀附官方工具的群体,同时,一种充斥着谶语和迷信、类似宗教经卷的典籍也逐渐形成规模,下层社会拾其余绪,往往用为造反的工具。据史料记载,仅桓帝一朝,借用"妖言"造反的就有二十起之多,至灵帝时,更形成"妖贼大起"的局面。在此背景下,一些心怀逆志、具有宗教色彩的人物应运而出。顺帝时,琅邪宫崇曾以其师于吉之"神书"——《太平清领书》关说朝廷未成。由于该书"以阴阳五行为宗,而多巫觋杂语",在社会上流传甚广,张角也受到该书的影响。

据《后汉书·皇甫嵩传》记载,钜鹿人张角,自称"大贤良师",奉事黄老道,畜养弟子,跪拜首过,符水咒说以疗病,病者颇愈,"百姓信向之"。因为信徒渐众,张角便派遣弟子八人出使四方,"以善道教化天下,转相诳惑"。当时入教人民争先恐后,"或弃卖财产,流移奔赴,填塞道路,未至病死者,亦以万数"。十余年间,张角便招集徒众数十万,遍及青、徐、幽、冀、荆、扬、兖、豫八州。造成这种局面的根本原因是当时阶级压迫深重,天灾频繁,瘟疫流行,民众身心俱病,社会极度动荡。张角打着宗教旗号行事,这种隐蔽的策略十分成功,甚至一些郡县都"不解其意,反言角以善道教化,为民所归"。

张角等人起初以巫术救死扶伤,取得一定效果后,便打着"致太平"的旗子,有意识地扩大组织,创立太平道。经过多年苦心经营,太平道势力急剧膨胀,"徒众数十万,连接郡国"。这时,张角再也不满足于一个巫者兼传教人的角色了,改朝换代的政治图谋在张角心中萌发并着手实施。途径有三,一是暗地里把宗教组织改造为军事组织,二是造作谶语作为改换天命的依据,三是联络宫中中常侍封谞等人作为内应。

张角徒众"分著黄巾为标帜,时人谓黄巾,亦名为'蛾贼',杀人祠天"。另据记载说:"黄巾被服纯黄,不将尺兵,肩长衣,翔行舒步,所至郡县无不从,是曰天大黄。"这种眩人眼目的大片黄色,以及他们的巫术性传教内容和"杀人祠天"的行径,人们归为"邪教"一类,也就不足为奇了。

张角太平道与黄巾大起义被有些人称为"黄巾模式",即宗教性叛乱,这一模式给后世打着宗教旗号的农民造反提供了样板,张角也被有些秘密宗教奉为祖师或崇拜的偶像。同时,"黄巾之乱"给后来历代统治阶级都留下了深刻印象。清代一位地方官员黄育楩甚至指称黄巾为"千古习邪之首恶",他之所以这么说,固然是因为黄巾起义众至百万,导致汉室倾覆,同时也确实与张角党人以巫术符咒、谶纬迷信等行事手段有关。

东汉末顺帝时,张陵在蜀地创立五斗米道,并以家族掌教方式递传,主要活动手段是以迷信方式治病救人。三国人鱼豢在比较张角太平道和张修五斗米道时说:"修法略与角同,加施静室,使病人处其中思过,又使人为奸令祭酒……鬼吏,主为病者请祷。"鱼豢认为其法"实无益于治病,但为淫妄。然小人昏愚,竞共事之"。后来,"角被诛,修亦亡"。

张修之后,张鲁割据汉中,因当地人民仍然信奉五斗米道,遂接踵张修之业,增饰改进,添加互助等内容。这个政教合一的独立王国,尽管割据一方,颇有生气,但在统治者的眼里仍属邪门外道,所以在我们所见到的正史中,五斗米道往往被戴上"米贼"的帽子,其教义被视为异端邪说,其活动被视为"淫妄",甚至指责它"诳诱愚民,招合凶党,敛租税米,谋为乱阶"。

五斗米道、太平道被视为后世道教的源流,与这类"原始道教"相伴生的还有其他一些"外道",如三国时从巴蜀传入江东的民间道派有李家道,"转相教授,布满江表,动有千许……冀得度世,故欲令人觉此而悟其滞迷耳"。又如道士李脱,"妖术惑众,自言八百岁,故号李八百。自中州至建业,以鬼道疗病,又署官位,时人多信事之。弟子李弘,养徒灊山(今安徽霍山),云应谶当王"。加入李家道者多为李姓,可能多为假托,与老子姓李不无关系,正如著名道教学者王明所说:"这个代代有之的李弘,不是别人,不是真实的历史人物,却是道教教祖李老聃的化身。"魏晋时,李家道不仅在巴蜀和江东流行,还向北发展至中原地区,其"冀得度世"、"应谶当王"的思想对处于动乱年代的人们多有影响。从魏晋以迄隋唐,历史上屡有假称"李弘"、"李脱"之名造反者。正统道教自然对此感到恐慌,因为这将阻碍道教的发展,于是就借老君之名加以指责:"世间诈伪,攻错经道,惑乱愚民,但言老君当治,李弘应出,天下纵横,反逆者众。称名李弘,岁岁有之。……诳诈万端,称官设号,蚁聚人众,坏乱土地。……吾大嗔怒,念此恶人以我作辞者,乃尔多乎!"又指称其行为之"恶逆","愚人狂诈万端,人人欲作不臣,聚集逋逃罪逆之人。"

东晋时期的孙恩、卢循起义,其组织、信仰受到了五斗米道的影响。他们在起义时采取了滥杀无辜的极端行为:"号其党曰长生人,宣语令诛杀异己,有不同者戮及婴孩,由是死者十七八。畿内诸县处处蜂起,朝廷震惧,内外戒严。……诸贼皆烧仓廪,焚邑室,刊木埋井,虏掠财货,相率聚于会稽。其妇女有婴累不能去者,囊簏盛婴儿投于水,而告之曰:'贺汝先登仙堂,我寻后就汝'!"造反者的这种残酷行为,既与他们"登仙堂"的信仰有关,也是当时社会矛盾及"以暴易暴"观念的结果。

五斗米道、太平道在发展过程中尽管受到镇压和压制,但是,崇尚鬼神和成仙之道是当时的社会风习,所以,他们在宗教道路上相机发展，并逐渐走向上层，其影响及于全国。这一现象，与五斗米道—天师道的上层人物日益脱离下层道众，试图得到士族及当权者的庇护有关。到三国两晋时，社会上崇尚玄、佛、道之风大兴，豪门大族、名流学士纷纷信奉天师道。

正统道教形成之前的五斗米道、太平道，确实包含了许多妖妄、怪诞的成分，葛洪后来曾有点评，对其中祭祀首过和符水治病之法，直接指称为"妖道"。他说："俗所谓道，率皆妖伪，转相诳惑，久而弥甚。既不能修疗病之术，又不能返其大迷，不务药石之救，惟专祝祭之谬，祈祷无已，问卜不倦，巫祝小人，妄说祸祟。……或偶有自瘥，便谓受神之赐，如其死亡，便谓鬼不见赦，幸而误活，财产穷罄，遂复饥寒冻饿而死，或起为劫剽，或穿窬斯滥，丧身于锋镝之端，自陷于丑恶之刑，皆此之由也。"寇谦之在改造道教的过程中，也竭力主张清除原始道教中淫邪的一面："清整道教，除去三张伪法，租米钱税，及男女合气之术。"所以，道教的形成是有一个长期的演变过程的。

正统道教形成后，并未将民间道教摄化净尽，相反，道教异端以及涂抹道教色彩的邪教不时出现在历史上。宋金元更替时期，道教发生了新的裂变。在金统治下的北方，相继出现了全真、大道、混元、太一等教派。这些新的道教派别初起时，都在民间流传，属于民间道教，统治者及正统道教代言人把这些教派的行事视为异端邪说，耶律楚材就指称："全真、大道、混元、太一，三张左道，老氏之邪也。"

被视为"邪教"的佛教与佛教异端

中国历史上，在思想上对农民叛乱产生巨大影响的宗教主要是道教和佛教——也可以说是两教的异端。其中，道教的"老君当治，李弘应出"之语，在魏晋南北朝及隋朝时制造了无数个"李弘"起来造反。佛教中的救世思想，尤其是弥勒救世思想——"弥勒佛降生，明王出世"，更成为南北朝隋唐时期的佛教异端教派及明清邪教泛滥的灵魂。明清之际，弥勒救世思想具体演化为众多秘密教门与邪教的"三佛应劫"救世思想。所以，要深入了解中国历史上的邪教，就必须了解佛教，尤其要了解佛教中的弥勒净土信仰对民众的影响。

佛教是一种外来宗教，在传入中国之前就已经具备完整的信仰体系，属于成熟而正统的宗教了。但在传入中国的相当长的时期内，与中国传统文化及政治的摩擦自不待言，它自身的裂变以及对民众的影响也是传播者始料不及的。

与佛教中国化这一进程相伴随的是佛教异端的出现。中土佛教异端教派主要有南北朝时期的大乘教、弥勒教，南宋初年出现的白云宗、白莲宗。至于明代中叶出现的罗教、无为教、大乘教等，同样受到了佛教及其异端思想的深刻影响。

南北朝时期，大量弥勒上生、下生经典在中土被翻译、传播，弥勒净土信仰为社会各阶层信奉，其内容主要分为两个方面：一是弥勒由凡人修行而成菩萨果，"上至兜率陀天"；二是弥勒菩萨从兜率天下生阎浮提世，于龙华树下成就佛果，三行法会，救度世人。弥勒净土观念很快为广大僧俗所接受。继释迦牟尼佛后出世的弥勒佛，成为慰藉人们心灵至尊之神，尤其是为那些生活在社会底层的民众带来了新的希望——或者说是埋下了祸乱的种子。清代学者朱一新说："佛法初入中国，亦但言祸福报应，盖愚民无不畏死者，王公贵人，尤无不贪生者，僧徒故以此惑之。异端之得行其教，大率由此。"又说："异端以虚无立说，其弊固不胜言矣。"

弥勒净土信仰传入中国后，首先得到了社会上层的信奉，他们耗费大量的人力物力，雕造了为数庞大而精美的弥勒佛造像。这种狂热信仰也深深影响了下层社会，当时社会上大量出现一种由出家僧尼和住家信徒结合而成的组织，称为"邑"、"邑义"、"法义"或"邑会"等，主要活动就是建造佛像。社会财产的大量耗费，成为引发当时社会危机的重要原因之一，而弥勒信仰的普及，又与南北朝时期众多沙门举旗造反或是人们打着佛教旗号造反的事件发生联系。其中最著名者为冀州沙门法庆的起事，法庆以勃海人李归伯为十住菩萨、平魔军司、定汉王，自号"大乘"，号召"杀一人者为一住菩萨，杀十人为十住菩萨"。他们还制作一种"狂药"，令人吞服，以致服药者"父子兄弟不相识，唯以杀害为事"。旋即杀阜城令，破勃海郡，杀害官吏，并且一路上屠灭寺舍，斩戮僧尼，焚烧经像，说是"新佛出世，除去旧魔"。后来北魏派元遥"帅步骑十万以讨之"，法庆率众连战连败，最后被擒斩。

法庆根据当时流传的《佛说法灭经》中有关"魔作沙门，坏乱佛法"的说法，提出"将来有弥勒佛，方继释迦而降世"以及"新佛出世，除去旧魔"的口号。所谓"新佛"，就是指将要从兜率天宫下降尘世的弥勒佛，而旧佛当然是指释迦佛和当时流行的佛教。在他们看来，除魔乃是最好的修行。本来，佛教戒律森严，尤戒杀生。而法庆等人则歪曲佛教的教义，以杀人为度人，杀人越多越好。

法庆起义的意义在于，借用佛教异端学说为叛乱工具，对后世以弥勒信仰为核心的秘密教门及邪教的活动产生了深远影响。但是我们必须指出，所谓以"新佛出世，除去旧魔"为口号的造反活动，虽然在一定程度上得到了要求改变现状的下层人民的拥护，但法庆以佛、菩萨自居，野心勃勃，而且使用幻术，配制"狂药"，令人服用，以达到"父子兄弟不相认，以杀人为事"的效果，显然带有很大的欺骗性与邪恶性，后世有些邪教的行径与之如出一辙。而且，据史料记载，法庆与女尼惠晖结为夫妇，为佛法所不容，实属异端。

尽管弥勒教、大乘教的组织、演变情况由于史料的缺乏而难以钩稽出一条明确的线索，但在南北朝至隋唐时期，显示弥勒信仰的异端及造反事件却多有记载。从法庆起义直至唐末,打着弥勒下生、"白衣天子"旗号的民众造反活动不绝于书。有学者统计,打着弥勒旗号的造反,从隋炀帝大业六年起,至元顺帝至正十一年止,前后约七百四十年。这个在民间流传的佛教信仰对社会政治变动的影响竟是这样既深且远。一直到明清时期,统治阶级对弥勒佛的谣言还是胆战心惊,严加禁止和镇压。明律规定:凡妄称弥勒佛等会,一应左道乱正之术,煽惑人民,为首者绞,为从者各杖一百,流三千里。清律因之。

被视为"吃菜事魔"的摩尼教

唐长孺在《白衣天子试释》一文中说:"宋代之吃菜事魔或明教经中西学人考定为摩尼教,诚不可易。"摩尼教是一种外来宗教,它成为一种秘密宗教及被视为"吃菜事魔"的邪教的历史比起著名的白莲教来,要久远得多,其行为、信仰对白莲教及明清邪教有着深远的影响。

摩尼教(Manichaeism)的创始人是摩尼(Mani)。摩尼教主要吸收犹太教-基督教等教义而形成自己的信仰,同时也采纳了不少琐罗亚斯德教的成分,传播到东方来以后,又染上了一些佛教色彩。它的主要教义是二宗三际论,有自己的戒律和寺院体制。摩尼教在长达一千多年的时间内(从3~15世纪),从北非到中国的福建,在整个欧亚旧大陆上广泛传播。

在汉文史籍里,摩尼教又叫末尼教(根据译音),也叫"明教"、"明尊教"(根据信仰内容),唐时传入中国,并曾两度被允准公开传播。唐武宗灭佛,累及摩尼教,摩尼教转而成为秘密宗教和农民起义的组织工具。摩尼教的顽强生存能力及其转变为地下组织的过程与其独特的教义有着密切关系。

《摩尼光佛教法仪略》"出家仪第六"谓:"初辩二宗:求出家者,

须知明暗各宗，性情悬隔；若不辨识，何以修为？次明三际：一，初际；二，中际；三，后际。初际者，未有天地，但殊明暗；明性智慧，暗性愚痴；诸所动静，无不相背。中际者，暗既侵明，恣情驰逐；明来入暗，委盾推移。大患厌离于形体，火宅愿求于出离。劳身救性，圣教固然。即妄为真，孰敢闻命？事须辨析，求解脱缘。后际者，教化事毕，真妄归根；明既归于大明，暗亦归于积暗。二宗各复，两者交归。"这段话指出了摩尼教的根本教义，为二宗三际。二宗指明暗，也即善恶。三际指初际、中际、后际，初际阶段，明暗是分开的。中际阶段，黑暗侵入光明，光明与黑暗斗争，两者混合。后际阶段，明暗重新分开。

按照摩尼教的说法，中际是一个相当漫长的过程。从"暗既侵明"开始，到形成天地，创造人类，一直到世界彻底毁灭为止。然后，便进入了"明既归于大明，暗亦归于积暗"的后际。后际的情景，似乎是向初际的复归，所不同的是，到了那时，黑暗将受到永久的禁锢，再也不能侵犯光明王国了。光明则大放光明，永恒不灭。摩尼教的二宗三际说，对处于黑暗统治下渴求光明的民众，具有很大的吸引力。所以，尽管摩尼教在数百上千年的流传中，不断遭到各国统治者的禁止、镇压，被东西方各正统宗教斥为异端邪说，终究未能阻止其流传。

摩尼教大约在唐高宗朝开始传入中国。摩尼教在中国的正式流传，大约是在唐武则天时期。延载元年，波斯国人拂多诞（侍法者）持《二宗经》至中土，渐传其教。在我国一些史籍中，往往称摩尼师为阴阳人，请他们施法祈雨，如贞元十五年，"以久旱令摩尼师祈雨。"这件事并见于《旧唐书》、《唐会要》两部史书，说明摩尼教在当时已受到社会的重视和信任。

可是，摩尼教在中国的传播并不顺利。佛、道二教交相攻讦，唐玄宗也认为"末摩尼本是邪见，妄称佛教，诳惑黎元，宜严加禁断"。开元二十年七月下令禁断摩尼教，不过还网开一面，居住中土的胡人"不须科罪"。

安史之乱为摩尼教在中土的命运带来了戏剧性的转折。安史之乱末期，叛军史朝义诱回鹘牟羽可汗（一作登里可汗）进攻长安，唐遣使抚慰劝说，牟羽可汗遂支持唐军东击史朝义，克洛阳。牟羽可汗于次年带睿息等四摩尼僧回到回鹘，辩论三日夜，可汗折服，并虔诚地皈依了摩尼教。在可汗的大力倡导下，回鹘由萨满教改宗摩尼教，确立了摩尼教在回鹘的国教地位。

当时，回鹘国力强盛，援唐平叛。相比之下，唐王朝却每况愈下，内外交困，不得不倚重回鹘，甚至实行和亲。正是在这种背景下，摩尼教凭仗回鹘支持，重新获得了在中土公开传教设寺的许可。大历三年，皇帝发布敕令，允许回鹘摩尼师在长安设置寺院，并赐额"大云光明之寺"。接着，大历六年，又从回鹘所请，在东南及中原各地建大云光明寺，"其徒白衣白冠"。

唐开成五年，回鹘为黠戛斯所破，唐朝乘机攻回鹘，并改变对摩尼教的优容态度，会昌三年，唐政府开始对摩尼教下手，没收其寺院庄宅，焚烧其书籍图画，废寺入官，流放其僧侣，甚至"令杀天下摩尼师"，死者大半。会昌五年武宗禁佛，同时禁止各种外来宗教，摩尼教正式被禁。

在一百来年的时间里，摩尼教迅速传播，不能不对唐代社会的社会、宗教及文化思想产生影响。在遭到禁断后，又对下层社会的反抗产生了影响。距摩尼教遭禁不过一百年，后梁贞明六年，发生母乙之乱（史称"末尼党类"），另从宋代陆游所撰《条对状》所述江淮地区各类邪教的分布情况来看，很容易发现摩尼教的踪迹。

摩尼教之"吃菜"，即奉斋之意。摩尼教在秘密状态下流传，也保持了"不事荤酒"的特征。志磐《佛祖统纪》卷末"述事魔邪党"（即言摩尼、白莲、白云三派）一条下，注引宗鉴语云："此三者，皆假名佛教以诳愚俗，犹五行之有沴气也……大抵不事荤酒，故易于裕足，而不杀物命，故近于为善。愚民无知，皆乐趋之，故其党不劝而自盛。"又如《宋会要辑稿》刑法二记载："温州等处狂悖之人，自称明教，号为行者。今来明教行者，各于所居乡村建立屋宇，号为斋堂。如温州共有四十余处，并私建无名额佛堂。每年正月内取历中密日，聚集侍者、听者、姑婆、斋姊等人，建设道场，鼓煽愚民，男女夜聚晓散。"

所以，从五代以后，外人将摩尼教奉斋之举视为"吃菜"，供奉摩尼之像称为"事魔"，合称为"吃菜事魔"。有的更直指为邪教："吃菜事魔，即今人所谓邪教也。"

关于会昌"法难"以后摩尼教的趋向，沙畹、伯希和说："公元843年后，在中国的摩尼教，既不能与伊兰（Iran，即今伊朗）之宗教代表相接，而又为官府所虐待，遂不能不依附佛教、道教以自存，故其受当时强盛宗教之影响亦多，久之，此摩尼教遂渐变为一种秘密教。由秘密教不免成为一种秘密会。"

唐代被禁而传入福建泉州的摩尼教，经过潜移默运，至宋代，其势力已传至浙江。宋人有记载云："事魔食菜，法禁至严。而近时事者益众，云自福建流传至温州，遂及两浙。睦州方腊之乱，其徒处处相煽而起。"温州更成为"自称明教"的摩尼教活动中心，官方史料说："温州等处狂悖之人，自称明教，号为行者，各于所居乡村，建立屋宇，号为斋堂。……鼓惑愚民，夜聚晓散。"不仅如此，明教还蔓延于淮南、江南的广大地区。陆游《条对状》载：当时的"妖幻之人"，名目繁多，"淮南谓之二禬子，两浙谓之牟尼教，江东谓之四果，江西谓之金刚禅，福建谓之明教、揭谛斋之类。名号不一，明教尤盛。至有秀才、吏人、军兵亦相传习。其神号曰明使，又有肉佛、骨佛、血佛等号。白衣乌帽，所在成社。伪经妖像，至于刻版流布。"这些名目，大多为明教在各地发展时的异名。

摩尼教的秘密流传,与北宋末年江浙地区的政治经济形势呼应,引发了震动两浙的方腊起义等造反事件。据《建炎以来系年要录》称:"江浙山民,平时食肉之日有限,所以易于食菜。""事魔者,每村有一二桀黠之徒,谓之魔头,各录其村人姓名,相与咀盟为党。凡事魔者,例不食肉,一家有事,同党之人皆出钱以相振恤,而事易济。"《鸡肋编》也说:"……凡出入经过,党人虽不识,皆馆谷,人我用之无间,谓之一家,故有无碍被之说。以此诱惑其众,谓之魔王,为佐者谓之魔公魔头,各诱他人,每旦誓,人出四十九钱,于魔公处烧香,魔母则聚所得缗钱,以时纳于魔王,所得更不赀云。"可见,方腊与其说是"以教惑人",还不如说是以经济互助来行其教。北宋末年,政治窳败,社会危机不断加深。尽管方腊的家乡"民物繁伙,有漆楮松杉之饶,商贾辐辏",但他的财产恰恰成了官府觊觎的目标,"腊有漆园,造作局屡酷取之,腊怨"。"花石纲"事件成为引发方腊起义的导火线。

据史书记载,"宣和二年,睦州青溪县妖贼方腊,据帮源洞僭号改元,妄称妖幻,招聚凶党,分道剽劫",方腊"托左道以惑众,自号圣公,改元永乐。置偏裨将,以巾饰为别,自红巾而上凡六等。无甲胄,惟以鬼神诡秘事相煽诱"。起义军迅速壮大,如星火燎原,席卷"六州五十二县",给腐败的宋王朝以沉重打击。除方腊起义外,南宋时期的王念经起事、东阳县"魔贼"起事、贵溪"魔贼"起事、陈三枪、张魔王起事等,都属吃菜事魔的明教信徒发动。

到了元朝时期,元政府的宗教政策相对宽松,对前朝的异端教派即吃菜事魔之类,采取宽容政策,全面开放,一律视为正式宗教,可以合法传教。在这种宗教政策鼓励下,前朝那些地下的、半明半暗的宗教或异端教派,犹如冬尽春来,萌芽发枝,欣欣向荣。例如糠禅(即头陀教)、明教、白云宗、白莲宗等,都翻了身,成为佛教一宗而公开传教,一视同仁地由各地僧录司统管，上隶宣政院。在这样的环境下，明教开始与弥勒教、白莲教等互相融合，相互激荡，成为民间社会的巨大潜流。

元末农民起义一般认为系白莲教领导，但明教的影响显然不能忽视。当时，在社会上流传着一首谶语性歌谣："天遣魔兵杀不平，世上能有几人平；待看日月双平照，杀尽不平方太平。"歌中的"魔兵"、"日月"，暗指"摩"、"明"二字，与前述母乙之党奉摩尼之像为"魔王"同出一理，折射出明教的信仰与起义军的反抗目标。

明初朱元璋曾下诏并立法禁止包括明教在内的各种异端信仰，但摩尼教的影响，或许就像黑暗世界的影子，处处体现在明清秘密教门及邪教的身上。例如，宋元时期，明教活动于江浙闽赣，而南宋时期出现的白莲宗也是以这一带为活动区域的；因其活动内容，一个被称为"吃菜事魔"，一个被视为"白莲菜"，两者的互相影响以至融合是不可避免的。再如，明中叶以后，南传罗教几乎在相同的地点以燎原之势，迅速传播，成为浙、闽、赣等省的主要民间教派，而摩尼教的历史传统和生命力依然在罗教各支派中发挥影响，甚至后来人们一般把江南罗教诸支派都称为斋教或老官斋教。

白莲五十年一反——白莲教始末

历史上最出名的邪教,当属白莲教,它不仅孕育了最多的邪教支派,后来几乎更是超越了源流意义成为了邪教通称。它的理论核心在于在于人世间每隔一段时间要有灾劫,而教派领袖应运而出救民水火。封建社会本就脱不了治乱兴亡的循环律,故而每隔一段时间白莲总有机会闹一闹。所谓"白莲五十年一反",反映的其实是个悲剧史实——封建社会真难提供给人连续五十年的太平盛世。

元朝末年,白莲教正式形成以前出现的种种"邪教"、"妖贼"、"吃菜事魔"等类,多为与社会现实格格不入的宗教异端,以及一些打着宗教旗号的民间秘密教派、迷信团体。白莲教形成后,比较正规意义上的邪教开始出现,无论它们信仰如何,他们的组织、经卷、教义和活动都与现实社会秩序不相吻合。我们如果重视他们的信仰层面,可以称之为民间宗教;如果重视他们的反政府活动(或谓农民战争),可以称之为秘密宗教;如果重视他们的反社会层面,就不妨直呼为"邪教"。

这些邪教万流归宗，就是白莲教。

白莲教萌芽于佛教异端白莲宗，白莲宗由南宋茅子元创立，所奉为慧远发端的弥陀净土信仰。

元代果满《庐山复教集》云，东晋太元六年，慧远率弟子至庐山立精舍修行，建寺东林，"同修净业，念佛为宗，十八贤为上首。乃种白莲花，以显佛性清净无染故，缔盟立誓，期生净邦，因名白莲社焉"。慧远提倡的是"弥陀净土法门"，以"思专想寂"四字为念佛秘要玄观，宣称人死后可往生西方净土，故慧远被后世净土宗尊为初祖。

弥陀经典虚构了一个美妙无比的西方极乐世界，还绘制了一个理想的现实社会的图景。尽管当时其他佛教宗派也有类似的描绘，但他们却主张通过"苦修"、"禁欲"、"摄心"等法来成就佛果，净土宗则为普通民众开了方便之门。唐代善导最终确立了口称念佛之法，又叫"持名念佛"。以至有人说净土宗"下手易而成功高，用功少而得效速"，缺少文化、没有地位的下层民众深受影响，许多地方出现"家家阿弥陀"、"户户观世音"的景象，并在后世中国社会一直盛行不衰。

两宋之际，社会风习在佛教信仰领域大致有两种趋势，一是正统，一是异端。当时，佛堂念会极为普遍，不仅如此，佛教结社也极为盛行，如南宋杭州昭庆寺释省常立净行社，东山承天寺释本如立白莲社，霅川（今湖州）宝藏寺释齐玉立净土念佛会，松江超果寺释灵照立净土会等。但是这些佛会都是上层人士参与的念佛会（文人学士加入其间，更兼有诗社性质）。这种佛教结社之风到元明时期也未稍减。如吴自牧叙述杭州佛事盛况："奉佛老有上天竺光明会……其余白莲、行法、三坛等会，各有所分也。"

念佛往生极乐世界也是众多百姓的终极目的，但他们不可能插足上层净业团社。正是在这种状况下，白云宗、白莲宗应世而出，它满足了下层民众信仰上的要求。北宋末，孔清觉创立佛教异端组织白云莱。据载："白云莱者，徽宗大观间，西京宝应寺僧孔清觉居杭之白云庵，立四果、十地，造论数篇，教于流俗，亦曰十地菜。"白云宗创立后曾遭到当局禁断，但未能禁绝。

正是在这样的氛围下，南宋初年，江南出了一位上承佛门正统、下开佛门异端的著名人物，即吴郡沙门子元（俗姓茅，一般作茅子元），他适应下层群众的信仰需要，创立了净业团体白莲忏堂，在下层民众中收徒结社，徒众半僧半俗，男女可共同修持。

茅子元在淀山湖创立的白莲忏堂，被人称作白莲宗，他自称"白莲导师"，其传教对象主要是下层民众。白莲宗的教义实际上是糅合了净土宗、禅宗适合民众口味的成分，"念念弥陀出世，处处极乐现前"，弥陀即为众生本性，净土即在众生之心，只要"信愿念佛"，即使"不断烦恼，不舍家缘，不修禅定"，死后皆可往生净土。这些在家修行、甚至包括"男女同修净业"的内容。遭到了佛门正统的攻击，如《佛祖统纪》的作者志磐直接指称为"邪教"，他说："（白莲宗）谨葱乳、不杀、不饮酒，号白莲菜。受其邪教者谓之传道，与之通淫者，谓之佛法。相见傲僧慢人，无所不至。愚夫愚妇，转相诳诱，聚落田里，皆乐其妄。"释宗鉴更是认为，白莲宗与摩尼教、白云宗三者"皆假名佛教以诳愚俗……愚民无知，皆乐趋之，故其党不劝而自盛。甚至第宅姬妾，为魔女所诱，入其众中，以修忏念佛为名，而实通奸秽，有识士夫，宜加禁止"。按他们的立场来看，白莲宗显系邪教、异端。

我们要看到，茅子元创立白莲宗，并不是为了传习邪教，甚至造反，但白莲宗的教义及组织形式，却为白莲宗向白莲教发展埋下了伏笔：其教义崇尚"弥陀净土信仰"，为生活于苦难中的下层民众描绘了一幅美丽的"彼岸"图景；其修行方式简单易行，不像一般佛门宗派那样有着繁文缛节的羁绊；其组织形式以"忏堂"为主，所在成聚，"传于流俗"，平日里是烧香念佛的去处，在特定的历史条件下，就被有政治野心的首领作为起事的工具；白莲宗教徒被人称为"白莲菜"、"白莲莱人"，与屡遭禁断的明教（吃菜事魔）扯上关系，时时引起朝廷的疑忌，从其创始人茅子元起，便沉浮无定，最终成为明清邪教、异端的根脉，这是连身为"导师"的茅子元本人也始料未及的。

在元代，白莲宗几经沉浮，但由于元朝宗教政策的相对宽松，仍然发展迅速，白莲忏堂大量出现，信徒众多。据刘埙《水云村泯稿》记载："南北混一，盛益加焉，历都过邑无不有所谓白莲堂者，聚徒多至千百，少不下百人，更少犹数十。栋宇宏丽，像设严整，乃至与梵宫道殿匹敌，盖诚盛矣。"吴澄《会善堂记》亦云，其教"历千年而其教弥盛，礼佛之屋遍天下"。

正所谓物极必反，由于元朝宗教宽容政策的鼓励，白莲宗才出现"南北混一，盛益加矣"的现象，才会演变出以后的白莲教。我们谈白莲教的形成，首先要看到白莲宗的分化演变，即由"宗"演变为"教"。

元代白莲宗势力虽然有很大发展，但并没有形成统一的宗教组织。而且，由于各地发展的不平衡，由于教内各类人群所处的经济地位不同，追求的目标不同，白莲宗产生了严重分化，呈现出截然相反的两种发展趋势。其上层教首随着社会地位与经济地位的提高，开始勾通官府，跻身于社会上流。这些教内上层分子仍然以白莲宗正宗流裔自居，恪守茅子元时期的教义，政治上亦采取与元当局合作态度。

另外有很大一部分人由于经济地位低下，身受民族与阶级的双重压迫，遂走上了反抗元政权的道路。这种转化最明显地体现在其所奉教义的转变，他们开始背离弥陀净土信仰，吸收利用弥勒救世信仰，茅子元倡立的白莲宗，是从阿弥陀佛净土宗和天台宗融合并分化出来的，在教义上不同于弥勒净土一派，没有弥勒救世信仰。因此，白莲宗的上层，便对这种引进了弥勒救世信仰的白莲宗（会）大加训斥。认为这是一种"迷失宗旨"、"不遵教典"的行为，"实法门中一弊事"，斥之曰："误人误己，堪可悲哉。"元末，弥勒救世信仰在下层白莲宗（白莲会）中更为流行，而这正是它能够与信奉弥勒救世信仰的弥勒教和"香会"相融合的原因。

弥勒信仰之"渗入"白莲宗，是在元末农民大起义的浪潮中最终实现的。南北朝时，出现佛教异端弥勒教，其后数百年间，主要在民间流传，并不断有人借以造反。两宋时，弥勒教与摩尼教出现融合趋势。这些教派倡言"释迦佛衰，弥勒佛当持世"，对拥有广大下层民众的白莲宗影响甚大。有学者认为，白莲教形成后，仍保留了弥勒教信仰的理论框架："（白莲教）尽管保留了若干阿弥陀佛教的特征，如背诵咒语的仪式、愿升极乐净土的希望和对菩萨保佑的祈求等等，但整个教派的宗教神话的理论结构是弥勒教的"。

不仅如此，白莲宗在朝白莲教的演变路上，确实表现出种种败坏宗风的"邪行"，白莲宗正统东林寺僧普度在上朝廷的《上白莲宗书》指出其"十不应"，主要有："传授邪言，夜聚晓散"、"密付生死，误人性命"、"妄谈般若，乱说灾祥"、"妄撰伪经"等。从普度所说的"十不应"来看，不难想象，很多白莲会在元中叶有很多已经演变得与秘密教门、邪教差不了多少。元末，佛教异端白莲宗几经沉浮，终于演变成在下层社会广为流传的异端组织白莲教。其传教方法是"假借谶纬符箓，焚香诱众"，宣称"弥勒佛降生，明王出世"，又编造"天谴魔军杀不平，杀尽不平方太平""挖了石佛眼，当时木子反"等歌谣，鼓动人心，引发元末农民大起义。

可见，白莲宗与白莲教是一个事物的两个方面，白莲教与白莲宗有源同流分的关系，其本质区别在于前者已经不容于当时的统治者和居于正统地位的佛教。在元末以前，白莲宗与白云宗、弥勒教还都是独立的教派。但是，由于它们长期以来都是在下层群众中秘密流传，因而互相接近，互相渗透。到元末，阶级矛盾与民族矛盾的激化，这些在民间秘密流传的异端教派，便进一步融合。

其实白莲教虽然在元末农民大起义中形成，但它始终没有形成一个完整的宗教或组织，但是却成为后世种种教门、邪教的总代名词。

龙华三会愿相逢——民间秘密教门的信仰

以宗族为社会基本组织，以自家祖宗为供养崇奉对象的中国人，通常不能接受非人格化的神性崇拜，因而洪秀全在创立拜上帝会时，将西方的神性上帝具象化为一个具有人类外貌的老人家。其实这并不是他的独创，白莲教的崇拜对象，也经历了这么个具象化与本土化的过程。

中国民间教门的信仰核心即"天盘三副"（龙华三会）说，其渊源可以追溯到佛教异端教派的"弥勒救世"信仰。人们往往把异端教派的"弥勒救世"信仰，混同于佛教净土宗的"弥勒降生"信仰，认为《弥勒下生经》里有关弥勒成佛后在龙华树下向众生宣讲释迦四谛十二因缘时的内容，即"初会说法，九十六亿人得阿罗汉；第二大会说，九十四亿人得阿罗汉；第三大会说法，九十二亿人得得阿罗汉"，就是秘密教门中流传的"弥勒救世"信仰。其实，这是一种误解。弥勒降生信仰属于正宗佛教的弥勒净土宗，而"弥勒救世"信仰则是异端教派弥勒教的信仰。

"弥勒救世"信仰最早的载体是北魏延昌年间出现的"弥勒教"。当时，冀州沙门法庆因不满高层僧侣的腐化，倡立异端教派弥勒教。他根据当时流传的《佛说法灭经》中有关"魔作沙门，坏乱佛法"的说法，提出"将来有弥勒佛，方继释迦而降世"和"新佛出世，除去旧魔"的口号。所谓"新佛"就是指将要从兜率天宫下降尘世的弥勒佛，而"旧魔"则指释迦佛和当时流行的佛教。在他们看来，凡是被认为是"魔"的都应该铲除，除魔乃是最好的修行，因此主张将正宗佛教一概铲除。弥勒教认为杀人可以拯救人的灵魂，因此提倡破除杀戒，认为杀人越多越好。"杀一人者为一住菩萨，杀十人者为十住菩萨"，于是所到之处"屠灭寺舍，斩戮僧尼，焚烧经像。"法庆领导的僧众起义虽然反映了下层僧侣对于上层僧侣的不满与反抗，实际上也反映了一般下层群众对现实社会的不满。因此，法庆以"新佛出世，除去旧魔"为口号的造反活动，也得到了要求改变现状的下层人民的拥护，弥勒救世信仰也就在民间广泛流传开来。

法庆的说法来源于《佛说法灭经》，该经叙述弥勒佛下生和世界太平的顺序和正宗佛教的弥勒信仰正好相反，该经强调佛法将灭时，"魔作沙门"坏乱佛法；佛教内部的腐败将伴随着社会灾难和自然灾害接踵而至。届时，洪水滔天，天神拥立"月光童子"出世；白衣沙门出现；但只有等到弥勒佛下世间作佛，天下才会太平。这正是南北朝隋唐时期各种"弥勒救世"口号起事的特征。法庆称"新佛出世，除去旧魔"，正是以佛法将灭，"魔作沙门，坏乱佛法"的信仰为依据的。法庆之后，弥勒教仍在民间流传。到宋和五代时期，弥勒救世信仰又融入了"末劫说"。后者主要体现在《五公经》中，这是一部专门讲劫难的书，向来被异端教派和明清以来的秘密教门所利用，作为他们宣扬劫变思想的重要依据。该书借五公，即唐公、郎公、宝公、化公及志公之口，宣扬末劫来临时的种种征兆。经文称：若逢末劫之时，东南天上有"孛星"出现,长数仗,形状如龙,后有二星相随,东出西入,昼夜奔驰,放光红赤。前一星红光闪灼,后二星其光黄白,天下万民见到,即知是"末劫"来到。对于"末劫"来临之时的景象,该经写道:有红水飘荡,狂风猛鱼,红白不现,高山崩颓,坡塘尽行打破,人无所依,鸟无宿处。天下大乱,人民饥馑,十日无食。刀兵竞起,斗战相争,干戈不停。而且"乾坤星宿不定,日月星辰流移,江山河海黑黑昏暗,草野龙蛇不分。六国不顺,白骨堆山"。到那时,"善者又遭恶人害,天使魔王下界来,合家加忧愁。鼠尾牛头,男儿尽杀卧荒丘,女子作军俦。黄斑恶虎如家犬,昼夜寻门专咬人并猪羊。天下尽损伤人命,畜命乱纵横,不疏是亲情。造恶之人都尽死,住宅归邻近。万里行程无一家,目击起黄沙。良田万顷将何用,永无人耕种","可惜抛荒田与土,房屋无人住。可惜厅馆与厨房,长人尽抛荒。姑娘姐妹守空房,流泪哭爹娘,人与畜生都死了,难见圣明君"。在这一劫难过后,将出现一个太平盛世——"后出明王清帝君,山河光彩换朝廷"。可见,《五公经》的宗旨是为了向人们预言,在劫难过后,将要改朝换代。因此,"末劫说"实际上是一种鼓动人们起来造反的说教,因此遭受到统治阶级的禁止。

弥勒救世信仰在融入"末劫说"后,更加具有反对时政的叛逆色彩。到明代又融入了"无生老母"崇拜,形成"天盘三副"教义,成为明清时期秘密教门的信仰核心。

无生老母崇拜的演变

无生老母崇拜最初是一种民间信仰,罗教出现后逐渐演变成秘密教门的信仰。

早在罗教出现以前,民间就流行着有关"无生父母"的信仰。罗梦鸿在讲到他自己的悟道经过《寻师访道第三参》中写道:"忽一日,有信来，朋友相见。说与我，孙甫宅，有一名师。连忙去，拜师傅，不离左右。告师傅，说与我，怎么修行。"可是，这位师傅并不肯告诉他如何修行，经过他苦苦哀求，师傅终于"发慈悲，转大法论"，"说与我，弥陀佛，无生父母"。并且告诉他"举念着，四字佛，便得超生"。

据此可知，在成化六年罗梦鸿"悟道"以前，民间早已流行着有关对"无生父母"的崇拜，但是，民间把无生父母当做"阿弥陀佛"来信奉。罗梦鸿也曾按照那位师傅教给他的方法进行修炼，念诵"阿弥陀佛"的佛号，他"每日间，念弥陀，不肯放舍。朝不眠，夜不睡，猛进功程"，"念弥陀，无昼夜，八年光景。朝不眠，夜不睡，猛进功程。使尽力，叫一声，无生父母。恐怕我，弥陀佛，不得听闻"。经过八年无昼夜地念诵阿弥陀佛，却仍然"心中烦恼，不得明白"。于是便拜别师傅，外出再访明师。在外出期间，一次邻居家老母亡故，众僧诵念《金刚科仪》，罗梦鸿在听到"要人信受，拈来自检看"。于是受到启发，也请了一部《金刚科仪》诵念，并通过对宇宙起源问题的思考开始，否定了民间流传的有关"无生父母"是阿弥陀佛的说法。

罗梦鸿在《正信除疑无修证自在宝卷》的《本无婴儿见娘品第十六》中说："愚痴之人说本性是婴儿，说阿弥陀佛是无生父母。阿弥陀佛小名号曰'无净念王'，父亲是转轮王，阿弥陀佛是男人，不是女人，他几时生下你来？阿弥陀佛生本性，本性生谁？爷爷生父亲，父亲生儿子，儿子生孙子。大道门中，本无此事。"在否定当时民间所流传的无生父母是阿弥陀佛的说法之后，罗梦鸿又开始创造自己的神祇。他杂糅儒释道三家经典中的某些内容，加以改造，创造自己的教义。他首先利用道教有关宇宙形成的说法和佛教有关虚无的观念，创造出"无极圣祖"这个人格化的神。罗梦鸿利用和改造了道家和道教的宇宙缘起说，他把道教关于世界万物的创造者"道"，改换成"虚空"。他在《苦功悟道卷》中提出："未曾有天地，先有不动虚空。"此虚空"无边无际，不动不摇，是诸佛法身"，他又进一步把"虚空"变成人格化的神"太虚空"，说"太虚空，无名号，神通广大；太虚空，生男女，能治乾坤"。又说："谁知道，太虚空，好个能人；化菩萨，广无边，虚空能变。"他又因道教称"道"为"无极大道"，故又在《正信除疑无修证自在宝卷》中，把"无极圣祖"作为宇宙万物和人类的始祖。

可是，当初他否定"愚痴之人"有关阿弥陀佛是无生父母时的主要理由，便是阿弥陀佛是男性，不是女人，不能生育。而如今罗梦鸿创造出来的"无极圣祖"同样也是男性，不能生育。为了解决这个矛盾，他又提出"母即是祖，祖即是母"的说法。他在《巍巍不动泰山深根结果宝卷》的《一字流出万物的母品》中，又说万物名号都是由"母"这一字流出的，因此"母即是祖，祖即是母"。这样，"无极圣祖"，也就是"无极圣母"了。所以，在罗梦鸿眼里，"无生父母"也就是万物的本源"虚空"，在《五部六册》里，有时也用佛教禅宗的用语"本来面目"加以代替。

罗梦鸿有关宇宙形成的说法，也融入了儒家的思想。特别是他所处的时代，正是宋明理学兴盛的明代正德年间，他直接从周敦颐的《太极图说》中汲取营养。罗梦鸿模仿周敦颐《太极图说》中的说法称："无极是太极，太极是无极，无极是鸡子，鸡子是太极。无极、鸡子都是假名，假名叫做无极、太极、鸡子。即是无边太虚空。天地日月，森罗万物，五谷田苗，春秋四季，一切万物，三教牛马，天堂地狱，一切文字，都是无极，虚空变化。"在明清时期，儒家思想不仅是统治思想，而且是步入仕途的工具，因此，所有学童的启蒙读物，皆要贯穿儒家思想。如《千字文》、《幼学琼临》等读物中，皆宣扬儒家有关宇宙形成的观念，如"天地玄黄，宇宙洪荒"，"气之清轻，上升者为天，气之重浊，下沉者为地"等。同时，中国古代有关盘古开天辟地，三皇五帝、女娲、伏羲的传说，人们也都耳熟能详。这些也都为无生老母崇拜的演化，提供了丰富的素材。

到了罗梦鸿弟子时代，"无生父母"又进一步具体化。在罗梦鸿弟子大宁和尚所著《明宗孝义达本宝卷》的《无想恩重品第十》，把无生父母尊为人类的主宰："阿难问佛云：'何是无生父母？'世尊答曰：'无生者，乃诸佛之本源也，万物之根基也，人人之家乡也，乃无极之法体业，谓天下之主宰也。'"罗教第四代传人孙真空所著的《销释真空扫心宝卷》中，更创造出无生父母的完整故事。他把"无生父母"说成是宇宙万物的创造者和人类的始祖，"只从老古佛安下乾坤，立就世界，观看东土并无一人住世。因此才将自己本家儿女发到下方串壳住世"。临别时，无生父母眼含痛泪嘱咐儿女们："你到东土莫要贪尘恋世，迷了真性，不得还乡。"儿女们听说，满眼流泪，双膝跪下，苦苦哀告，向父母讨个"归家妙偈"。无生父母对儿女们说："你们若是思想双亲，一心回家，只要你昼夜殷勤，少贪尘睡，举念南无阿弥陀佛，自然就得道了，刹那就到家乡。"众儿女降于东土，化作众生后，因为"只贪红尘，男女配合，华花世界，饮酒食肉，贪欢作乐，各赌刚强，认定聪明，夸会夸能，专习琴棋书画，再不思本来家乡，也不肯思想无生的父母"，于是无法再回到无生父母身边。在《销释真空扫心宝卷》的下册，"无生父母"已经被说成是"老母"。孙真空在此编造出一个神话故事，把自己说成是无生老母下凡到尘世的失乡儿女，"老母"为了寻找他而化作贫婆下凡到人间，"我在灵善坐不住，才做乞儿把你寻"，"我今叫化只为你，大地众生怎知音。若问老拙名和姓，我是灵山老母亲。有人见我贫婆面，就是龙华三会人"。这时，"无生父母"已经被描绘成一位慈祥的母亲形象。在罗梦鸿弟子明空所撰《销释印空实际宝卷》中，也提到临凡众生在尘世"虚度了这时光，何日得还乡？尘世里贪快乐，争名利，逞高强，家中盼望。无生母，家中盼望"。

罗梦鸿及其弟子们把宇宙万物包括人类本身，都说成是由无生老母所创造出来的，无生老母既是宇宙和人类的创造者，又是人类的主宰。

到了黄天教出现后，有关无生老母崇拜的内容，被编造的更为丰富。

黄天教创始人李宾对罗教无生老母崇拜的内容又有所发展。他在《普明无为了义宝卷》的《宝月如来分第十》中说，"人活一世，不知生从何来，死归何往，拱高嫉妒，贪爱五欲邪淫，不知尘轮（沉沦）苦报，一世光阴，刹那之间丧尽。一点真灵首无所归，生老病死，阳尽阴灭，受地狱之苦。四生六道，若失人身，怎躲轮回业网。各劝贤人，趁有身有相，借假修真，得无上之道返本还源，同见无生圣母"，"忽一时，有仙童，亲来引见。幢幡盖，仙乐响，喜笑盈盈。朝圆洞，见无生，亲身下拜，子母们，团圆会，永不投东"，"三元了义，一卷真经，万法都不生，吾今说破，个个参因，休贪尘世，跟我回宫，身入圆顿，同见无生"。在《无垢如来分第十一》里，又描述了失乡儿女见到无生老母的情景："提起来，腮边泪，吊撞三关，开通一窍，见了我得（的）无生老母，哭在娘怀裹抱。子母们，哭哮啕，从灵山失散了。因为我贪心不舍，串轮回，无归落，今遇着老母家书，才得了无价宝。老母你是听着，普度众生出波涛。老母你听着，无上真经最为高。"在《离垢如来分第十二》又写道："自从灵山失散，在于阎浮世界，东土苦海娑婆，贪恋尘世之苦，妄上生，妄无足无厌，不守一性之真，身外贪求，染污自己灵光。"给予了无生老母以更多的信仰内涵。

"天盘三副"说的形成

罗教等秘密教门把以往佛教异端教派和民间流传的"弥勒救世"、"末劫说"在同"无生老母"崇拜相融合以后，便出现了"三教应劫"的说法，后来发展为"天盘三副"说。

在《普明无为了义如来第三十分》里，最早提出了"三教应劫"的思想，不过经文中仍然使用"无极圣祖"尚未使用"无生老母"的名号，这反映出黄天教接近道教。经文中说，"三世古佛立于三教法门，三世同体，万类一真，九转一性，乃为三周说法人间，譬喻过现未来，三极同生，无极圣祖安天治世"。

在《普明无为了义如来第三十六分》里，更进一步提出，"无极圣祖，一佛分于三教，三教者乃为三佛之体。过去燃灯混元初祖，安天治世，立下三元甲子，乃是三叶金莲，四字为号，五千四十八卷为一大藏真经。五百四十日为做一年，一百八十日为做一甲，六个月分做一年。昼夜按着六时，每一时辰八刻，一昼一夜共合四十八刻"，这时，"人人长寿，无我无人，灵光各照，草衣遮体，身住巢穴，人吃动融之食。头上有角，身上生毛，兽面人心，一无邪染，与佛同明，不分异相，一无文字，个个长生"。在普明看来，那时的生活虽艰苦，但是的人可以达到"人人长寿"，而且是"兽面人心，一无邪染，与佛同明，不分异相"的理想的境界。而现在的世界，则处于"有明有暗，有圆有缺"的时代。这时，"人有生死，天有形相，庄严为色，人有形体，五欲邪淫染尘，末世不得长生。人活百岁，七十者稀"。这时，"十二个月为做一年，三十日为一个月，昼夜十二时辰，共合九十六刻"。总之，现实世界是处于苦难之中的。因此要"从（重）换山河，另立星辰，安天治地，倒海移山"。人类如果能够"都依普贤全真道"，便可"大男小女赴仙乡"，"同登彼岸"。那时，"一十八劫已满，改形换体，是八个月为做一年，十八时辰乃为昼夜，一年正合九甲，四十五日为做一月，昼夜一百四十四刻，循环周转，总计八百一十日为了一年。人无老少，十八岁脱胎换体，都是仗八金身。天地无圆无缺，人无老少，亦无女相，无生亦无死，无短本无长，才是长生大道，寿活八万一千，天数已尽，又立乾坤世界，另换一十八岁童颜"。造经者于是明确提出了"天盘三副"

说,即把宇宙从形成到现在,分为过去、现在与未来三个"劫期",分别由三佛度化九十六亿"人缘","九十六亿人缘,过去佛度了二亿,此是道尼;现在佛度了二亿,乃是僧尼释子;后留九十二亿",将由"皇极古佛"转化来的"在家菩萨"即普贤最后度回天宫。这个说法,后来被改为由弥勒佛把剩下的"九二缘人"全部度回天宫。

在普静与其弟子撰写的《普静如来钥匙宝卷》中,开始提强调对弥勒佛的信仰,"钥匙佛,开宝卷,善男女,细细详参。弥勒佛,拨开得乾坤转"。这同普明的思想已经有很大的不同。造经者模仿罗梦鸿有关宇宙形成的说法,描绘宇宙的起源:"混沌初分,无天无地,无我无人。自无始以来,原始天尊立世,即是无极之母,无极转化,威音以前,空性以后,混沌初分,赤白两气。无日月三光。女娲、伏羲治世,三皇五帝呈神农,掌立五谷,天地万物有生。立人根者,女娲、羲也。"这些说法已受到儒、道两家的思想影响。不过,仍然强调无生老母乃宇宙创始者,"不是无极能变化,无生老母生老君。东西南北分明暗,安立日月定乾坤",并且进一步完善了"天盘三副"说,"过去九劫是燃灯,一十八劫释迦尊。未来九九八十一,八十一劫立三空","三世佛,轮流转,掌立乾坤。无极化,燃灯佛,九劫立世。三叶莲,四字经,仗二金身。太极化,释迦佛,一十八劫立世,五叶莲,六字经,仗六金身。皇极化,弥勒佛,八十一劫,九叶莲,十字经,仗八金身","燃灯佛,掌教是,青阳宝会。释迦佛,掌红阳,发现乾坤。弥勒佛,掌白阳,安天立地","九宫八卦团团转,三极周转立人伦。无极立下青阳会,化显掌教是燃灯;太极立下红阳会,转化释迦是教尊;皇极立下白阳会,八十一转弥勒尊。三佛轮流有改变,一劫本是立百春。九劫燃灯他过去,一十八劫现在行。未来九九八十一,一百八十定三空。燃灯本是无相劫,庄严劫是释迦尊。弥勒又安星宿劫,南北转丹推二轮"。又对"先天"即"无极"、"无生老母"作了诠释:"先天者,乃为无极心也。无始以来，无生有，能生万物，说是先天，即是无生之母。"说明秘密教门所谓"无生老母"，乃是来源于道家的"无能生有"的思想。在黄天教的另一部经卷《太阳开天立极亿化诸佛归一宝卷》中，造经者继承黄天教的传统，按照道家思想解释"无生"，"混沌之中古无生，无中生有妙亨通。无生本是混元气，开分独显太阳尊"（《太阳化无生无相归一品第一》）。在《太阳开天立极亿化诸佛归一宝卷》写道："想当初，混沌了，不分天地。阳共阴，成一性，名唤无生。"用道家思想，解释了"无生"。

万历四十四年刊印的《古佛当来下生弥勒出西宝卷》，属于黄天教支派圆顿教经卷。该宝卷也强调弥勒救世信仰，并具有强烈的反对现世的叛逆思想。为了否定现世而赞扬未来，造经人编造了一个神话故事，把尘世间一切灾难的根源，皆归之于现在治世的释迦佛。故事称燃灯古佛、弥勒世尊与释迦佛乃一母所生的亲兄弟。"盖闻燃灯古佛、弥勒世尊、释迦一母所生三世古佛。初始以来为亲兄弟，同修大道。"三人轮流掌教。在燃灯古佛掌教已满后，三佛商议谁当立世，普度众生。恐言语无凭，各立誓愿，"同入金杖，禅定三日出定观看金杖开花，先开者先去治世"。但是，释迦佛未到一日，便"开眼私看"，见弥勒佛的金龙杖上，开有一朵龙花，万道金光，便"暗去移换在自己金锡之上"。三人由于释迦金龙杖上的花先开，便决定由释迦佛在人间治世。结果，给尘世带来了无穷无尽的苦难，"三千年间，众生贫富苦乐不同，五谷少收，四民不安，国家争竟不宁，贼盗最多，世间众生受苦无穷。后被魔王搅乱，再有三灾八难，世间众生又遭末劫"。总之，尘世间的一切罪恶与苦难，皆被说成是释迦佛"偷花之报也"。一旦由弥勒古佛治世，将是另一番景象。那时，"大地众生俱以富足，到处和平，世间百草皆生，五谷早生早割，迟生迟割。一切树木尽生果子，大者如升，小者似钟，令人吃用，自然饱满，保人精神，养性红颜，味如甘美，吃一个数日不饥，皇胎子女寿命延长"。那么，如此美好的生活，何时到来呢？造经者许诺说："从万历，更申年，以归家庭。我佛救，众群生，持斋行善。早归依，圆顿教，置立法门。弥勒佛，治世界，男女享福。"无生老母崇拜在黄天教的流传过程中发生了明显的变化：一是正式确定了无生老母的名号，从"无极圣祖"改称"无生老母"；二是融入了对弥勒佛的崇拜。这改变了秘密教门在此之前的传统。在罗梦鸿及其弟子时代，教义中并没有对弥勒佛的崇拜，因为罗教接近禅宗，而弥勒信仰属于净土宗。在黄天教普明时代，则因为该教接近道教，教义中更没有弥勒崇拜。

到了弘阳教时期，进一步发展了"天盘三副"说。该教把混元老祖作为最高神祇，并且说混元老祖与无生老母结为夫妇，一共生育了九十六亿"原人"或"皇胎儿女"。这些儿女奉命来到尘世度化"群迷"，但因贪恋尘世的虚花浮景，以致堕入四生六道，成为"失乡儿女"，流落在尘世经受磨难。混元老祖与无生老母日夜思念他们的儿女，盼望他们早日返回"真空家乡"。明确提出了青阳、红阳、白阳三阳劫变说，以迎合万历年间社会动荡不安，人们期盼社会变革的愿望。该教宣称，如今人类正处于红阳劫之末，沉迷东土的众生，无论是平民百姓，还是王侯将相，僧道男女，都陷入了无穷无尽的苦难当中，在经受着四生六道的轮回之苦。混元老祖和无生老母将派他们的幼子飘高老祖来到尘世，把仍然流落在尘世的九十二亿"失儿乡女"度回天宫，永归家乡。在该教经卷中写道："东土末劫至，天破有岔声，众生无投奔，杂法遍地兴。缺少玄妙理，怎得出沉沦。我今发慈悲，说忏度众生。"弘阳教也接近道教，所以在韩太湖时代，并没有弥勒佛下凡的内容，而是由"飘高老祖"奉混元老祖和无生老母之命，下凡尘世，拯救失乡儿女。

在明代弘治年间面世的《皇极金丹九莲正信皈真还乡宝卷》，把三佛改为"无极"、"太极"和"皇极"，三世也改为"青阳、黄阳、白阳"。在讲述三佛救世时说："当初因为乾坤冷静，世界空虚，无有人烟万物，发下九十六亿仙佛星祖菩萨临凡住世。化现阴阳，分为男女，匹配婚姻，贪恋凡情，不想归根赴命，沉迷不惺，混沌不分。无、太二会下界，收补四亿三千。元初佛性归宫掌教，今下还有九十二亿仙佛菩萨，认景迷真，不想归家认祖。你今下界，跟找失乡儿女，免遭末劫，不堕三灾。"在该宝卷的《天人证道品第十》提到三佛治世的说法，"三身化现治乾坤：过去燃灯极（庄）严劫，现在释迦掌教尊。未来弥勒星宿会，三佛临转下天宫"，"过去佛掌了十万八千年，现在佛该掌二万七千年，未来佛该掌九万七千二百年"。在《谨领圣意灵童回宫品第二十三》又说："祖师言曰：无极会下五十三佛，掌领庄严劫，过去天盘。太极会下三十五佛，掌领贤圣劫，见在天盘。皇极会下三百三十佛祖，一百零八位菩萨，掌领星宿劫。"

万历年间的《大圣弥勒化度宝卷》，也十分强调弥勒佛的地位，而且全部内容都是在讲述弥勒佛如何度化尘世间的人们。在该经卷的序文中写道，"弥勒佛，奉老母，该我度众。赐我的，千佛牒，万佛宝号"，"弥勒佛，金口言，我愿未了。今日度，善男女，九十二亿"。在《化度皇胎阐发先天品第一》，讲述了弥勒佛在尘世见"那世人，造罪如山高，作恶如海深"。于是化作八十一岁的老人"性化"，劝化世人多行善，勿作恶，"前世修来今生富，前世不修今受贫。众位男女看善恶，眼前果报不差分"。在《化度烧香忏悔送佛品分第十二》，提出"现在时临中末劫，五阳中位白阳兴；龙华三会弥勒掌，当来说法度迷人"，并且劝说"今朝在位诸男女，合家大小尽修行。龙华三会团圆日，九二皇胎考功能"。

明末弓长撰写的《古佛天真考证龙华宝经》，对"天盘三副"说作了全面的描述，不过，该经卷把"天盘三副"说称为"龙华三会"说。在该经的卷首写道："三世诸佛龙华会者，乃是三佛交宫，同聚一处。

燃灯佛铁菩提树开三叶青莲，乃是龙华初会；释迦佛铁菩提开五叶红莲，乃是龙华二会；弥勒佛铁菩提开九叶金莲，乃是龙华三会。有三世诸佛万祖同来聚会，请龙华经作证，讲说三乘九品，九十六亿贤圣，愿得相逢，有龙殊菩萨助道，凡圣交参，这便是过现未来三世诸佛龙华三会也。"并且有一个偈语："初会龙华是燃灯，二会龙华释迦尊，三会龙华弥勒祖，龙华三会愿相逢。"这是对龙华三会信仰最明确的阐述。在该经卷的《古佛天真品第二》，对于无生老母命令儿女下凡尘世的说法，同中国古代有关女娲、伏羲的传说联系起来：天真古佛请无生老母到太皇天都斗宫，让女娲、伏羲命令男女成婚，令金公、黄婆做媒。黄婆说：无影山下有一块鸿蒙混元石，用先天剑一把，劈破鸿蒙，取初阴阳二卵，从须弥山上滚将下来，滚在鹅眉涧中，使得阴阳配合，形成了圣胎，"乾道成男，坤道成女，产下九十二亿皇胎儿女"。无生老母因为"乾坤冷静，世界空虚，无有人烟居住"，于是吩咐众儿女："你往东土住世去吧！"儿女们来到东土后，"各配婚姻，酒色财气障慢真心"，并因为贪恋尘世而"埋没灵根"。在该经卷三的《末劫众生品第十八》，专门讲述"末劫"来临时众生遭受的苦难，"下元甲子灾劫到了，辛巳年饥荒旱涝，又不收成。山东人民人吃人，人人扶墙而死。夫妻不顾，父子分离。来在北直，又遇饥馑"，壬午年"又遇灾劫年成，山摇地动，黄河水潮，淹死人民。蝗虫慌乱，阴雨连绵，房倒屋塌，无处安身"。由无生老母给予儿女们"护体灵符"一道，由"天真老祖"弓长带往东土，授予皇胎儿女，即可免遭三灾八难。也就是说，只要加入该教（圆顿教），成为"皇胎儿女"，在末劫来临时，就可以免遭劫难，以此鼓动人们加入其教。

总之，"天盘三副说"的基本内容，就是宣扬无生老母乃是人类的始祖与主宰。她看到东土无人住世，便派遣所生育的九十六亿皇胎儿女来到东土，可是，这些儿女们由于受到酒色财气的迷惑，而且贪恋尘世的浮华享乐,以致"埋没灵根",无法再回到无生老母身边,只好在东土蒙受三灾八难的磨难。由于圆顿教教主弓长下凡尘世,给皇胎儿女带来了无生老母赐予的"护体灵符",使儿女们就不仅可以不受三灾八难的侵害,而且可以得到无生老母的拯救。这个教义主要是为了招徕信徒,尚没有明显的反社会、反时政的内容。教主们主要是利用此说,吸引人们参加,一旦拥有众多的信徒和实力,则会萌发造反夺权的野心。他们鼓动信徒造反的依据,便是"现世"乃是释迦佛掌教的红阳劫期,尘世充满了黑暗与痛苦。只有弥勒佛降生尘世,才能过上幸福的生活。这种思想对于处在下层社会的芸芸众生来说,无疑有着巨大的诱惑力,因此,纷纷加入其中。在社会矛盾激化时,教首们便以"弥勒佛降生尘世"为口号,号召人们起来造反。所以,明代中叶以后秘密教门的造反活动,绝大多数是打着弥勒佛的旗号起来造反的。

清代的清茶门教对"天盘三副"信仰的发展

清代嘉庆年间,当局破获了清茶门教,该教主要教首大多落网,供出教内诸多秘密。嘉庆十九年九月,在山西传教的王绍英在阳城县被捕后供称:"每日向太阳供水一杯,磕头三次,名为清茶门红阳教。供奉未来佛,口诵'天元太保南无阿弥陀佛'并念诵偈语。"嘉庆二十年十二月,直隶总督那彦成奏称,在王克勤家中搜出《三教应劫总观通书》,内容有:"以燃灯佛、释迦佛、未来佛为三劫,有'青山石佛口'字样","其书内有天盘三副,过去系燃灯佛掌教,每年六个月,每日六个时。现在是释迦佛掌教,每年十二个月,每日十二个时。将来系未来佛掌教,未来佛即弥勒佛,每年十八个月,每日十八个时。未来佛降在石佛口王姓家内,经卷内有'石家第三郎'之语","如有入教,每年正月、十二月送给根基钱一次,若逢未来佛出世,即有好处"。

据王殿魁、王兴建供称："伊家祖父相传，原因书内有未来佛降在伊家之语。"并查明："历年传教犯案，多系王道森后裔，总因所藏三教应劫书内有'未来佛降生青山石佛口'字样，是以王姓传教之人，俱称为青山主人，入教者皆称之为爷，写信者竟尊为朝上，送给银钱者并推为根基、元勋。磕头礼拜，居然有主臣之分。"而且在查获的"逆书"中，还写有："清朝以尽，四文正佛落在王门；胡人尽，何人登基？日月复来属大明，牛八原来是土星。"以往学者多认为此处的"大明"乃指明朝，此语有"反清复明"的意思。而戴玄之则认为"日月复来属大明"的"明"乃是指"明王"的明（即弥勒）。联系到王姓家族在明清之际反明投清的表现，和自清初以来曾受到清廷的多次褒奖等情况，戴玄之的看法比较符合实际。王殿魁也供称："记得祖母讲过，教内过去的是燃灯佛，九劫，一年六个月，一日六个时。现在是释迦佛，十八劫，一年十二个月，一日十二个时。未来的弥勒佛，八十一劫，一年十八个月，一日十八个时。并相传未来佛将来出在王姓。"王兴建供："听见父亲讲过三皈五戒，并过去燃灯佛掌天盘，现在释迦佛掌天盘，未来弥勒佛掌天盘。并说弥勒佛将来出在王姓族中。"王亨仲也供说："我只经母亲口传过我三皈五戒，并未来弥勒佛将来出在石佛口王姓家中，要掌天盘的话。"王克勤也供称："我母亲只口传我，说过去的是燃灯古佛，现在的释迦文佛，未来的是弥勒佛。待弥勒佛出世，教里的人就可得富贵，弥勒佛将来出在石佛口教祖王家。"湖广总督马慧裕奏称：王秉衡"弟兄同族各自四出传教收徒，捏说世界上石过去、现在、未来三佛轮流管天盘。过去者是燃灯佛，管上元子丑寅卯四个时辰，度道人道姑，是三叶金莲为苍天。现在者是释迦佛，管中元辰巳午未四个时辰，度僧人尼僧，是五叶金莲为青天。未来者是弥勒佛，管下元申酉戌亥四个时辰，度在家贫男贫女，是九叶金莲为黄天。他们王姓祖上即是弥勒佛托生，世传清净门斋，到他已有八代。此时吃的现在佛的饭，修的未来佛的道,将来弥勒佛仍要转生到他家。凡皈依他吃斋的,可避刀兵水火之劫,免堕轮回,不入四生六道。每逢初一、十五,令各犯等各自在家敬神,用青钱十文供佛,名为水钱,手积一处,候师父来时收去。每逢起身时,另送盘缠钱,不拘多少,名为线路钱,说是一线引到他家,以为来世根基。供养了他饭食,转世归还,可得富贵",因此,"该犯等虽属穷苦,王秉衡弟兄来楚,均皆留住供给。"从以上史料可以看出,秘密教门发展到清茶门时,不仅对"天盘三副"的教义有了更完备的发展,而且反对时政的政治色彩也愈加鲜明。

"天盘三副"说教的流传,为明清时期民间教门的造反活动提供了神学依据,教首们就是利用这个说教,不断鼓动教徒和其他下层群众起来造反。统治阶级为了维护自己的政权,则加以严厉打击,从而造成社会的动荡不安。

等闲虚设神仙术——教门的骗术

教门与普通流氓帮会的最大区别,自然是宣扬神异,以邪说幻术眩人耳目,这点从古到今倒也没有什么区别。有异志者以此图谋聚众,而绝大多数,只是为了骗点钱财花差而已。

清代教门传徒惑众手法层出不穷,其主要方法有以下数种:

1 借三教之名

教门是以宗教信仰的面貌出现的民间秘密结社,清代教门中宣扬儒佛道的内容俯拾皆见。孔子成了教门中大为尊崇的偶像,《众喜宝卷》中说:"有慈航古佛哀告圣母,令儒童下凡,化为圣人,作《春秋》,赞《周易》,定礼乐以仁治人。"教门经卷《龙华经》、《还乡宝卷》、《五女传道书》中,都含有大量佛教以及道教内丹思想和修炼方法,并以口诀、咒语的形式流传下来,如江西五盘教,即"系将佛家词语随意填凑,劝人信受奉行"。教门中的三皈五戒、诵经念佛皆直接袭自佛教,吐纳采炼、坐谷运气仿效道教,敬天祭祖、竭忠尽孝来自儒教,教门杂糅三者，倡三教合一，往往采用宗教的仪式，反复宣讲佛、道两教及儒家的教条。

然而教门并非真正宗教，而是借宗教的形式作为结社的手段。以对清代教门影响甚深的罗梦鸿而言，他创立罗教后，传徒惑众，"远来馈赠颇多，因以致富"，却并不传他住居所在的石匣附近之人，可见他亦知罗教与正统宗教是不同的。教门取其所用，东拼西凑，将三教糅为不伦不类的东西，甚至还攻击正宗僧道，冯进京所传《佛说都斗立天后会收圆宝卷》记载说："还有一等作孽子，又妆道来又妆僧。抬着大驾沿村化，鸣锣响鼓哄迷人。"下层民众不知其中的区别，教门就利用这点吸引广大为祈福禳灾、祛病强身、渴望来世有善报、企盼能成佛成仙的一般民众。

教首在传徒之时，往往强调这些宗教性的内容，说入教是为了"学好"、"行好"，能够消灾免祸，祛病延年，可以身后获福，往生净土。清直隶获鹿人王进中传教时，"希冀徒众信服，复令跪在经前发愿设誓，谓之受戒；又有天榜卦（挂）号，地府除名等妄诞语句，用黄纸书写姓名焚化，谓之升单；并授坐功运气之法。妄称受戒、升单之后，可得好处，藉行煽惑"。一炷香教的"劝世歌"奉劝众人"父母堂前多进（尽）孝，别要哄来不要瞒。犯法事情再不做，钱粮早上米先完。乡里养德多恕已，这是行好才全还。"许多教徒就是听了教门的这些宣传而入教的。如张亮公因与三阳教遣犯阮朋龄在城外看戏后闲坐谈心，阮朋龄对他说人死后多有转为兽类的，如会得几句咒语，可以保得人身，张亮公听后相信，于是拜他为师入教。混元教王会对史珍说"为人要孝顺父母，和睦乡里，日后有好处"，史珍即信，给喝了一盅水，就入了教。教首敛钱，也说成是"种根钱"、"种福钱"、"线路钱"，教徒虔心上供，却不知是教首为了敛钱耍的手法，如雍正时直隶李思义"穷的过不得日子，就想出一个法儿来，捏称儒理教"。

教门借宗教而行教门结社，有着极大的鼓惑性。儒佛道三教作为"正教"，朝廷不加禁止。雍正说："自古三教流传，儒宗而外，厥有仙释。"嘉庆认为："孔子之教，万世尊崇，此外如释道之流，虽非正教，然汉唐至今，未尝尽行沙汰。"三教在社会上具有广泛的群众基础，影响极大，民众不识真伪，往往信而从之，"此等人始则劝人行善，或云报答天地之德，或云报答父母之恩，以致无知村愚不论老幼男女，靡然倾信"，"遂认为邪教为正教，因此从教之人愈众，习教之心愈坚"，甚至有至死不悟者。乾隆初年，和尚时济在江苏传龙华会，常州府蒋法祖等迷于"归天成佛"之说，挈妇携雏往太湖"坐清功"，造成饿死十三人的惨案，家中人反而说是"有缘法归天了"。

2　极力渲染"劫难"

清朝官员说教门都"以造福逃劫，引诱愚民"，事实确实如此。劫，本来是佛教中表示世界"成住坏空"一个轮回所经时间的词，后来又有了劫末灾难的说法，到民间"劫"则成了灾难的代名词。教门将世界分为青阳、红阳、白阳（或称龙华初会、龙华二会、龙华三会）三个时期，现在是红阳劫时期，红阳劫末期有大灾难降下世间，届时"黎民饿死"，"瘟疫流行"，"地火水风一起动，折磨大地苦众主"（《龙华经》）。陕西悄悄会内的《数珠经》"托言水火刀兵，危词动众"，黄天教内偈言有二十三愁，都是兵戈、饥荒等语，教门"不曰此处有活佛，则曰来世生真主。抑或谓目下天降异灾，人死九分，或谓几时国动大兵，杀尽大半"。教门的经卷反复宣讲这类文字，并编成歌谣传唱。乾隆时河南收元教内流传"盖世荒"之谣："盖世荒，盖世荒，我佛哭的泪汪汪。五谷又不收，百病从天降。好个时光，好个时光。错过一年落空忙，修一寸落在旱地上。早早找，早早找。看看南方祸起了，北方癸水动，中央土星闹。闹闹炒炒，水火三星都来到。叫男女，快忙逃，死到眼前不知道。"

教门反复渲染"劫末灾难"的目的，无非是为了恫吓诱人入教。因为按照教门的说法，这样的大难只有加入教门才能躲过，"这劫数，如何解救？无生说，发灵符，救度世人"（《销释悟性还源宝卷》），"惟习圆教，不遭此劫"（《应劫册》）其他任何世俗的方法都是不行的。教首利用这一点，不断宣扬"劫末"大难来哄诱人入教。长生教内的《度化定劫经》"妄言水火刀兵劫厄"，称"崇奉其教者可免灾伤，转相传播者更能获福"。教首宣称自己有领众人躲避劫难的能力，是"治劫祖师"、"顾劫数主儿"，同时说弥勒佛降生普度众生是最后一次机会，所以又叫"末后一着"，劫数到时"有法船三只，可载无数的人"，没入教的不能上船；或者"降下八百里云城"，没"挂号"（即入教）的不能入城；或者"到中原宝地好躲劫数"。许多教徒因为想"避劫"而加入教门。收元教张仁说，"明年不定月日，有七日七夜天昏地暗，入会之人，临时给他一丸药，含于舌下，即不为灾"。直隶南和县的李经世因清净佛门教（即混元教）四处宣扬，"将来水淹正定府，地陷郆城县"，若入了教，"可免遭劫，又可修行来世，小的被哄，随受香拜他为师"。

为了制造恐惧，达到诱人入教的目的，一些教首自己造经贴单，将大劫来临的话令人传播。道光十五年，牛八教的"秋爷"对黄起顺说，道光十九年他居住的朱家集地方习教之人有灾，取出张天师十愁符一张，要黄起顺抄写传送，"可以免灾，并可诱人入教"。湖北沙市三元会李纯佑传教时，认为"必须添捏邪说方能动众，遂于（乾隆）三十年正月内，改编五公末劫经一本，内称志公系弥勒佛转世，妄加戌、亥、子、丑年（指随后的乾隆三十一至三十四年）大乱，刀兵争夺，寅卯年（指乾隆三十五、三十六两年）百姓饥荒，人死无数，辰巳年（指乾隆三十七、三十八两年）方见太平等句"。离卦教尹老须，见入教人少，与教众商议后，"捏称将有劫数，欲使众人畏惧，出钱求福，随令谢老闻书写传单，载明某年应有黑风劫，某年应有臭风劫，彼时即有妖兽食人"，以便造成一种人心惶惶的气氛，吸引大批信徒入教。

3 神化教首

教门大多属于魅力型结社，教首大多出身社会下层，需要具有特殊的"才能"来吸引和稳定徒众。其方法就是神化教首，宣称教首为"神"为"佛"。创立罗教的罗梦鸿人尊之为罗道、罗祖，被神化为"老古佛，来托生，以罗为姓。为众生，降山东，普度众生"。黄天教李宾及后代都以"佛"自称，康熙时传教的李蔚死后人都称为"普慧佛"，"其名号见于寺藏法源流经内"，以致办案官员称他"生为会首，死窃佛号"。收源教的方荣升将他死去的父亲和教内已死的其他人都"加以佛号，于每月内列为忌辰"，自称"宝霞佛"。有的教首借弥勒降生之说，自称是"弥勒转世"，或"教祖转世"，是天上"星宿下凡"。浙江姚门教经卷《三世因由》神化教主姚文宇，说一世罗因（即罗梦鸿），二世应继南，三世姚文宇，称三祖，为"天上弥勒，号无极圣祖"。天圆教程思砚说自己是"弥勒下凡"，要"弥勒治世，救度残灵"。乾隆二年，山西人张印、田大元来到八卦教首刘恪家中，"称韩德荣系星宿下降，成了收元祖师，劝人入教"。

教首的住处和相貌也被说得神乎其神，甚至将病态说成"神迹"，以耸视听。混元教教首冯进京家有五孔土窑，他又对其徒王会说他庄子里的一个土堆"有头有脚，像是凤凰"。王会即在外声称，他师傅住的是"五龙洞"，那里是"凤皇（凰）山，周围有五百里，将来要立中京，教小的坐天下"。离卦教尹老须自称"南阳佛"，说自己"耳有白毫，臂有肉龙"，他的住处名为"飞龙寺"。混元教白培相对张正谟说山西真主李犬儿"左右两手有日月两字纹，凤眼龙睛，相貌异人"。四川大乘教内传言谭二"系垫江军犯，于是夜乘跳龙灯逃出"，他十三岁儿子胸前肉瘤有"明熙"二字，称为"主公"，又说是胸前有"明熙万岁"四字，"必是人主"，是天生真佛，要出世当家。宋之清从刘之协的三阳教中分出另立西天大乘教后,以李三瞎子为师,说他是真弥勒佛转世,"现在黄沙盖面,等时运一到,眼目就开"。原明教首李玉莲,因患病肚子肿胀不消,于是诡说怀孕,"系弥勒投胎",自称"佛母",预言祸福休咎。

教门神化教首的目的是为了使人迷信,诱人入教。这样,在信徒眼中,教主不再是一个常人,而是一个领袖,是一尊神,具有超自然能力的神。他能给人以安全感,给人以福祉,能解除生老病死的苦楚,领人升入无限美好的极乐世界。据说弥勒的化身布袋和尚死前留下偈语:"弥勒真弥勒,分身千百亿。时时示时人,时人自不识。"于是任何"具有"神异能力的人均可宣称自己就是佛的化身,遥不可及的弥勒佛为人间亲近而熟悉的形象所代替,增加了对信徒的吸引力,教门神化教首的作用就在于此。收元教的胡二引进对刘洪基说,她收的香钱要攒齐"送往山西潞安府有黄极古佛田姓那里去供养,讨那黄极古佛的话写来,就是圣意真经。"就是以山西的"古佛"来招人。三元会牛其禄说自己是祖师"转世"而来,"应该转入王宫",冒称为康熙的第十四子,"随假说我是十四王爷,私下偷走出来,隐姓埋名,度化众人,待圆满时仍回王宫去",以"哄他们入会"。教门经卷中说:"燃灯佛后有释迦佛接续传灯,释迦佛后有弥勒佛接续传灯,弥勒佛后有天真老祖接续传灯,天真问谁人接续,有三宗五派九杆一十八枝领袖,头行开言:'弟子都会接续传灯。'"黄育楩评论道:"弓长弟子皆无知愚民,误被所惑,又安能接续传灯?兹竟言之极易者,以其志在聚众,必使人不畏难而皆乐从,始可遂其聚众之心也。"

4 假传"护道榜文"

清朝严禁"异端邪教",教首在传徒时,则声称其教传有"护道榜文",乃奉旨传布,蒙骗民众,消除他们的畏惧心理,这在罗教中尤为突出。刻于明代的"五部六册"已刊有榜文,康熙四十一年,苏州刻经铺老板翻刻罗经,"将前明罗教盛行之时所传护道榜文,陈松复加编辑,改换本朝年号，一并售卖获利"。"护道榜文"开头写有"钦遵护道榜文"字样，文中说："圣旨：知会各部衙门，出给榜文，护持正教，颁行天下十三省布政司、各州府县，大乘正教道人等众，各守清规，每逢朔望，礼拜开统……一切修持道人，请给度牒。"教首传教时即以经卷上面印的"护道榜文"惑众，如罗教徒李必达对其女婿周喜吉说经上的"护道榜文"是历代交下的，又说是京里党尚书传出交下的，又说是京城党家铺内买来刊板印用的，他自己也说不出所以然，总之是要人信服入教。罗经"五部六册"在教门中流传极广，影响极大，许多教徒诵经吃斋入教，即是因为相信了经卷上的所谓"榜文"。嘉庆二十五年，贵州丹江厅龙燕海信奉大乘教，因教内传有榜文，自认为是正教，"恐将来被人诬为邪教，所以抄了护道榜文并大乘经十二本，来京呈明求换给护道榜文"，赴步军统领衙门，这种自投罗网的行径，源于教徒对"榜文"的迷信。下层民众识字不多，对书本有着天然的迷信心理，兼之其内容又都是行善"学好"之词，教门的这种伎俩，使教徒真假难辨，往往信以为真，在教首的蛊惑下就入了教。

有的教首看到"护道榜文"的迷惑性，亦加以效尤，自行编造，用来惑众招徒。乾隆年间李纯佑倡习三元会，"因吃斋做会必须尊重其词，人始皈依，（于乾隆）三十二年四月内，更捏造康熙六七两年旨意，叙成护道榜文一篇，央同籍之徐斗山誊写草本，谎称榜文得自山西段家（三元会老会首），以见此教年久路远，冀人信从"。假称是山西安邑县西古村老教主段思爱令他充当教主，创立"未来教"之名传教收徒。直隶孙维俭所传大乘教被查禁后，其徒刘帼名拒不将"榜文"上交，与张九成等商议，以为"榜文"中只写有圣旨，不足为据，"若欲兴教，必须伪刻御宝钤盖，方能惑众"，于是令人私刻木戳，印于经卷上，宣称已获得有印"榜文"，"系前朝所颁，并本朝加用御宝发下，流传共五千四百八十卷"，可复兴大乘教，以之向教徒集钱，并派人进京"控辩"，企图为孙维俭翻案。道光三年萧老尤为复兴大乘教,"因恐教中人不肯见信,忆及孙维俭掌教时曾有护道榜文",于是仿照教内所行之法,向人借回诰轴,"令李如陵用白纸仿照书写榜文,并将敕命之宝篆文描下,用梨木刻成钤印纸尾",声称有了"榜文","就可兴教,不至被拿问罪,嘱令转相传播"。遂有杜尔盛等十余人先后入教。

5　为人治病

教首"或充医卜,或充贸易,遍历各村,亲去传徒",常借治病疗伤吸收教徒。他们或称"每夜在家烧香诵习,即可除病,不必服药",或称"如头痛必系不孝父母,手足痛必系兄弟不睦,肚腹痛必系良心不善。令其对天磕头,不久即可痊愈",乡民"因治病偶验",先后入会。四川人杨么姑体弱多病,有大乘教的宋朝伦对她母亲说:"你女儿既然多病,不如拜寄我做干女儿,入教吃斋,病就好了。"母女信以为真,入了大乘教。山东离卦教徒除念咒运气、学习拳棍以外,"有兼习阴阳针为人治病祛邪,乘机诱人入教者"。有的教首因有过如此治病的经历,知道其中的奥秘,于是自己也现身说法,依样行医传教。山东邳州牛其禄因雍正初年患病,经三元会的孟怀斗治好,入教参拜祖堂后,"记得了些经文,又得了些医方",便自称祖师转世,"会医治诸病"。河南永清监生洪广汉有脚痛病,山东来的玉清教给他"收运元气"的"道法",觉得有效,于是自创"离卦道教","起意传徒敛钱",虽然并无效验,洪鹤鸣等人还是"甚相信服"。弘阳教始祖韩太湖被教内尊为药王,弘阳教(乾隆以后称为红阳教)以治病传教最为明显。道光年间直隶深泽红阳教王洛增"借画茶治病,煽惑乡愚",其方法是令病人跪在佛前,将一撮茶叶供在桌上,王洛增向北烧香,用手掐诀代为念咒祈祷,其咒语是:"弟子磕头求药王、药圣、十大名医、达摩老祖、灵丹华佗老祖、妙药观音大士,圣水留在坛中,下在茶中,百病皆好,万痛绝根,保佑病好,离床日久,与老祖报效",念完命病人将茶叶煎服。祈祷时若病人左首与中间有凉气,都给以医治,右边若有凉气,则不给医治。受弘阳教影响较大的一炷香教也以治病传徒,山东恩县陈启祥掌教后,"给人治病,并无符药,不过令病人对天磕头,如治好了拜他为师"。

教门"以疗病为名,聚集男妇"的办法,颇有效果。教首一般将治病与入教联系在一起,要病人好后"与老祖报效"。有时虽说听其自便,实际上病人及其家属为了病好,多不敢违背,甚至主动要求入教以表虔诚。病不好,教首说还不够心虔,病若好了,人们会以为教门真有治病的功效,于是纷纷加入。教首有的原本以"行医度日",有的是有意看些医书,记些医方,有时也有效果。而下层民众生活困苦,多疾多痛,又无钱求诊,听说吃斋念经、坐功运气可以祛病强身,不用花钱,不用吃药,往往视为神异,有一二效验,即群相倡和,因本人生病或因亲属生病念经入教的甚多。乾隆二十六年,山东范县人刘昌吉的母亲患眼病,经传习八卦教的岳母陈常氏治好,"刘昌吉遂令伊妻陈氏及次子刘坦随同学习",有子戚多人"常至伊家共相衍说"。收元会胡二引进给人治病,刘三、张玉先、龚天保等先后因父母病好,"小的就入了他(她)的收缘会,给他做徒弟"。白衣庵尼姑诸亮因病久治不好,求胡二引进治后,"病就好些了",胡二引进说诸亮虽然出家念经,没个门头指点,总不能成,"莫若入了我的收缘会,我有妙法传你",诸亮也就加入了收缘会。

6 诱以权势

教门内往往都设有各种等级,有会首、二会首、散会首之分。八卦教"分八卦收徒党",每卦以一人为卦长,二人为左干右支。张保太大乘教有总统宫元佛、左中宫、右中宫、护道金刚、上绕、下绕、承中、上徒、下徒等"授记"。三乘教有引恩、澄恩、天恩、子恩、众生;青莲教有顶航、引恩、宝恩、证恩、添恩。大乘教有十步功夫,依次是小乘、大乘、传士、小引、大引、四句、传灯、号敕、明敕、蜡敕,有的又传为十二步，是小乘、大乘、三乘、小引、大引、祀主、燃灯、清水、号池、明池、腊池、总池。教门设置这些等级，根据教徒"功行"，或以招人或以敛钱多少，依次"递进"，是为了以此来吸引人，并使教徒转招更多的人加入教门。八卦教徒陈柱劝表弟郭振入教，说可以获福免祸，并说教内有"全仕"、"流水"名目，"小的信以为实，就拜他为师"。方荣升改九品执仪，造白阳定品官制，分批宝庆会、批宝法会、双加修、单加修、联科圣宝、大法真言、双金丹、单金丹、会头，其目的就是为大量吸收教徒预做准备，"想将来收的人多，故添九等"。

获得教内的等级不仅有精神上的安慰，而且有世俗的权力和威严，与现实的物质收成是密切相关的。山东清水教吴克己在教内设有等级，"谁传的人多，就赐予他大职事职分。这大职事是最体面的，管着许多人"，"大职事管人，系做教主传教的意思。管的人多，就如做官的一样"。有了人就有了钱，有了其他的好处。震卦教定了八等名号，"入教后遇有功行，先封为传仕，由传仕升为全仕，由全仕升为点火，以后流水、总流水、挡来真人、开路真人、指路真人，以次递升"。真人的权力很大，步文斌在配所依然习教，教首王子重带信对他说："吾兄元复旧职，广东事情，任兄裁处"，即恢复他指路真人的称号，给予分封广东各配犯封号的权力。刘照魁因南下广东、西去新疆联络教徒，"功行较大"，被破格封为"东震至行开路真人"，并说给予瑶数铜刃赤剑，"以掌生杀之权"。不仅有权力，还有经济上巨大的诱惑，"到全仕上就可传授徒弟，到流水上可以经营账目，到真人上可以动用银钱"，这就无怪颇能吸引那些贪图钱财的人了。

此外，教首还将教阶与现实中的富贵相对应，或者许以官衔。王中震卦教分秋、麦、全仕、点火，"秋是托生秀才，麦是托生举人，全仕是托生进士"。冯进京传王会时，叫他看教徒布施多少，给合同"封"他，"渡人多的也封，功多的封王，功少的封总兵"。王会依法而行，四处招人，"度的人多，钱多，就封他做王、做公、做总兵了"。教首以这些做法诱使教徒习教、传教更加虔诚，甚至身处逆境也不愿退后。贵州魏明琏被大乘教张保太封"左中宫授记"，将妻、子、兄、侄都拉入教内，他死后妻子魏王氏接行其教，传教有方，教势大增，张保太封她右中宫兼管左中宫，并加升总统宫元佛权，凡进教的人都要到她那里"挂号"，魏王氏更是积极行教，到乾隆十一年遭查禁时贵州已开辟经堂十四处。屈进河等六名八卦教徒因案发配新疆，托前去送信的刘照魁"赐一条道路"，向教首王子重讨求封号，被办案官员认为"均属憨不畏死，竟与叛逆无异"，于配所正法示众，如此"善心不退"，皆因受到权力欲望的驱使。

7 故示神异

教首有时故意设置圈套，使人信服，以助传教。雍正年间直隶的依法教与大乘教外出行教时，教主往往与仆人事先约好，到时仆人将其旁边的小屋点燃，教主则在教徒家声称"我家有灾"；或者令人窥探来教主家的人数，按数安排床铺。教主就是用这种"奇异"的办法蒙蔽民众，使他们纷纷入教，信徒达数千人之多。三元会的牛其禄称说自己是十四王爷，向城隍庙的道士借了城隍神的蟒袍，放在家里骗人。在信徒家又买通人假装金川来"投书"，说是密信，叫人避开，看后用火烧掉，要人准备"封套""发文书"。其实他连金川在哪里都不知道，只是要"诓哄他们，希图惊动人弄钱"。山东一炷香教的姜明叫众人跪香时，跪到一定的时候，某人的香会突然发出耀眼的光芒，很快烧尽，姜明便说"这人心虔"，其实他的香是定做的，有的中间配着火药，燃至火药处自然发出光亮。众人不知其中的道理，信以为神。

教门中流行扶乩之术亦属此类。乾隆十一年，江苏大乘教王徐氏要继女周氏"捏造乩语，指为活佛"，周彦章"即在家内听该氏开堂惑众"。青莲教则以扶乩降坛作为主要法宝。道光二十三年，青莲教在湖南善化"假托圣贤仙佛转世,扶乩降神",请刘依道"设坛扶乩,定下字派,是元秘精微道法专真果成十字"。其实这都是预先演练过的。嘉庆时直隶静海县的崔焕传习未来真教,先将会过阴的张柏青邀到家中居住,把平时编造的言语,"密行口授张柏青,令其记熟,并告以过阴须趺坐闭目,逾时开眼,再将语句念出,托为神佛传言"。同时教门中多用魔幻之术,使人目眩心服。乾隆末年川陕教门传教时的"拜灯"仪式为,届时"师上坐,徒列两旁,中棹设灯一盏,使观灯花,变化百出。复按木凳一条,骑之可涉云端"。这可能是由于眼睛注视光线时间过长而产生的幻觉。据《戡靖教匪述编》记载:"妖贼(即教门中人)原以邪术鼓惑乡愚,而其所谓术者,直儿戏耳。有命课入民家,举家以命次第排算,曰此王侯也,此夫人郡主也,最后至其家主,大惊伏地,曰:'此至尊命,某访求数十年而不得,今乃遇于此,前缘定矣。'授一镜,令自照,则见已冕旒黄服,俨然天子。夜使燃灯,念咒罗拜,灯芯渐大如盘盂。复取金鼓乱震,户内敝席为门,当阶侧听,绝无声响。又云能撒豆成兵,剪纸为马,可使战斗"。此类手法,由来已久,秦时陈胜、吴广即篝火狐鸣、丹书鱼腹,教门效之以惑众听。

8 招引妇女

教门中女性很多,有的教门中女性教徒占大多数,甚至连教首也是女的,如龙门教教祖是米奶奶,历代掌教均为女性。教门将广大的女性拉入门内的主要办法是强调男女无别,男女都能入教修行。《龙华经》中说"盼咐合会众男女,不必你们分彼此",有的又说"无生法,遍天境,男女同修"(《普明如来无为了义宝卷》),"婴儿姹女","男女双修,得见老无生"(《立天卷》)。《救苦忠孝药王宝卷》说:"或是男,或是女,从来不二。都仗着,无生母,一气先天",凡此等等。教内把加入教门的妇女称作"二道","从教男子皆佛祖临凡,从教女子皆佛母临凡"。混元教冯进京说:"(混沌教)男的学成是混天佛,女的学成是沌天母"。针对妇女生儿育女的痛苦,《混元红阳血湖宝忏》称"阳妇人生产男女,秽污不净之水集聚一处,名为血湖。妇人死后,个个执碗饮尽血水,方得出期。若请红阳道众启立血湖圣会,讽诵赦罪真经,即赦释前愆,归依大慈悲佛"。教门的经卷把妇女抬得很高,如赞扬万里寻夫的孟姜女"若不是你留下寒来暑往,大地人难晓春夏秋冬"(《销释孟姜忠烈贞节贤良宝卷》)。封建社会中的妇女地位极其低下,处于孤立无援的境地,她们渴望超人的力量来帮助她们解脱精神的枷锁,补偿现实生活中的苦难,因此容易加入宗教性的组织。教门中的最高神祇无生老母就是泪眼婆娑的慈母形象,"老母见了心欢喜……婴儿闯在娘怀里"(《销释大乘宝卷》),《混元红阳悟道明心经》中无生老母以广大妇女不信教发誓"为你不信红阳教,金刃分身发愿心"(先请老母祝香文品)。而据王法中所说,无生老母于康熙年间在清苑县国公营转世,出嫁后被丈夫休弃,儿子又遭雷击死,于是在国公营大寺内习教传徒。这个悲惨的妇女形象正是当时千百万妇女的典型代表,许多女性就是在这个形象吸引下加入教门的。

除此之外,因求治病而入教的女性也多。农家妇女,除本身体弱多病外,还有年幼的儿女,"或因自己有病,或因幼孩有病,邪教即乘此机会,多方引诱,谓一上供而病能自愈也。妇女无知,即亲去上供,列名表内,无论病之愈否,而此身已不能自主矣。入教既久,廉耻全无,且又勾引他人妇女,而丑态已不胜言矣"。此外,有的教首还对女性教徒采用封"宫院"的伎俩。明天教马进忠说刘氏等九人"俱在九女星之数",是以封为"三宫六院","刘氏系无生父母转世,遂封刘氏为正宫"。方荣升想娶朱世枝,装死过去,"假说朱世枝是九女星,该与小的配合乾坤,此是天配",并给她"批宝庆会"执仪,将来可以掌管收圆教。王会骗刘郭氏说有钱出布施,无钱出身子,总是一样的功,"修成大功封大宫院,修得小功封小宫院",刘郭氏不仅自己相信,而且帮着劝自己的妹妹等人，说"沾他身子，可封宫院"，深受其害而不觉。

以上所举，仅为教门惑众手法中之荦荦大者。教首抓住下层民众的心理需求，运用符合他们认知特点的各种方法，"创为无稽之说，敢于到处兴谣。或乘人之所贪而曰：尔从我作何修为，便可无病长生，得财遇宝；或中人之所忌而曰：尔能从我作何持戒，便可消灾解厄，脱俗超凡；或言我于何处遇真人，得传秘诀；或言我于何年获宝谶，普度迷津；或自夸其有降魔捉鬼之能；或自炫其有起死回生之术；或书符念咒谓能镇宅驱邪；或礼斗明灯谓能成丹得道，说得天花乱坠，俨然活佛现形"，因而屡屡得手。教首采用花样繁多的手法，其目的是始终不变的，即迷惑众人，使他们信从而入教，然后以达到其个人的目的。四川大乘教的宋朝伦威胁他一手制造出来的教主孙学海说："若被外人知道，不但行教不成，连从前得的银子都要吐出来了。"可谓一语道破了天机。清代教门这些惑人入教的手法，大多为后来的会道门所继承和沿袭，一般民众不易觉察，往往入其彀中，以致民国时期会道门泛滥成灾，终至祸国殃民，渐成巨害。

汉唐宋明未有之事——攻入皇宫的天理教

新派武侠小说家梁羽生先生在其力作《风雷震九州》里，把个天理教起义描写得回肠荡气，而我们若抛开小说和教科书上的简单定义，认真审视天理教起义时，却不难发现，被各种颂扬的天理教义军和他们的对立面清廷，实则是在比烂。

比起他的先祖来，嘉庆实在是个运气很糟糕的皇帝，他改元第一年的正月初八，白莲教就开始造反了。这场 1840 年之前最大规模的民变让嘉庆和他的政府元气大伤，史学家称之为"清帝国由盛转衰的重要标志"。之后又有无为教、龙天教、黄门道等秘密教会的悄悄活动。

到了嘉庆十八年，终于又爆发了天理教的造反运动。

嘉庆十八年九十月间，在河南、直隶、山东三省交界地带和京畿地区爆发了以林清、李文成为首的天理教民变。造反的教民先后攻占了河南滑县，直隶长垣，山东定陶、曹县等地。秘密活动于京城大兴、宛平一带的天理教徒在宫中太监的接应之下攻入皇宫，"酿成汉唐宋明未有之事"。嘉庆皇帝还装模作样地为此下诏"罪己",并在临终前告诫群臣,"永不忘十八年之变"。平变之后,混战中射在隆宗门上的一个箭镞,一直被保留了下来。嘉庆希望这个箭镞能够对爱新觉罗皇室的子孙们保持一种紧迫:务必宽仁爱民,勿为"害民之虐事"。尽管天理教民变没有嘉庆初川陕白莲教民变的规模,但其深入皇宫的事实确实让清政府感到惊悸不安。

我们今日谈论天理教民变,就不得不说天理教的由来。然两百年后再追溯这段历史,我们又很难于仓促之间得出一个确切的结论。前人亦留下很多传说和史料,今日却也难辨其真伪。有人称其为白莲教的一个分支,或曰"乃白莲教支派八卦教的别名",或曰"天理教是白莲教的一支,原名荣华会或龙华会,又名白阳教,八卦教"。这种说法,有很多牵强附会的嫌疑。倒是"天理教是林清、李文成、冯克善将京畿地区的白阳教、坎卦教和直豫鲁三省交界地区以震、离二卦为核心的八卦教联合之后的新组织"的说法比较接近真实。事实是:嘉庆年间在直隶京畿和河南一带流传的天理教,是由京畿一带的红阳教与坎卦教、河南八卦教中震卦教等秘密教会融合而成的。

红阳教原为八卦教中坎卦教之分支,明清之交时便已在京城和京畿民间流传,尤其是宛平、大兴一带。嘉庆年间更是以治病相号召,吸收了许多妇女入教。直隶束鹿县的红阳教甚至专门收夫故绝嗣寡妇入教。它所念咒语也没有什么特别之处,无非治病消灾之类,倒是它供奉的"飘高老祖"有些与众不同。其时势力之大,已拥有荣华会、白阳教等支流。红阳教之部分,后来加入了天理教。其他组成分支的加入与整个天理教领导权,则多由林清、李文成不择手段得来。

关于林清,清代笔记《啸亭杂录》有记录:

> 有林清者,本籍浙江,久居京邸,住京南宋家庄。幼为王提督柄弄童,随王于苗疆久,颇解武伎,遂为彼教所推,尊为法祖。其

人硕身黧面……

这段逸闻并未见于其他史料，唯《靖逆记》中有与"王提督之家奴王五相往来"的文字。然对其身世，《靖逆记》却记载得颇为详细：

> 林清，顺天府大兴县人。其先世居浙江绍兴，父先本自浙北徙，侨居大兴县黄村之宋家庄，充南路巡检司书吏。清少无赖，先本捶挞之，不克悛，屏处药肆，习贾人业。体生痈疽，贾人逐之。清大困，为宣武佣役，击柝守夜。先本卒，清充黄村书吏，旋革去，乃往江南充粮道署役，复役丹阳县署。清有口给，能营贿略所得，即散去若粪土。及事觉，官绳以法，清潜逃后窘甚，附粮艘短纤至通州，归宋家庄，偕诸无赖少年贩鹌鹑于京师西安门外。有王将军者，清为书吏时旧相识，与其家人同开雀鸟铺，分金不均，且奢用无节制，又见逐。嘉庆丙寅依其甥董国太家。

林清事败被捕后，其甥董国太受株连，审讯中所供甚详：

> 我外祖林原是绍兴人，移住大兴黄村地方，在黄村巡检衙门当书吏，又充南路厅稿工。我舅舅林清于十七岁时曾在京中西单牌楼南首路西九如堂药铺内学徒三年，学会手艺，并略懂医病，就出了九如堂，到三里河不记店名药铺内做伙计，每月得工食京钱六千。因他常在外嫖娼，身生疮毒，被药铺逐出，他就雇给顺城门外街道上打更。其时我外祖父已死，黄村衙门书吏缺底顶与别人，每年给我外祖母京钱五千。后来那顶缺的不肯给钱，我外祖母在南路厅控告，要将书吏缺底归还我舅舅充当。南路厅批准，我舅舅就接充了有一年。因浑河办工私折夫价，被本官查出革退，就在黄村将所折夫价做本钱，同他大姐夫崔老伙开茶馆，约有半年。他终日赌钱，亏输折本，崔老不依，将他撵了。他就偷扒边墙出口，到热河投在汗巴大人处管布达拉石作工程，得了些钱。回到黄村，每日吃喝嫖赌，把钱花完了，就上苏州，找着他三姐夫施姓，替他转荐到四府

粮道衙门当长随。后因本官丁忧,他跟了丹阳县知县。又因知县解铜去了,他到江宁一路替人医病,赚得钱文,随手花费。后来不能存活,雇给粮船上拉纤,回到通州。……回到我家住了几天,上京来至顺城门外,相素识的旗人平老二雀鸟铺内赊了鹌鹑,在街上挑买。后来西安门内光明殿地方姓王的老爷,听说是做将军的,因买鹌鹑认识。看他的相,说他有出息,交给他京钱一千吊,伙开雀鸟铺。他娶了一个女人,仍旧混花,把本钱花光。那时王老爷死了,王少爷本要将他送官。他再日恳求,才饶了他,撵了出来,在宋家庄租房。居住数月,因他女人身死,他往张家口讨鹌鹑账去了,至嘉庆十一年方回。我母亲因我父亲已死,叫他住在我家照料家务。

《靖逆记》的成书与《董国太供词》均距天理教民变不远,应该较为可信。所以我们可以由此得出判断,林清并非一位遭受巨大压迫的农民,而是一位吃喝嫖赌无所不为的流氓无产者。因此他加入坎卦教也并非为了"反抗清朝统治者的残暴"或者"为农民谋取福利"。这给阶级斗争论者以致命打击。林清最初的目的只是敛财,他道:"我先前入教,原希图敛钱。"但经济状况的好转和教内地位的提高却莫名其妙地改变了他行为的不检。《董国太供词》称"自从掌教,据说他不嫖赌了"。估计这与他确立自己在坎卦教的威信的目的有关。

坎卦教的首领原为郭潮俊,嘉庆十三年京畿红阳教被人告发,林清受到牵连吃了一场官司,却因为这个机缘夺取了坎卦教的权力。董国太供称:"十三年,他在家教书,因同会的陈茂林被陈茂功在保定府告发,牵连杖责,所有坎卦头目宋进耀、宋进会刘呈祥俱已充徒。郭潮俊亦不能办事,说我舅舅命大,让他做了教首。"而当时的情况却是,郭潮俊虽然资格较老,然"性怯懦,遇事畏葸",得不到教徒拥护,"林清在保定打了官司回来,我因他势大,就将坎卦教交林清掌管"。

林清取得坎卦教领导权之后,又花费了一些精力统一了京畿一带的其他秘密教会，形成了一个势力庞大的坎卦教。林清嘉庆十三年曾与人道："这教本名三阳教，分青、红、白三色名目，又名龙华会。因分八卦，又名八卦会，后又改名天理会。每日朝拜太阳，念诵经语，可免刀兵水火之厄。如遇荒乱时候，并可乘时图谋大事。"由此可见，嘉庆十三年的林清已经有了政治野心。天理教之名目也由于林清的活动而日隆。所以，嘉庆十六年他开始了联络直豫鲁三省八卦教的行动，并成功地在河南滑县将冯克善的离卦教、李文成的震卦教招至麾下。后来冯、李二人亦成为天理教暴动的核心人物。李文成之所以归附林清，全因他的震卦教教首位置乃林清助他夺来，教内骨干秦理事后供称："梁健忠本系八卦会内九宫卦首，平日吃斋静坐，同教人都信服，帮给银两使用。李文成从前也敬奉他，自与林清结识后，因林清常说梁健忠所传道不真，李文成曾同众人到梁健忠家讲论，争做卦主。梁健忠因势力不敌，始将家存教内经卷、底簿交给李文成掌管。后来，李文成就敛取众人银钱，送林清使用。"林清在助李文成获取震卦教首领位置后，又引用《易经》"帝出于震"之语，令其他诸卦"各听约束"。这样李文成就变成了河南的八卦教总教主。为了报答林清，他又奉其为"十字归一"，遂有"八卦九宫，林李共掌"的局面。这时候统一的八卦教，已经易名为天理教，然教民们却仍然习惯以旧名相称呼。

新形成的天理教，其实也同其他秘密教门一样，最初既没有明显的政治色彩，也没有造反思想。教首们主要着眼于传徒敛财。教首们为了敛钱，规定入教时必须交纳"根基钱"——"入教者俱输以钱，曰种福钱，又曰根基钱"。天理教给他们的承诺不过是"其家将来能与人富贵"，然而后来的事实证明，除了其首领之外，天理教并没有给教民们种福，也没有给他们带来长久幸运的根基，更没有富贵。教民们被自己的"宗教"领袖给欺骗了。

"根基钱"之数目，各地多寡不一，有"入教之始，每人纳钱二百文",亦有"各给根基钱三百,三百三四十不等"。有的农民干脆以粮食替代银钱,"交给粮食一二升至一二斗不等"。首领们则根据所纳"根基钱"的多寡,给各人决定来世得到之好处。除此之外,教民们还要向领袖们交纳"跟账钱",逢年过节,交纳奉献,"卦主受之"。

或许这样发展下去,林清和李文成不至于遭到杀身之祸,而是过着雍容华贵的生活,并且有无数教民供他调遣、使用;教民们也可以在这种虚幻的精神寄托中得到来生的安慰,而不至于为自己领袖的私欲受到株连;直豫鲁三省经济不会遭到重大打击,嘉庆皇帝也不必下诏"罪己",慨叹"癸酉之变"此"汉唐宋明未有之事"。然而林清并不满意自己现有的地位和权势,他幻想自己能够"图谋大事",掌管整个国家,希望将嘉庆皇帝赶到东北老家去。但他的计划,却又非以前的造反,借恢复汉人江山之口。他的目的很赤裸。所以在大量敛财进行物质准备的同时,他与李文成也开始积极发展其组织,招兵买马扩大队伍。此时的林李两人,除了掌握了滑县和京畿天理教的领导权外,又通过弟子将势力向直豫鲁三省各地渗透。山东德州、曹县、金乡、定陶,也分别纳入了天理教的势力范围。

历史上被重复利用了不知多少次的谶纬也再次被林李二人拾掇起来。嘉庆十六年八月,钦天监奏称"彗星出西北方"。这不是一种好现象,按照谶纬学说,此兆"主兵象"。政府感到恐惧,就将这年的闰八月挪到了第二年的二月。李文成也通晓谶纬之术,认为他"彗星出西北"正预示了他们应该造反。经过反复推算,他将暴动的时间定为嘉庆十八年九月十五日,即正常礼法的八月十五。而此时的民间已有民谣:"八月中秋,中秋八月,黄花满地发。"李文成觉得这正好与自己的推算相吻合。现在我们重新反思这段历史,就不难发现:这首民谣很可能就是林清与李文成早已安排好的。九月,林清来到滑县,暴动的日期就这样被定了下来。

十七年七月，林清又来到滑县，与天理教的主要头目在道口镇开了个会（即是著名的"道口会议"），商讨暴动的具体步骤。在这次会议上，天理教确定了自己的领导排序。林清事后供称："众人说我是太白金星下降，又说我该做天王，有卫辉的冯克善该做地王，李文成该做人王。将来事成之后，天下是人王的。天王、地王就同孔圣人、张天师一般。"其中层领导干部宫王和宫伯也确定了下来，共七十二人（八宫王，六十四宫伯）。暴动的旗帜、服色与联络暗号也分别确立。十一月，天理教更造出谶言，"现在姓李的应世，李文成应做人王"，"李文成即明朝的李自成"。李文成也以"李自成转世"自居，开始为自己登基称帝制造舆论。林清也在四处散布民谣："若要白面贱，除非林清坐了殿。"造舆论，京畿通县一带的天理教也开始为民变制造舆论，在大周俞地方内流传着这样一首民谣充分显示了林清、李文成的政治野心。

> 大周俞有个刘三姐，
> 徒弟度有一万五。
> 大徒弟李朝佐，
> 二徒弟是小崔五。
> 大徒弟使的勾连枪，
> 二徒弟使的月牙斧。
> 先进通州城，
> 后平顺天府。

为了扩大暴动的队伍，林李二人还利用劫难将至，入教可以逢凶化吉的谣言吸引徒众。曰："本年八九月间，白阳大动，刮黑风七昼夜，惟入教之人临时各给奉天开道小白旗，即可免祸。其余遭劫，一概死亡。"许多农民为了避免灾难纷纷入教，并且辗转相传，为林清诸人做了免费广告。天理教手段不止如此，他们还传言，不配合暴动的人就要杀掉（"凡无旗者尽杀之"），又有许多人为身家性命计而入教。如此一年许的经营，天理教的"政治家"们终于将直豫鲁三省的教民和无辜百姓引上了造反的末路。

天理教的领导集团于嘉庆十七年十一月聚集在京南大兴黄村林清家中。这次聚会确定了暴动的时间和规模：十八年九月十五在京畿、直隶、山东和河南同时发难，直豫鲁三省队伍迅速与京畿教民会合，以夺取政权。具体情形见于《靖逆记》："冬十一月李文成来见林清于黄村，约明年九月十五午时，直隶、山东、河南同时起事。且曰：公此间兵少，滑县兵不下数万，仆当选精兵先期诈作商贾，陆陆续续驰至以助公，蔑不济矣！"同时，李文成还嘱咐林清："必俟滑兵至，公乃发，毋轻举！"

然而李文成的作战计划却没有成功，林清也没有听从他"毋轻举"的劝告。九月十五，林清左等右等也没等来滑县一兵一卒。他的耐性不好，又好大喜功，以为凭借自己的力量加上内宫太监的接应，就会出其不意地攻下紫禁城。结果死的死伤的伤，一场大事业就这样崩溃了。

滑县的起事也遭遇了一些挫折，差点全盘崩溃。李文成已经责令下属牛亮臣率八百教民打造兵器，他自己则不停地组织与筹划，但因事机不密，滑县老岸司巡检刘斌获悉了他的计划。知县强克捷闻报，九月二日，李文成与牛亮臣便被衙门捕获，只是李文成虽遭严刑逼供，依然"坚不吐实"。强克捷十分恼怒，准备将李、牛二人"解省正法"。

李文成的被捕对于正在酝酿中的暴动是个巨大打击，好在教内骨干素来训练有素，其妻李张氏也有李闯夫人遗风，另一首领冯克善闻讯之后也迅速赶回，局面才逐渐扭转过来。九月初七早晨，天还没有完全亮，冯克善、李张氏与李文成的几个侄子就带领三千教徒攻进了滑县县城。刘斌和强克捷的家属被处死了，强克捷则弃城而逃。依照大清律，这是死罪。但政府并不知道内情，以为他已经力战而死，给他的恤典都已经颁布。强克捷逃到封邱县"拟为恢复计"，闻讯后不得不自杀。政府为面子计，一直没有将实情公布于众。野史中也只是说他"从容捐躯",以为是儒生行事的典范,对于大清律,他们倒不十分明了。

冯克善诸人救出李文成后,天理教的首领们就在滑县建立了临时性的军事政权。其首脑自然是李文成,这次他不称"人王",而是自称"大明顺天李真主",欲借李闯之名,完成自己的大业。此时的滑县,已然为天理教所掌握,至于"开帅府,设羽帐,帐中出令七传,呼声彻数里"的事情也是可能的。

九月初八,还没等临近的浚县反应过来,冯克善的军队便到了城下。县城一直被包围了二十多天,却没有攻下。浚县知县没有强克捷那么有名,然而于清政府而言,他是绝对称职的。在这二十多天中,他率领政府军奋力抵抗,即使已经疲惫不堪,"先是士座有疲惫者,呼之则起,后则扶之乃起,至是虽扶之有不起者",但天理教的人马却未能将浚县攻下。清朝的一个县城,其衙门差役并不多,即使临时募兵,也凑不够多少人。由此我们不难看出浚县知县的军事指挥能力了。

滑县迫不得已的提前暴动使得临近的直隶、山东各地震动很大。而在此前几天,直、鲁两地已经发生了多起民杀官的事件。这些事件,又多与天理教有关。九月初六,与滑县临近的直隶长垣县知县赵纶风闻该县有邪教活动,便以"出城查看秋禾"之名外出搜访。到了离县城十八里的苇园村,即被"头缠白布,身穿白衣,手执器械"的天理教徒包围擒杀。然而天理教大规模的暴动已经迫使政府不得不将大部分精力投向戡乱之中,至于知县的被杀事件,已经被暂时搁置了。

九月初七,山东曹县天理教骨干朱成珍被捕。初九晚上,借着不甚明亮的月光的掩护,二三百名天理教徒向曹县县城发起了进攻。规模虽然比滑县小了许多,但夜色的翼蔽和出其不意的进攻使他们第二天便攻下了县城,千总杨云汉、知县姚国旆被杀,朱成珍获救。就在这一天,山东定陶的天理教徒也攻陷了县城,代理知县贺得瀚被杀,曹州营参将刘凤嘈引兵驰援,大败,仅以身免。金乡的知县吴阶倒是颇为能干,本来天理教在金乡有很好的基础,但吴阶手段高明,早早地处理了他们的教首,并且做了充分的准备。等到群龙无首的金乡天理教徒暴动的时候,一切都已在他的掌握之中了。

政府对这次叛乱十分震惊,嘉庆皇帝命令直豫鲁三省的最高指挥官尽快平乱。山西大同镇的官兵驻扎在扼要之处,徐州镇的官兵则迎头北上,以求与直豫鲁三省地方军队将乱民"并力兜围"。为了防止乱民南逃,两江总督百龄亲自率军在徐州驻扎。实际上,当天理教开始暴动之后,政府已经基本控制了大局。而天理教民变又不似白莲教一般,采用游击战术,并且没有统一的组织形式,各支队伍又只顾私利,故而失败已成定局。

就在直豫鲁三省的天理教徒与政府军血战的时候,京畿的教民们在林清的指挥之下攻进了紫禁城,造成了嘉庆所说的"汉唐宋明未有"的"癸酉之变"。

按照祖宗之法,每年七月至九月,皇帝要到避暑山庄围猎,这时候政府的政治中心便转移到了承德。此时的紫禁城中的守卫,是一年中最松懈的时候。林清就利用了这个机会。然而林清的军事才能实在是平庸,他一向不注意培养军事力量,发动百姓,以为凭借密谋、暗杀的方式就可以轻而易举地夺取政权。他原来打算在嘉庆围猎的时候发动攻击,因忌惮官兵人多便没有动手。

在攻打紫禁城之前,他做的准备只是"凑合一百多人,齐上燕郊"。后来,他的意思更明显,"九月十五往京中闹事,官兵们措手不及,必能得手,我们据了京师,就好说了……我们据了京师,不怕皇上不到关东去"。他一直相信自己有"神道"援助,所以也不训练死士,自己也不练武,物质上也没有进行什么准备,就准备"一人一骑破幽州了"。他甚至忘记了李文成的嘱托,不准备等河南兵来了,打算"入城之用数十人"。实际上,河南兵因为提前暴动,已经无法调拨,林清就是等也是没用的。

九月十五日,林清诸人威逼利诱纠合了一百四十多人,从中挑选了七十余人，分两拨围攻紫禁城。政府事先已经得到线报，然而各个机构互相推诿，无人愿为此事负责，所以天理教民们才得以顺利地入城。中午，大家按约定的时间分别聚集在东华门和西华门附近。晌午一到，宫内的两个太监就出来了。但由于东华门的官兵有所警觉，只有五六个人走了进去，迅速地被围歼了。西华门一路比较顺利，很快就到了隆宗门，门卫的弓箭被他们抢去作为武器。他们还准备进入"大内"。官兵们急忙关闭大门，将乱民阻于门外。几名教徒准备逾墙而入，被后来的道光皇帝匆忙中用鸟枪打翻。后来官兵杀到，发生了一场混战。隆宗门的那个箭头就是此上时射上去的。大部分乱民被杀，到了十六日清晨，残存的几个人开始放火，准备趁乱逃出。但大雨突至，"神道"也没有来援助他们，于是就被搜捕净尽了。在这两日之中，共有七十二名天理教徒被擒被杀，宫中亦有多名太监被揭发出来。林清和他的外甥董国太是十七日清晨被捕的。所有参与"癸酉之变"的人后来都受到了严厉的惩处，家属亲友也受到株连。政府对被捕者进行了四十天的审讯。嘉庆皇帝返京途中，在燕郊颁布了《罪己诏》，却并没有真正罪己，而是将罪责推到了大臣们的头上。

山东的教徒因为缺乏严密的组织和强力的领导，很快就被平息了下去。河南一带则被陕甘总督那彦成调动政府军包围了起来。那彦成在平息白莲教暴动过程中的经验被全部运用在河南。他不希望天理教也采用游击战术，所以采取了围剿的方针。嘉庆对于"癸酉之变"的愤怒一直耿耿于怀，所以他对那彦成的战术极其不满，甚至不顾君主的风度，破口大骂。但那彦成实在是一个称职的官员，面对皇帝的压力依然坚持自己的策略。在经过了道口、司寨、滑县三战之后，天理教民变基本被平息了。李文成在司寨举火自焚，其妻李张氏最后在滑县"阖门自缢，幼女年十二，亦自刎"。其余首脑，或战死，或被俘获。天理教民变就此失败。

论者往往将天理教的敛钱行为美化，甚至为了政治需要不惜篡改历史事实，将其说成是聚集力量准备革命，然而事实却并非如此。秘密教会的首领向教民敛财，本无"革命"之意，无非供其一人挥霍，或购置田产，或为子弟捐官。真正救助贫民的，却不多见。

暴动前夕，林清、李文成更是大肆敛财，宣称："凡有送给钱文、粮食者，许俟李文成事成之后，给予地亩、官职，每钱百文，许地一顷。粮食数石，许给官职，填写号簿，并开写合同纸片，交与本人做据。"这种民变首领玩惯了的把戏，有时竟然被认为是"推翻封建土地所有制"的举措。中国的农民，对于土地和权力有着极大的渴望，林清、李文成所利用的正是他们的这一心态。由此得出"推翻"结论，无疑痴人说梦。更何况，中国的民变首领，其素质大多不高，即使他攫取了政府领导权，改元称帝，农民们也会发现，他们给自己的领袖抛弃了。倘若林、李二人掌权，他哪里有那么多土地、官职给予教民？最后的结果不外乎是天理教被禁，教民的收据变成了废纸，甚至是杀头的证据。这样的事情，中国历史上并非没有。

天理教虽不见得好，但是清王朝无疑更糟。

在平叛过程中，政府军每破一城，必定大肆烧杀抢掠，所过之处，多成废墟，无辜百姓亦为这次于历史进程毫无意义的战争付出了惨重代价。军人又大肆抢掠人口，以为奴隶，士兵所抢多为良民，在经过未乱之区时，他们的暴行亦未见收敛，"将良民幼孩任意带回"。军队的腐败未必有政府腐败程度之深，然其手段之残忍、赤裸，尤为百姓所恨。而纵容军队，烧杀抢掠自家百姓的政府又是个什么样子。就不不多说了。

范冉也羡石崇富
——丐帮探微

　　乞丐何时产生，这已难于确考。但就我国来讲，春秋时代，有关乞丐活动的记载就渐渐多起来了，而且这时的乞丐队伍中不乏烜赫一时的大人物——伍子胥在楚国受迫害，奔吴以期报仇雪耻，却流落街市，就曾吹箫乞食于吴市。这种乞讨虽则不过是一时困窘，以乞食为权宜之计，然而正是因为社会之中存在着大量的真正意义上的乞丐，才使得伍子胥能够以此为权宜。

　　可以想见，乞丐这个群体，几可与私有制同存亡于人类社会；同时相对于其他湮没在历史中的帮派，乞丐的组织在未来很长时间内还会与我们相始终。

江湖有丐

江湖一词，原来泛指四方，江湖中人则指漂流四方，以行医卖药、占卦看相、卖武耍技等方式谋生的人。这批人里有很大一部分大约就等同于乞丐，宋人《心史》记载，时人眼中分为十等："一官、二吏、三僧、四道、五医、六工、七猎、八民、九儒、十丐。"这里不入三教九流的第十等人"丐"，无疑就是江湖人的总代称了。

而从文化社会学的角度看，江湖实则是一种社会文化空间，它既是一种较少受到主流社会制度控制的社会空间，又是各种亚文化争奇斗妍、竞相绽放的文化空间。从某种程度上说，它也是一个相对宽松自由空间，三教九流、各色流品畅行其间，上下纵横，以各种被主流社会斥为杂技末作、左道旁门的技艺展开活动，演出一幕幕鲜活生动、斑斓绚丽、别具风采的文化悲喜剧。

乞丐者流，四处飘零，风餐露宿，无拘无束，无牵无挂，他们行千里而乞食于百家，枕明月而酌清风，他们擅通杂艺以资身，弃家室而离乡邦，自然应算作江湖中人。江湖人杂耍卖艺、舞刀弄棍、看相算卦、悬壶卖药，乞丐们游荡其中，交往互动既久，耳濡目染，浸润亦深，也怦然"巾"、"皮"行当之高手。江湖行当进而成为乞丐谋生的技艺，江湖习气，即江湖中人那特有的狂野、豪侠、放浪、诡诈的行为方式浸浸乎也成为乞丐行为的一大特性。

乞丐的活动最初不具有职业化、技能型的特征，他们使用的最多的不过是哀号悲鸣、放歌欢唱，像伍子胥那样吹箫乞于市乃是鲜有之例，大多数乞丐只是身无长技，手持棍棒，拎着破碗，沿街哀叫的花子，他们能否获得世人同情，能否有一碗半盘的收获，那就全靠运气了。

后来，情形发生了很大的变化，促使情形变化的主要原因是生存的压力，生活的磨炼，江湖文化的浸润，以及他们自身向江湖行业学习模仿的意志与能力，凡此种种，促使乞丐发展出了一套属于自己的"行业技能"，而这些"行业技能"主要就是江湖技能。

中国古代向以医、卜、星、相为江湖行当，视之为"方技"，斥之为左道旁门。近世以来，随着城市化进程的深入，城市生活的日益大众化，使江湖诸行业也得以全面发展，呈现出门类庞杂、百业竞争的局面。

> 江湖诸技，总分四行，曰巾、皮、李、瓜，行此者名曰相夫。凡做相夫者，不曰做而曰当，故自称当相者。算命、相面、拆字等类，总称曰巾行；医病、卖药，膏药等类，总称曰皮行；戏法四类，总称曰李子；打拳头、跑解马，总称曰瓜子。
>
> ——唐瑞丰《鹅幻编》卷十二之《江湖通用切口摘要》

乞丐无疑也是"当相者"，他们涉足江湖行业，"巾"、"皮"、"李"、"瓜"无所不为。例如近世无锡的乞丐分为"流"、"蠹"两门，多涉足江湖四行。"流门"包括医、卜、星、相、地理、书、画、棋、说书、弹词、木铎、募化、花鼓、唱莲花等。"蠹门"包括星、黄藤、铁剑、转碗、硬彩、红相、观音等，又分东行、西行两类，江湖上有所谓"三十六大蠹，七十二小蠹"之说，大抵都是一些靠江湖技艺乞食的乞丐所组成。"东行"大多来自外地，每年来本地三四趟，有"当家"带领，互不闹事，这些人在家乡都有家室。"西行"有余香、流子、大开口、闭口功、金刚子、扒头子、古腔照子、罗成、丧门、清靠、哀怜，访窃等蠹（《近代中国江湖秘闻》）。

"流门"类大多后来演变成专门职业的行当。他们或凭一技之长，或凭巧言投机钻营混迹社会。如其中的"医"是指没有正式挂牌营业的江湖流医。搭棚帐摆药棚的，称"铁捻子"；手摇串铃四方行医的，称"虎铃子"；推独轮车，撑一顶大布伞的，称"车轮子"；牵骆驼，相面兼行医的，称"顶峰子"；自己手提药包走街串巷的，则称"大小包"。这些人有些医理常识，但他们行医的目的是"识真病，卖假药"。他们和书、画、棋、说书、弹词等行当一样，以一技之长求生存，而星、相、卜、地理等行当，则凭三寸不烂之舌，搬弄一些阴阳八卦之类糊口。不论其所为哪桩，总不改乞食糊口的本色。追溯起来，乞丐涉足江湖诸行，可谓由来已久。即以乞丐涉足卜、相、星、卦之"巾"行而论，大约可以上溯至唐代。

　　辛秘五径抉第后，常州赴婚。行至陕，因息于树阴。傍有乞儿箕坐，痂面虮衣，访辛行止。辛不耐而去，乞儿亦随之。辛马劣不能相远，乞儿强言不已。前及一衣绿者，辛揖而与之语，乞儿后应和。行里余，绿衣者忽前马骤去，辛怪之，独言此人何忽如是。乞儿曰：'彼时至，岂自由乎？'辛觉语异，始问之曰：'君言时至，何也？'乞儿曰：'少顷当自知之。'将及店，见数十人拥店，问之，乃绿衣者卒矣。辛大惊异，遂卑下之，因裭衣衣之，脱乘乘之，乞儿初无谢意，语言往往有精义。至汴，谓辛曰：'某止是矣，公所适何事也？'辛以娶约语之，乞儿笑曰：'公士人，业不可止。此非君妻,公婚期甚远。'隔一日,乃扛一器酒,与辛别,指相国寺刹曰:'及午而焚,可迟此而别。'如期,刹无故火发,坏其相轮。临去以绫帕复赠辛,带有一结,语辛异时有疑,当发视也。积二十余年,辛为渭南尉,始婚姻裴氏,洎裴生日,会亲宾,忽忆乞儿之言,解帕复结,得楮幅大如手板,署曰:'辛秘妻,河东裴氏,某月日生。'乃其日也。辛计别乞儿之年,妻尚未生,岂蓬瀛籍者谪于人间乎!

——唐段成式《酉阳杂俎续集》卷一《支诺皋上》

故事显具荒诞传奇色彩。而那位丐者精于卜相之术,当无疑义。

乞丐涉足江湖郎中行业,当起"皮"行营生,也是由来既久的,远可溯至东汉时期。据《后汉书·方伎传》记载:"郭玉者,广汉雒人也。初,有父老不知何出,常渔钓于涪水,因号涪翁。乞食人间,见有疾者,时下针石,辄应时而效,乃著《针经》、《诊脉法》传于世。"涪翁一面给人看病一面乞食,他可能真是一名乞丐,也可能是化身乞丐的"仙人",到底为何身份,不得而知,然涪翁的行为无疑为后来的乞丐树立一个榜样,即:我辈乞丐也是可以行医卖药的。所以,汉晋以后,关于乞丐藏有秘方绝活的记载屡屡见于传奇稗记之中,举例如唐裴铏《传奇》载:唐代人崔炜,晚年居住南海,因生性豪爽,不爱为生计蝇营狗苟,不几年就家财荡尽,只好栖止于佛舍,有一年中元节,当地人在开元寺前表演各种娱乐游戏,崔炜也乘兴前往。忽见一个老丐婆,因一时眼花头晕,打翻了酒店酒瓮,不过是一缗钱之财,酒店老板却将老丐婆殴打起来,崔炜激于义愤,脱下自己的衣服代她偿还,方才使老丐婆免于毒打。这老丐婆为答谢崔炜,将自己秘藏的用艾草灸治敷疣的医术传给了崔炜。

又据宋人邵博《邵氏闻见后录》载,有位名叫郑师甫的人,脚上患了伤手疮,进水后肿胀难以行走。一丐者教他用耳屎敷疮,只一晚上水就流干，疮也痊愈了。显然，这是一位以行医为技行乞的乞丐。

据明人黄姬水《贫士传》下卷载，贫士王逵，字志道，钱塘人，有一只脚跛，家境极贫，于是以卖药行乞为生。后来药也不能卖了，只好以占卜为计，为人解难质疑，无不信手拈来。王逵也是乞丐中充当"巾"、"皮"两行的高手。

上述数例说明：涪翁、老丐婆、郑师甫、王逵等人都是身通医术的乞丐，而后世的乞丐大多没有他们那种秘藏绝活，他们行走江湖，行医卖药，多系招摇撞骗，医术之于乞丐，不过是谋食骗财的一块招牌而已。

《北京民间生活彩图》之第九十六幅，题为《串铃卖药图》，为乞丐者流充作江湖假郎中作了栩栩如生的勾画，其辞云："此中国串铃卖药之图也。其人系江湖土郎中，微通医数，明点药性，口有佞才，即往各省游艺，一手持串铃摇动，一手持招牌上写药名不等。看病时，目视其色，言能变化，尚带卖药，无非求衣食也。"

"无非求衣食"，一语道破郎中的乞丐本色。

乞丐在发展自己的职业技能时，除"巾"、"皮"、"李"行外，还涉足"瓜"行，他们也成为中国民间武林中的重要成员。中华武术在今日当然是饮誉海外的"国术"，而在古代，民间习武弄拳之人大抵出身卑下，摆摊打拳也被社会目为等而下之的贱作末技，许多民间习武之人实与乞丐无异，而乞丐在流浪行乞，百无一计的情况下，也间或学习一些拳脚套路，摆摊子打把式，借以作为乞食的一种手段，"瓜"行与乞丐遂结合在一起了。

丐帮形成以后，武术作为乞丐的一种乞讨手段也就在这一群体中得以流传繁衍，近世武侠小说中所反映的中华武术，可谓流派众多，著名者如少林派、武当派、峨眉派，此外，丐帮的武术姑且也可称一派。据有的学者研究，丐帮门派众多，各门派之间各自封闭，各门派内的武艺是不轻易传人的，因此难以普及。有的丐帮组织规定：行乞三年以上者，方可吸收入帮，习丐帮武功者，须严守"十不打"的规定。所谓"十不打"，即：凡遇老、弱、妇、孺、僧、道、同门、认识者不能出手打人，同人间打斗时不能攻击对方要害，不打阴掌，等等。

丐帮武术自成一派，授受有自，流传广远，至今余绪犹存。

丐帮习武者须熟悉南北少林拳，以之为基础，后来开派，丐帮武功逐渐融入南方各派及客家籍功夫，继而独立成系。丐帮拳练前的基本步法有"二字钳羊马"、"八字马"、"子午马"、"双蝴蝶"等，基本拳种有"指条功"、"凤眼"、"鸡心拳"、"恙牙拳"。一般初习者先由"四门打"练起。除"四门打"外，丐帮还有"五形健身法"、"猴拳"、"阿摩搪墙拳"及名闻天下的一百零八变的"打狗杖法"等几种主要套路。"五形健身法"是很奇特的套路。起式像"洪家拳"，接着的手法像"客家支流"和"江东支流"，随即又踢起北派的钉脚、点脚和扫堂腿等架势，收式又像"白鹤派"的大开大合的架势。

"猴拳"又名"猴鹤双栖"，是丐帮唯一的仿生拳术，形肖猴子。全套共三十余式，主要是蹲身翻滚，是一套地堂功夫，难在急骤的动作中保持平衡。

"阿摩搪墙拳"和"打狗杖法"是为丐帮武功之特创，也为其独有。

"阿摩搪墙拳"是一套模仿盲人筑墙的掌法，故又称"阿盲捉棍拳"。同其他丐帮拳术一样，此拳也是重实用，不讲形体的优雅，看上去一招一式相当古怪、笨拙，而力量却异常的狠劲。"阿摩搪墙拳"系有掌招八十八式，没有一定的套路，即没有固定的先后顺序，但它们之间又招招相连，节节相通，可以由头打到尾，也可以从尾侧打回头，甚至可以任意衔接。由于打起来千变万化，故令人防不胜防，在实战搏击中威力很大。

"打狗杖法"，从其名称即可见到乞丐的本色，而其实质，也堪称一朵绽放于武林的奇葩。据载此套杖法，每代只传十人，故流传面很狭，识者寥寥。"打狗杖"杖长三肘，杖招共三十六式，上十八路以守为攻，下十八路以攻为守。以打为消，互相应照，打上取下，打左防右。上十二路为左手，中十二路为右手，下十二路为左右互交，变幻莫测。一招三变，三招九变，三十六招则一百零八变，它和"阿摩搪墙拳"有异曲同工之妙，使杖的身形、步法无一定之规，可攻敌之前后左右任何一方，上中下任何一路。

除打狗杖外，丐帮武器还有流水棍、撩阴棍、蜻蜓点水棍、黄龙缠身棍，打虎刀、打虎叉、刺虎大扒、春秋大刀、铁尺、九节鞭、罗汉枪、锄头，等等。

乞丐还是江湖"艺人"，他们精通各种说唱艺术，在自己独有的社会实践和生活实践中创造发展出了许多说唱艺术门类，甚至可以这样说，中国民间说唱艺术的发展史与乞丐的文化发展是紧密联系在一起，在相当长的一个时期里，乞丐实际上是说唱艺术的主体。在乞丐群落内部，能说会唱的乞丐被名之为"响丐"，"响丐"者，就是手持各种打击乐器（响具）走街串巷，以说唱行乞的乞丐。例如旧时京城的丐帮就有许多属"响丐"之列，他们中间又根据所持响具的不同分为不同的门派，他们的打击乐一般都极简陋，与他们实际生活状况相吻合，一般有板子、竹板子、猪牛骨、瓦片，或者更讲究一点就是在上述"器具"上添加一些材料，如板上加钹，安上个龙头，两块牛块上系以铃铛，一块牛骨外加一锯齿板等等。"响具"虽然简陋，名堂却不小，"响丐"中众多门派往往就是所持响具不同而划分。

东北地区的"响丐"中有"说华相的"、"敲手鼓的"、"吃竹林的"、"碰瓷的"、"耍黑条子的"等等，即是由他们分别手持"沙拉鸡"（用粗铁线串着许多铜钱装于竹乐板上,摇击时铜钱碰击发出响声)、"哈拉巴"(猪的一块扇形薄骨,在中间突出处拴两枚铜钱,摇动时铜钱打在两边骨片上)、"呱嗒板"(两片竹板)、烟袋杆或高粱秆等不同响具而定。

"响丐"的说唱艺术门类众多,主要有"莲花落"、"数来宝"、"三棒鼓"、"花鼓"、"渔鼓"、"连宵"、"包打不响"、"金钱板"等等,这方面内容颇多。

乞丐的种种江湖营生,囿于篇幅,绝难一一论列,然而仅此就可以看出,乞丐的活动绝大部分是在江湖中进行的,江湖成为他们施展才能的舞台,江湖是他们纵横驰骋的社会空间。于是乎,江湖中人成为他们的"同道",江湖行当成为他们的"本行",江湖文化、江湖作风、江湖习气由此深深地感染、影响并融汇于乞丐的行为之中,江湖文化印迹深深地烙在乞丐身上,使乞丐周身散发着浓郁的江湖气习。

乞丐们游荡江湖、四海为家,较少家庭情愫,更无乡邦社区观念;他们无拘无束,无牵无挂,放浪不羁;他们长期接触各色人等,与士、农、工、商、三教九流多有交往互动,因此他们善于察言观色、随机应变;他们往往口有佞才,工于取媚逢迎、巧言哄骗;他们注重江湖朋友之谊甚于父子兄弟之义;有时候,在"天下讨饭的是一家"的群体意识下,他们还会显出几分危厄相扶、生死与共的豪气;他们又是诡秘奸诈的,为了蝇头小利不惜人坑人。

总之,江湖行为所具有的放逸散闲之习,自由豪迈之气,群体意识,朋友信义,以及诡秘奸猾作风在乞丐身上处处可见,江湖行为的优长与偏失也在乞丐行为中表露无遗。

乞丐行为与江湖行为既然如此紧密联系在一起,江湖习气自然就成为乞丐行为中的一个基本文化属性。

丐在江湖

各种帮会行会的建立,缘由多是资源有限,特定人群为了有效对外竞逐,对内分配这些资源,才组成了各种帮会。占有生存资源本就最少且不固定的乞丐也要被迫得如此拉帮结伙,实是人间惨事。

祖师

中国各行各业都要来个"祖师爷",在乞丐一行中也不例外。据说乞丐的祖师是释迦牟尼佛,有"经"为证:"尔时进真食时,着衣持钵,入舍卫大域乞食于城中,次第乞已,还至本处,饮食乞,收衣钵。"在上海,各门的"祖师"因"派"而异,如"硬蠹派"以赵匡胤为祖师,"唱春派"以方卿(弹词《珍珠塔》的主人公)为祖师,还有以金松、朱元璋、百里奚之妻为祖师者,虽然荒诞不经,但各有所据。这就使乞丐行帮具有相当高的"专业化"程度。

最为乞丐们敬信的祖师爷是范冉。范冉,史有其人,本为东汉一名士,据《后汉书·范冉传》载,范冉,字史云,陈留外黄人,年轻时尝为小吏,后弃官遁至南阳。其言行举止卓尔不群,桓帝时任为莱芜长而不就,后隐处于梁沛之间,"徒行敝服,卖卜于市"。行迹类于乞丐,其生活窘困,常有衣食之忧,然范冉守志不屈,民间有谚云:"甑中生尘范史云,釜中生鱼范莱芜。"终以贫困而死,时郡县地方颇尚其名节,谥以"贞节先生"之荣誉称号。就是这样一位清廉无为、贫而守志的名士几经改造加工变成了乞丐们顶礼膜拜的祖师。

乞丐关于范冉的祖师信仰传说究竟起于何时,我们已难于确知,大抵说来,丐帮形成之时当有相应的祖师信仰,因为这种信仰传说总是与群体活动相呼应的,它往往是群体意识的集中反映,据此而论,有关范冉之为丐祖的传说当不迟于宋代。今天我们所掌握的乞丐有关祖师的信仰与传说大多来源于民俗调查,这些调查报告向我们显示,乞丐的祖师传说虽有多个版本,祖师也并非范冉一人,但范冉为丐祖的传说传播最广、影响最大。据民国年间一份调查称:山东宁津县的丐帮——"穷家行"都以范冉为祖师,有关范冉的传说大体如下:据说孔子周游列国时,数遭困厄,而以陈蔡绝粮为最。某日,孔子师徒困处陈蔡,绝粮数日,师徒一干人饥饿难耐,闻听此处有一贤士叫范冉,孔子乃吩咐子路找范冉借粮。这子路生性鲁莽而绌于言辞,结果空手而归。孔子又命颜回去借,颜回去后不久,即在范冉处借回一鹅翎管米和一鹅翎管面,往外一倒,顷刻间化为一座米山和一座面山,孔门师徒赖此厚赠,得以渡过难关。后来孔子就率众徒前往范冉处当面致谢,并许以日后偿还。范冉却并不急于要债,而要孔门弟子代代相还,范门第子后世慢慢地零讨碎要。孔子唯唯,应允后世弟子代代偿还,以后凡是门上贴着对联的人家,范门弟子尽可前去讨要。

又,河南开封一带的丐帮也有类似的传说,其细节更周详,也更具有戏剧情节。在这一传说中,范冉直接被冠以陈蔡地区丐帮帮主的头衔,却说孔子在陈蔡缺粮,便叫颜回到范冉处请求周济,范冉叫借粮是没问题,只是先得考考你颜回,答得上来便借与你,回答不上来那就对不起了,颜回唯唯。范冉问道:"天上啥多啥少?"颜回答:"天上星星多日月少。"范冉点头称是,又问道:"尘世间啥欢喜啥烦恼?"颜回答:"娶媳妇喜欢死人恼。"范冉不以为然,结果粮未借到。颜回回去将此番情景向孔子汇报,孔子听罢,面授颜回如何作答,嘱其再往。范冉又问第二道题,颜回答曰:"借钱喜欢还账恼。"范冉点头称是,便给了颜回一小口袋粮,结果倒之不竭、食之不尽。孔子师徒渡过难关,后几日,孔子命弟子积粮还账,不料倾其所有,小口袋就是盛不满,孔子知道账是无法还的了,只有前去向范冉面谢,并声言余下部分由弟子世代偿还。范冉问孔子,你弟子遍布天下,素不相识,何以向他们索要,孔子答道,凡门上有字、墙上有画、家藏诗书之家,尽是我之弟子,只管前往讨要就是。孔子反问范冉,范门弟子又如何识别呢?范冉则说,凡是衣衫破烂、蓬首垢面的都是。

范冉老祖的传说流布很广,除河北、山东、河南等地外,还有黑龙江双城县、吉林农安县、内蒙古包头地区等等，其传说的情节结构与上述内容大体相似，只是细节上小有出入。如有的地方添加了一些细节，说孔子用竹筒写下收据抵押给范冉，保证以后偿还，竹筒上写：

> 范冉老祖供米面，
>
> 来日孔子礼当还。
>
> 贴对联处请稍候，
>
> 家家户户不怠慢。

孔子师徒借粮于范冉，并许诺世代偿还的典故是一个精心编制的传说，与历史上许多传说一样，它的真实性是经不住推敲的，我们也大可不必从这方面追究它，那是徒劳无益的。在此我们只需将它视为一个既定的事实，一个已经发挥着实际功效的文化符号。作为一个既成文化要素，此一传说向我们昭示：乞丐者流有自己共认的祖师——范冉，这个祖师能耐颇大，其学问、人品不在孔子之下（这当然只是乞丐们的假定），通过这个传说，乞丐把自己的行为赋予了合法性的依据，即乞丐不是向人乞讨，而是要债。这个债是士绅衣冠者流前世就欠下的，我辈不过是照单收账罢了。这则传说还向世人暗示，我等乞丐本来是有功于主流社会的，你等主流社会的士绅人家不要小瞧我们，当初若不是吾祖范冉救济，那有你们的今天！通过这一传说，乞丐不仅为自己的行为找到了充足的合法性依据，而且把自己与主流文化联系在一起，从而树立起自己的文化自信心与自豪感。

乞丐信奉并尊崇的祖师除范冉外，另有吹箫乞于市的伍子胥、乞食于漂母的韩信、唱莲花落的花郎郑元和，以及李后娘娘与明太祖朱元璋等人，都因早年先有行乞的经历，而后则大抵为人上之人而为乞丐奉为祖师，这也无非常见的拉大旗作虎皮，自壮声威的把戏罢了。然上述诸位影响都不及范冉老祖，大概在乞丐者流眼里，范冉的行迹人格更贴切乞丐，旧时北京的乞丐每年都要在西单牌楼北石虎胡同公祭祖师范冉，届时众丐云集，珍馐丰盛，场面宏大，足见这一信仰传说的影响之巨大。

组织

乞丐最初的乞讨行为大多是以个人方式出现的，发展到后来，始出现了群讨群要、分工合作的集团形式。从具体的历史过程上看，丐帮的形成大体应在两宋时期。个中缘由主要是宋代发达的商品经济、繁荣兴旺的城市经济、丰富多彩的城市生活，以及在这诸多因素交互作用下各种社团、群体的大量涌现。丐帮作为一种社会群体正是在此背景下产生的。

两宋时期是中国封建社会发展的一个重要转型时期。两宋时期商品经济的发达，特别是城市商品经济的繁荣，推动了城市生活的大众化，促进了城市生活与相关社会活动的群体化。宋代的行会、结社由是大兴，种类之繁，名目之众，真是蔚为可观。对此，史籍稗乘多有所载，现略引一段以见其大概。宋人周密《武林旧事》载，南宋临安市民的城市生活异常丰富，结社之风盛行一时，当时的社团组织种类极多。

> 文士有西湖诗社，此乃行都缙绅之士，及四方流寓儒人寄兴适情，赋咏脍炙人口，流传四方，非其他社集之比。武士有射弓踏弩社，皆能攀弓射弩，武艺精熟，射放娴习，方可入此社耳。更有蹴球、打球、射水弩社，非仕宦者为之，盖一等富室郎君，风流子弟与头人所习也。奉道者有灵宝会。

此外，尚有绯绿社（杂剧）、齐云社（蹴球）、遏云社（唱赚）、同文社（耍词）、角抵社（相扑）、清音社（清乐）、锦标社（射弩）、锦绣社（花绣）、英略社（使棒）、雄辩社（小说）、翠锦社（行院）、绘革社（影戏）、净发社（梳剃）、律华社（吟叫）、云机社（撮弄）等等（宋·

周密《武林旧事》卷三："社会"），与此相应，乞丐也结为社团——丐帮。从文献史料上看，宋代确乎有丐帮之活动，在当时的城市中，尤其是通都大邑中，作为丐帮首领与标志的帮主——"团头"之名即已出现。宋元话本及稗记小说中多见"团头"一名，最典型的就是《今古奇观》中"金玉奴棒打薄情郎"一节的记载。该篇载：南宋初年的杭州城中，有一位世袭了七代的丐帮帮主——"团头金老大"。他管辖着杭州金城的乞丐，收他们的例钱，给众丐的生活相应的照料，"金团头"俨然族长、宗老一般，在乞丐中享有相当的权威，借着众多乞丐的供奉，他挣了个"廒多积粟"、"囊有余钱"的殷实家境，以至"放债使婢"，虽不是城中首富，也是数得着的富家了。

既然有了帮主，当然就有丐帮。故而，丐帮之形成于两宋时期，当无疑义。而社会史的研究进一步表明，丐帮的形成与发展历程与中国古代的秘密会社的发展历程是大体一致的，即它们大都形成于两宋时期，发展于元、明时期。

丐帮之大量涌现，并呈现出迅猛发展之势，那是清中后期以至近代的事了。清中时以后，丐帮见诸文献记载者，随处可见。其名目之多，内容之广，远在其他帮会组织之上。综观各类文献所载，可知当时丐帮因地而异，而且多与黑道有染。例如湖北的"罗筐会"，江西的"边钱会"，江西、福建、浙江三省交界地方的"花子会"、"食巴会"等等都是那时典型的丐帮（《大清律例增修统集成》）。

清末民初之际，丐帮组织更趋发达，几乎每一地区，尤其是通都大邑，都有相应的乞丐组织。如北京的丐帮有"蓝杆子"、"黄杆子"两支。"黄杆子"系由破落贫困的八旗子弟所组成，是高级乞丐的组织，丐头则由王公贝勒充任。"蓝杆子"是普通乞丐的首领。在河北西南、山东西北部分布着一支规模庞大的丐帮，名叫"穷教行"。有时又称为"理情行"，其内部成员有死捻子、活捻子和杆上之分，"穷教行"帮中有派，如死捻子又分为韩门、齐门、郭门。在吉林海龙一带，丐帮有"大筐"和"二柜"两种，"大筐"由瞎、瘸、聋、傻、哑、瘫等残病乞丐组成，"二柜"则由一般乞丐所组成。无锡的丐帮有"流门"、"蠹门"两支，"流门'包括医、卜、星、相、地理、书、画、棋、说书、弹词、铎、募化、花鼓、唱莲化等"乞丐"所组成；"蠹门"又分东行、西行两类，江湖上有"三十门大蠹，七十二小蠹"之说，大抵也是一些靠江湖技艺和贱役苦力乞食的乞丐所组成。泉州的丐帮分为本地丐、外地丐。开封的丐帮称为"穷家行"或"杆上的"，在长江中下游地区，丐帮有"三江"、"两湖"的派系之分，例如汉口的丐帮多属西湖派系，派下有门宗，门宗下又分"字"，可谓枝繁叶茂。广州的丐帮规模也属可观，名曰"关帝厅人马"，其组织网络以广州为中心，影响所及，直到附近南海、番禺、东莞、顺德等县。重庆有聚集在洪岩洞的丐帮，云南的丐帮则称为"舵"上，帮主曰"舵头"，其组织形式与名目与哥老会颇有渊源。兰州的丐帮称为"砂锅子"，丐头叫"万师父"，也曾繁盛一时。

仪式

首先必须获得群体的接纳，取得丐帮成员之身份。获得丐帮成员之身份与否，对个体乞丐来说是事关重大的。因为在丐帮各自的范围内，一般不准外来乞丐乞讨，如有发现，则由丐帮头目出面处置，先问其有无"帮口"（指是否入了丐帮），若自称是丐帮同祖，接着就互相"清谱"，各自说出自己从师的文武先生的姓名、地址以及"上三代"（师祖、师父、师叔）、"上下襟"（即师兄弟），查问无误后可款待三天。若是未入帮者，则令徒弟赶走、毒打。

加入丐帮是要有一定的仪式的，以显示其正式、庄严。而具体程序则各不相同，如泉州，为丐者要入丐帮，则应先交一笔入帮费，并当众向帮主宣誓遵守丐帮规章制度。并将乞讨所得悉数上缴，遇有特殊任务唯帮主之命是从。平日乞讨所得缴交帮主财物，遇到风雨无法行乞时，帮主须维持其生活，且给以集体居住的权利。约定之后，帮主即将红线在其"加字"（草袋）底缘缝一环，人家一看便知他是入了丐籍，不敢随意加以侮辱，倘遇到乞丐违反帮规法纪，应加处分时，亦应先将"加字"高高挂起，然后加以处罚。盖挂起了"加字"，就是先尊丐帮首领之意，倘不挂，妄处罚，帮主必带群丐与之交涉，索取赔偿，非花巨款难以平息。因此泉州人说"乞食要做'加字'，就要串底"。要是未经"串底"的乞丐被人欺侮，就只好自认倒霉了。

由于丐帮是一种带有行会性质的组织，其内部成员关系多以师徒关系的形式出现，所以个体乞丐加入丐帮往往又以拜师仪式进行，拜师仪式便成为丐帮内部的一项重要的活动。在丐帮中，收徒拜师比其他行帮要简略些。没有具拜师帖、契约合同一类的繁文缛节，但须有同行二人引进，亦即介绍。这两名介绍人，行语称"文武先生"。老师称"当家的"。徒弟行名皆称"二"，如姓张就叫"张二"，姓李叫"李二"。重姓者，依拜师先后或年龄大小，在"二"前加"大"或"小"称之。

行拜师礼时，老师、壶客（类似"总管"或"二当家的"）、文武先生必须到场，同行诸人也要尽可能参加。参仪也是拈香、磕头，先拜范老祖，再拜老师，仪毕，一同吃喝一顿。馍是大伙讨要来的，拣好的吃，再花钱弄几样菜，打点儿酒，就是一次美餐了。司仪和向老师敬酒者，必须由壶客充任之，别人不得僭越，以示郑重。

例如在汉口丐帮中，入帮先得拜师，拜师前要向甲头叩头认师，得到甲头应允后，就跟着乞讨或偷窃，经过一段时间观察，甲头认为满意时，再交香烛钱，择吉日行"开山烧涨水"（即收徒）仪式。仪式在香堂进行，堂中挂神像，像前点香烛，摆供桌，师父站在供桌旁，下站文武先生。先由师父将一根木棍横于地下，徒弟跪在棍上，师父问：

"江湖很苦，你能吃苦不变心？"

"能！"

师父将木棍拾起再放下。先让徒弟看一下供桌上摆的竹筒、锥子、刀子、旗子和盆冷水等，然后让徒弟再次跪在木棍上。这时由文先生向其宣读"帮规"，武先生教其乞讨技巧，讲解刑具，最后，师父又喝问：

"竹筒是干什么的？"

"挖眼的。"

"锥是做什么的？"

"穿耳的。"

"刀是做什么的？"

"除六根割鼻子的。"

"水是做什么的？"

"去红的（指杀身放血）。"

"旗是做什么的？"

"行令的。"

对答完毕，向师父行叩头礼，即收为徒弟，群丐小宴而散。

河北丐帮——穷家行也有同样的拜收师徒仪式。要加入穷家行，得磕头认师。认师即"拜杆"。拜杆时须有三人，即师傅、明师、引师。面前摆一根一尺长的黑红杆，红色朝上，黑色在下。置一壶酒，不用酒盅，轮流用两手抱着喝。给师傅磕过头，即被告知你是多少世，属于哪一门，以及明师、引师各是哪门的，姓什么叫什么；还要有人保证所引荐的人不违犯行中规矩，然后用酒在围杆浇一圈。有的认师摆刮打板、牛胯骨，小簸箩、要饭搭子之类，同样用酒浇上一圈，算是从此进了穷家行。入行之后还要学会行中"春典"亦即黑话，如柳、月、望、在、中、神、兴、张、爱、居，是一至十数的暗码，阳、墨、道、妾，分别指南、北、东、西。其他又如：讨饭的搭子叫老灰，刺头用的镰刀叫轻子，到路旁偷秋叫打洛栽。炮叫磴子，引信叫火苗子，花药叫皮，点火用的火香叫火邱，切菜刀叫师刀，嗓间叫唤头，灯叫亮子，火柴叫进星子，钱叫杵，成吊钱叫干杵，天阴无日叫上漫子或打棚，桌上用的壶叫龙头、碗叫凤尾，袄叫称吉，袜叫汪，鞋叫芦言，吃饭叫上啃，喝酒叫抱瓶，狗叫皮子，等等，多与江湖杂流黑话相通。

乞丐行的拜师收徒，没有"学徒×年期满出师"这一条规定。啥时候徒弟自己也收了徒弟，师傅给买口锅，另起炉灶，就算是出师了。要饭的本事是跟着师傅上街讨要过程中，留神观察，模仿而来，既无口授，更无文传。

凡拜师入行的乞丐，每天讨来的东西，都要悉数交公，馍放大篮，钱交老师。一般是住家户给馍，买卖店铺给钱。

钱，讨之不易，为数自亦寥寥。老师收管，平时也不敢轻易动用。只在因雨雪不能上街讨要时，拿出来以救燃眉之急。十冬腊月尚有衣不蔽体者，到估衣行买件旧衣。遇到治病，更是花钱。他们"师徒如父子"的观念很深，一行如一家，师傅就是"家长"，这个家是很不好当的。

丐帮内部成员关系既以师徒关系相维系，那么，帮内规范也通过师徒互动模式来实施，成员行为表现的优劣通过收徒数量、出师等形式呈现，成员若违反帮规，也通过师傅惩治徒弟的形式展开。通常，谁的徒弟犯了错，就由谁的老师主持责罚，壶客、文武先生、师叔伯们、师兄弟们均须到场。犯者由二人挟其跪下，接着老师一一质问、训斥，犯者一一供认，并表示受罚"不亏"时，老师遂下令杖责。一开口就是"打二百拐青"，状甚森严。

"拐青"，系行语，即瘸丐之挂杖。且"令"出为"山"，概不得求情保免。然又有化解之法。壶客首先开口说话："犯此过错，行规难容，打二百拐青也不亏。念其已认错愿改，我替他担五十吧！"接着，文武先生、师兄师弟等相继照此办理，或分担三十，或分担二十，二百之数，一时竟能化为零了。但打还得打。老师又说了："大家分担的都算，但十拐青不能少。"这十下又有"八轻两重"之分。前八下是高举轻落，点到为止，边打边喊数，如旧衙门打板子一般。打到第八下，老师大喝一声："把拐青给我！"意谓嫌轻，欲亲自打。话音未落，行杖者陡使真力，啪啪两下重击，犯者疼痛失声，遂罢。按行规，老师概不准亲自动手，因徒弟犯错，就是给老师丢了脸，如亲责，盛怒之下难免失手，把人打坏，还得靠大家养活。

规矩

乞丐自加入丐帮以后，其活动就具有群体性和规律性，无论是行乞的地域、时间，还行乞的方式都较单个的乞丐有所不同，有自身的规范性。比如京城丐帮的活动有专门的隐语用以标识，"杆头"和众"花子"聚会的地方谓之"攒儿"，有什么事都在"攒儿"上解决。为了约束门中人，丐帮也有约法三章：第一，凡是本门中人必须尊重"杆"，要做到见"杆"不讨，不做非法的事。第二，不准借端生事、仗势欺人。做生意时只准对方起火，不准自己着急。第三，爱护前辈遗产，有饭同吃，有钱共用。不遵守规章者，即开除出门户。

要把握丐帮的活动特征，首先必须搞清楚丐帮群体基本规范。

丐帮门派众多，因地而异，各地丐帮都有各自的群体规范，对这些规范细加梳理，我们可以从异中见其同，从各种不同名目的规章中寻找到一些共同的准则。

大体说来，丐帮要求乞丐在行乞时不许偷盗，不许妄说，不许妄听人家言谈，上门行乞者只能在大门口或靠门框，不许过院中影壁等等。在河南，丐帮有"三不留"的行规，即回家不留，当兵不留，另行谋生不留。还有几不准的规定，民国年间汉口的丐帮有一套较为完整的帮规，可以视为丐帮群体规范之典要。汉口丐帮有帮规十款，是严禁帮内成员违反的禁条，具体如下：

1. 越边抽舵，指偷乞丐住户周围人家的东西或偷乞丐同行的东西；
2. 顶色卧莲，指嫖同行之妻；
3. 点水发线，指充当内奸进行告发；
4. 引马上槽，指暴露了所做之坏事；
5. 溜边拐将，指借同行的东西不还或拐走别人的徒弟；
6. 挑灯拨火，指在同行中挑拨是非；
7. 欺孤傲相，指欺压同行中的老弱孤残人；
8. 遁逃扯谎，指欺骗自己人而逃跑；
9. 偷言耳哄，指偷听别人私话外传；
10. 迷糊吃大，指讨得的钱财不公开交出。

犯了以上条款，轻则罚跪，用荆条打耳光；重则割舌头、剁手足、挖眼睛，甚至装麻袋投江、活埋。

丐帮的这些群体规范突出强调了内部稳定团结，这与其他秘密会社并无二致，不同的是，在丐帮帮规中，强调其成员不得犯法越轨，不得与社会发生冲突，这说明丐帮组织把自己的活动限定在社会礼法许可的范围内，这也足以表明，丐帮只是一种亚文化群体，而不是一种反文化群体，管它后来演变成什么样，至少参入其中的行为主体的初衷是如此的。丐帮之称为"穷家行"。有时自称为"情理行"，意即他们是讲情理、懂规矩的一批人，也说明他们是谋求与社会的融和，而不是冲突，更不是反叛社会。

活动与切口

乞丐的日常活动必然就是乞讨，在行乞过程中，乞丐必然要与帮内同行以及帮外同行发生互动交往，当乞丐作为丐帮特定成员出现时，他们彼此之间的交往都不再是随意的，而是按照帮规进行，由此就形成了乞丐日常互动关系的一些基本模式。同行者见面要先说"辛苦了"，遇不相识者就说"人高腿短"（当取高攀不上之意）。在路上如遇同行盘道，则须说出师傅、明师、引师名字，是几座的人，成为行规之一。因为他们内都是按几座论大小的，长辈的称作师爷、师叔，同辈的称作弟兄，也分有等级次序。外来的花子都必须拜访头儿，否则要受排斥。比如本地打板的，见到了生人正在唱着秘讨，他不直接前去搭话，而先打几声竹板，然后唱问："竹板打，响叮当，请问相府（对江湖人的称呼）奔哪方？"外地人一见，马上要打招呼唱："来得急，走得慌，容到柜上去拜望。"要完钱就得立即去头儿那里报到，懂规矩的，一进门就要双手擎首"搭子"口说："众位相府，清褡子！"在屋里的人，也要以礼相待，道声："相府请坐，请坐！"外地人要把讨来的钱拿出数点一下，嘴里还说："今天不错，见不少渣打子（铜钱），还有飞虎子（纸币），大伙用吧！"屋里人忙道："有钱花。"接着请用茶。

茶间开始追问一番：

"相府从哪来？"

"称不起相府，经师晚，离师昌，不过是个小跑（小跑：跑江湖年浅，自谦之间。）吧！"

"吃谁家的饭？"

"我是某门某家（据说分丁、郭、范、高、齐五大家。外有韩三门），跑某某人的腿（指师傅是谁），抱某某人的瓢把子（指师兄是谁）。"

然后又盘问师傅、师爷等情况，如一一答对了，知道是门里人，分外亲热，否则受冷待。

乞丐的卑贱地位与边缘性身份决定了他们可能担当一些边缘性的社

会工作，这些工作或服务多是主流社会人们不屑为或不曾为的工作，这些工作或服务不在社会生产服务的行业体系之列，不是社会生产活动的"主业"或"本业"，但它又是社会所必需的不可或缺的工作或服务，如丧葬服务、苦力贱作之类。乞丐们不嫌其贱，不厌其苦，积极投入到这些无人问津的行当，向人们提供了一系列生老病死所必需的社会化服务，为人们社会生活的维系与发展也算略尽了一份绵薄之力。

乞丐的社会化服务工作多在边缘性领域或行业中展开，如前所述，所谓边缘行业，就是社会中为人贱视、忽视而无人问津的一些特殊生产性活动或服务性活动。在传统社会中，这些生产和劳务不在社会"正当体面"行业（所谓"七十二行"）之中，从某种意义上说，也不在国家控制机构管辖范围之内，这些生产和劳务虽不"正当"、"体面"，却也是人们社会生活所需要的，因此，不论从哪个角度看，乞丐所从事的这些"边缘行业"都具有其相应的社会价值。

这些边缘行业所涉及的范围大体上包括：各种苦力贱役（替人推车上桥、为香客拂尘、收殓死尸、巡更）、操办殡仪的杠业，充当"海捕"、捉蛇卖蛇、当"保保"、做干爹等等。

先看看各种苦力贱役，乞丐最常充当的苦力是替人推车上桥（或坡），帮人搬运装饰货物。比如成都旧时四门城门洞，多是各路板车队伍的出发点，一些拉长途的大板车需要临时从这里雇佣一些"飞蛾儿"（拉两边的帮手），乞丐们便一大早带上背绊在这里守候待雇。

按规定，除了事先议定路途、工钱，一路上还由车老板管食宿，临出发前，还要先管饱一顿"牙牙饭"。此外，临时推车上高坡，过大拱桥，在水陆码头上装卸货物，代人从米市上背米等等劳役，也常有乞丐们的身影。

死尸为常人所忌，因而看守、收殓尸体便成为乞丐们当仁不让的行当了。民国时，吉林扶余县每逢衙门杀人，都要到花子房附近的杀人场来执行。有的死刑犯的家属事前打好招呼，雇花子看护尸体，以便自家来领，有的雇他们为死者洗脸，穿衣埋葬等事。无哭主的由花子们剥去死人衣服，将尸体抛之沙坑内任野犬分食。因此附近野犬多而凶，几断路人。冬季的尸体容易保管，如一时哭主不到，花子房能代为收存。有时室内并存几具尸体，观之不免毛骨悚然。而花子们对此视作家常便饭，任意摆弄，有如儿戏。此项收入，较平时乞讨为多。

在泉州，乞丐是街道专项清洁工，如遇有清理污物，清除死猫死狗，甚至路旁尸、水流尸亦多雇丐搬运。

内蒙古包头市的"梁山"丐帮的花子们也是官方许可的专验死尸的角儿，人们收殓尸时，扒下死者衣物归己使用，然后将尸体堆集一处，点火焚化。

做死人的生意还有种种形式，广州乞丐承接担买水，粤俗死人，有担买水的礼制，担的意义，是替死者招魂，买水是用来为死者洗脸。这两种工作，都是由孝子担任的，如死者无子或者是找不到亲属代替时，就迫得要雇佣这种乞丐了。所以在广州近郊的河南凤凰岗、小北、大北一带地方的茅寮，当眼处常见挂着"承接担买水，涕泪长短，价钱另议"的招牌，是亦职业中的别开生面。除敛尸抬死人，乞丐还下河捞"水打棒"（川中溺死者尸体的称呼）。已经浮上水面的"水打棒"多系淹死了好几天的尸体，那令人发怵的形象谁也不敢、更不愿去碰他，自然只有乞丐去充当这种贱役了。至于瘟疫流时之时，市面上出现的无名疫尸，以及凶杀暴死者狼藉的尸体，经允许或法医验尸后，也例由乞丐来收殓。

此外，守尸棚、守丧、报信也是乞丐当然的"业务"。

由上述种种情形可知，但凡习俗所忌讳而无人敢于涉及的劳作活动，就是乞丐们努力进军的劳务领域，在这方面他们自认命贱、百无禁忌，因而突破了常人所固有的心理障碍，从而开创出了自己的"特色产业"或"垄断行业",上面所讲的大多属乞丐的"特色产业",而现在要谈的"杠业"则属于乞丐的"垄断行业"。它不仅是乞丐们专门经营的,而且是规模可观的行业。

旧时有专门为社会提供婚丧庆吊仪仗服务的行当,北方称作"杠房"或"杠局",所谓"杠房"即专门出租葬礼仪杖的,如罩棺材用的绣花缎子官罩,仪仗队用的开道锣、伞、扇、旗、牌、车、桥、硬器之类。同时,还代为雇佣从事执掌仪礼、抬杠、打执事的人员,乃至代购寿材等一切用物。实际上,杠房成了承包办理丧事的专业行当。抬杠、打执事之类粗活,虽然颇有讲究,但终必是低贱事。杠业在南方则称为"仪仗铺"。如广州西关上下九马路光雅里就集中了当时许多有名的仪仗铺,诸如"万福"、"丁财贵"、"多多福"、"颂多福"、"永全福"、"联福"、"广福"、"有丁财"等等。仪仗铺的常务管理人员不多,一般只有店东及伙计若干,分掌经理,联络,出江(专门到邻近广州的各城乡接办红、白二事和会景仪仗——及保管仪仗应用各物诸事)。接待仪仗出列的人员则临时雇佣,以乞丐、游民、老人院及孤儿院的成员为对象,其中尤以乞丐为主力。由于广州乞丐由关帝厅人马的丐帮首领控制,故每有红、白仪仗事务,需要临时雇佣乞丐充伍扛夫时,则由仪仗铺老板与丐帮首领协商好,丐首统一支遣乞丐,仪仗铺所付酬金也由丐首统一分派。

川中乞丐也包揽婚丧仪仗的活儿。由当事人家专门上门联系,按当地习俗,婚丧仪仗照例由乞丐们承包。婚仪中花轿前后一拨打彩伞、执旗幡的均由乞丐担当;丧仪中,抬祭幛、举挽联也非乞丐莫属。由于是主人请来的,事后的赏钱自然比上门乞讨者丰厚许多,而"剩八碗"也首先款待他们。四川有名的"戏圣"唐芷林,殁于重庆棉花街,运柩返成都之日,不但全市川剧艺人个个戏装执绋,更有军、政要员及社会名流送的挽联,其殡仪仗队伍中雇了全重庆市的乞丐(盲、跛者除外),

一人扛四副挽联尚未全数扛完，死者偌大的哀荣成全了叫花子的扛业生意。

乞丐的边缘性社会服务工作除了具有卑贱、脏苦、习俗所忌等特征外，还有就是与乞丐的角色特征有关，例如，替人家子女做干爹、当"保保"就属此类。

乞丐的"边缘性"劳作是多种多样的，不分场合，不论险易，哪里有空子他们就往哪里钻，哪里有缺他们就在哪里填补。近世的上海就有这类乞丐。他们大半都是十三四或十四五岁的孩童，以男孩居多，专候在二白渡桥、自来水桥、天后宫桥、盆汤弄桥、老闸桥等处，轮流帮人力车夫把车子拉上桥头，然后向车中的乘客乞钱。这种童丐是有组织的，每人都拜有一个白相人"爷叔"，日缴二三百钱，否则便不能安然拉车。

另有一些乞丐还干一些开汽车门、在码头替行人搬运行李，拾荒等杂务。开车门是近代沪上新出现的一种乞丐，他们衣冠楚楚地专候在三大公司、戏院、酒店、舞场等处门口，将坐车来的车子号码记住，客人出来即去找来车子，恭恭敬敬地找开车门送上车，然后笑嘻嘻地伸手讨钱。倘不给钱，便饶舌不止。对没有车的客人，还代为叫车，以得到几个铜子。在沪上还有所谓码头丐，这种乞丐大都有家室，专候在各个码头帮人提包抬货，生意好时，一天可得七八角钱。

清末民初的京城，还有一种专"赶庙会"的女乞丐，穿的衣服并不十分破烂，都用布包着头。有的手拿布掸，有的手拿香头。当时，土路很多，交通不便，一路上尘土飞扬，逛庙会的游人满身尘污，颇为扫兴。此时，女乞丐就赶来与游人掸土或点烟，以此讨钱。游人遇到这种乞丐不但不厌烦，反而很高兴，于是给钱也不吝啬。这种女乞丐在一个庙会内能讨到很多钱。她们俨然成了香客的侍应生和服务员。

乞丐"边缘性"劳作还包括做些拾荒捡破烂的活儿，在广州，乞丐拾荒称为"执地"。其中又分作三种：其一为拣垃圾，这种乞丐，手执铁钩每天不停地向垃圾堆中扒拣杂物，主要是拾取五金和其他人弃我取的东西，搜集起来整理好后，就携去横墟（即收买废料铜铁的集中地）发卖，由于当时很少人注意到废品利用，同时由于民国时期内战频频，五金价格不断暴涨，故他们每日所得，足够所谓一日六餐——早午晚饭，两餐茶和一餐鸦片烟的日子。其二是执字纸，这种乞丐每天掮着竹箩不论早晚，到处去拾取街上的废纸，替各大商店清除旧字纸，积集起来卖与收买旧纸店，然后再转售给制纸工厂作制纸原料之用，同时在纸堆里，拣出信封来撕下邮票，去卖给收买旧邮票的商店；有的更利用国人爱惜字纸的心理，持着一本写上"爱惜字纸，功德无量"的缘簿去赂商店劝捐。乞丐拾荒的第三种形式是拾烟头，这种乞丐是两人合作的，甲出动拾烟蒂时，乙则在家做卷烟工作。拾取烟头的地方，除了码头之外，所有酒楼茶室、轮渡码头、戏院公厕，以及各个公众场所等，都是他们的目的地，拾得的烟头带回家里去烬晒干，加工卷烟。这种烟叫"锦卤烟"，顾客是一般苦力和乞丐，由于价格低廉，故销路极畅，可谓供不应求。

这种劳作既是清道夫的工作，又是废品回收利用的工作。

而打更巡夜则是乞丐边缘性社会化服务工作中的美差肥缺，一般由乞丐中较有地位者充当。

清人顾禄《清嘉录》卷十二《十二月·叫火烛》载："残年房夕，有击柝沿街高唱'警防火烛小心'者，名曰'叫火烛'。（按：蔡铁翁诗云：'黄昏火烛何人叫，乞丐沿门打竹梆。'）今俗，即巡更者为之。"乞丐大都单身四处流浪，寒夜，尤其是年节夜，常人都合家团聚，而"叫火烛"的事，只有从这些人中雇觅，乞丐也乐得借此讨得比平时丰厚得多的犒赏。

重庆旧时称打更匠为"二分半公事人"，是团防团总委派的职务，充当者大多为乞丐。彼时重庆洪岩坊有三个因嗜酒、无亲友、半残而沦为乞丐者，分别姓刘、敬、张，被时人呼为"三友失业社"。其中刘为打更匠，此乞丐除例行打更巡夜，往往充当官府与丐头的中介人，他们还是作奸犯科者的同伙、包庇者。试想：深夜巡街，发现可疑分子，如无好处奉上给他，他鸣锣撵逐是轻而易举的事。此外如有路毙，打更匠可呈报保甲，领具薄板，叫两个乞丐抬去一埋，所以这类打更匠在乞丐群体中地位较高，往往是乞丐承揽丧事的经纪人。

乞丐的边缘性社会化服务工作是卑贱的、肮脏的力役，是大多数人不愿干或不屑于干的。而且为习俗所忌讳，尽管这些行当不乏有利可图之处，但世人多不涉足，上述种种营生即属此类。除此而外，在乞丐的边缘劳作中，危险的行当也是他们垄断的领域，也是他们获得衣食之需的补充手段。

丐帮在长期的群体活动中，形成了一套专属于自己的交往符号——隐语或黑话，这些隐语或黑话是丐帮成员相互交往的重要媒介，是丐帮区别于其他社会群体的重要行为标志。丐帮隐语异常丰富，现撮其要略举如下：

讨饭称挂灯、碎山、坡街、做街。乞丐又称"花子"、"叫花子"、"打闲的"、"跑腿的"、"吃生意的"、"灰窝"。丐帮又称"穷教行"、"乞丐行"、"丐行"、"穷家门"、"穷教门"等等，还有叫"理情行"的，意即讲理讲人情的一行。不知是真诚的褒赞，还是似褒实贬的说讽。当然，最流行的喊法叫"杆上的"。

关于钱和数目的隐语：现洋叫"局面"，零儿叫"史嗉"，钱的总称为"杵"。一曰"流"，二曰"月"，三为"汪"，四"宅"五"中"，六曰"申"，七曰"兴"，八为"张"，九"爱"，十"菊"。百为"牌"，千为"千"，万曰"垛"。南"阳"、北"列"、东"倒"、西"切"，是为四方之称。

乞丐的类别也有专属的称谓，例如：瘫叫花子称"披街"，佯作落难而求乞称"搽相"、"沐猴"。书写情状求乞称"磨街党"，带女人求乞称"观音党"，以手本讨钱称"古相"，戴孝求乞称"丧门党"，作揖求乞称"丢圈党"，哭诉求讨称"诉冤党"，托神求乞称"童子党"，耍猴求乞称"耍老子"，耍蛇求乞称"扯溜"，向店铺求乞称"换朝阳"，向落家求乞为"换门槛"。

乞丐们行乞的地方、行乞的道具了都有相应的专门名称，例如：乞丐们时常光顾之地和旅店，江浙一带称"凉亭"，又称"风凉窑子"，有的地方又称"川心子"。神庙或祠堂是乞丐时常栖身之所，故而乞丐对它们有重新的命名，或称"华堂子"，或称"阴堂"。

蛇是乞丐行乞的重要道具和帮手，称为"地龙"。耍蛇之丐称为"扯溜"，单称被耍之蛇为"溜头"。有些乞丐自己不会捉蛇，便向捉蛇人租蛇来玩。这样的蛇叫"当头"。自己捕来的则叫"木关货"。当众玩蛇求乞叫"献庆隆"，藏蛇的袋子叫"乾坤袋"。玩得不好被蛇逃走了，叫"溜真诚"，更糟的是将蛇玩死了，叫"倒溜"。

猴子也是乞丐的重要伙伴，称"老子"。耍猴子丐称"耍老子"。叫猴叩头称为"献桃子"，耍猴有所得叫"有响头"，反之叫"无响头"。锁猴的铁链称为"长命"。

各种不同的艺讨方式也有特定的称谓：唱春求乞谓"唱响子"，小锣谓"响子"，小锣板谓"敲响板"，店家谓"高铺子"，掌柜的谓"铺头子"，行乞谓"换瓦檐"，所唱的小曲称为"片子"，乡村谓"狗窝子"，住户谓"窑口"，富户宅第谓"高狗窝"。

捉蛇之丐的隐语：提蛇乞丐称"克地龙"，蛇为"地龙"，毒蛇称为"辣货"。旱烟管为"压寸头"，捉蛇为"缚带"。坟为"高泥墩"，草泽为"大沟"。蛇洞称为"漏子"，蛇窠为"龙庄"。破蛇胆为"取宝"，吃蛇肉为"火敦地鳗"。

在行医卖药的乞丐中，流传着这样一些黑话。据《新刻江湖切实可行》载：医生称"济崩公"，或"扶本"或"苦劝人"。名医称"灯水通"，富医称"汗火"，时医称"丹青"、"竹彩"。眼科称"皮恳"，针灸称"钗烟弯"，诊肪称"弹弦子"，撮药称"配灯"，末药称"暗龙"、"暗灯"，膏药称"圆纸"、"涂圆"，煎药称"煎灯"，掺药称"灯火"、"灯琴"，走动卖药称"跳皮"、"行灯"，小卖药称"丢小包"。卖春药称"派灯"、"取鳖"、"挂狼"，追虫七节称"七节吊"，下针称"叉卖"、"叉党"，丸药称"丸灯"、"粒粒"，扑克黄称"爆工"，挑担卖药称"天平党"，卖丸药称"跳粒粒"，虎撑称"才铃"，卖疮药称"跳十字行"，烧香朝山卖药称"拱党"、"观音党"，京人卖药称"七皮通"，僧人卖药称"三皮跳"。道人卖药称"火头生"、"全真党"。取牙虫称"柴受"，妇人卖药称"拖青"、"板柴"。骑驴卖药称"拖鬼"，撑伞卖药称"昌皮"，戏法卖药称"丁叉党"，排摊卖药称"疙瘩党"，打坐卖药称"毛墩子"，告示卖药称"访僻"，卖假药称"跳将灯"，学医谓之"锁皮"。

江湖霸丐

——"乞丐中的霸主是什么?"

——"当然还是乞丐了。"

这是某部香港电影中的经典台词,只是事实却不尽然,至少在古代社会,乞丐中的霸者绝对不是乞丐。

丐帮的首领通常称为丐头或丐首。丐帮因地而异,种类繁多,丐头的名称也五花八门。京城丐帮称其首领为"黄杆子"、"蓝杆子",华北地区的丐帮"穷家门",其首领则称"当家",其中小头目又叫"篓子头";东北地区"大筐"的首领名为"落子头",还有"团头"、"甲头"、"头牌"、"掌门"、"花子头"等等,名目杂多,不一而足。丐头是丐帮中地位最尊显的人物,他们的行为、生活既带有乞丐亚文化类型的某些特征,又与普通乞丐有明显的区别,他们的行为取向、生活方式更多地是接近主流文化的。

丐帮是一种自发的初级社会群体，其首领的产生也有其独特方式，早期丐帮的首领究竟是如何产生的，今天已难详知，清末民初的丐首，据学者的研究，其产生方式不外以下三种：

其一，乞丐们自己选拔推出来。

这类丐首大多是身强力壮、材力过人的强人，或者是流氓恶棍，行事蛮横无理者，他们以材力、声威、恶势力震慑了众丐，从而为众丐所服膺，被推为丐首。

其二，破落的世家子弟。

有些达官显宦、巨商富贾其兴家时显赫一时，其后子弟一代不如一代，终至家道败落，有些破落的世家子弟有纨绔之气而身无长技，最后也不得不沦落为乞丐者流。由于他们很有些吃喝嫖赌外加烧大烟的本领，靠着旧日的中上层社会关系，又多少有点文化。使他们顺理成章地成为乞丐者流的"精英"分子，甚至丐中"豪杰"，乞丐乐得利用其势力，拥戴这些"精英"执掌丐帮权柄。

其三，世袭者。

在官办丐帮中，丐头多是世袭者，如乞丐处之"团头"，卑田院之"头牌"，养济院之"院长"、"甲头老板"等多系前任丐头的儿孙或由其指定的继承人，这种丐头往往一半是乞丐身份，一半是官府身份，拥有更大的权利。

作为丐帮的头领，丐头虽然也脱不了乞丐的身份。但是，他们实际的经济地位和政治地位却远非普通人所能比，更不用说乞丐了。他们有妻有妾，生活丰足，虽名为丐首而富于平民。他们个人生活阔绰，常有朝歌弦舞之乐，每逢年节以及个人寿庆婚吊，其举事用度之排，不仅超过普通民众，而且可与富户商贾比肩。例如广州丐帮关帝厅人马的丐首陈起凤就是这样的，陈起凤的个人生活，在当时的社会可以说是相当豪阔的，他住在华林寺的一间精舍时，有几房妻妾，分住在附近的民房，他经常穿着纱绸衫裤，佩上金表金链，裤头挂上了许多古玉，手执长烟筒，有时要登门向人道贺时，则另有长袍马褂，俨然阔商富户。当冬天到来的时候，陈起凤嗜爱狗肉，经常率其门人到河南隔山一带，大吃香肉（在广州，狗肉一名香肉），食必尽一大肥犬，并邀当地众"贤达"而有同嗜者大醉而归。

清人彭岵孙在《帝京十二咏》中专门有一首《丐诗》，描写丐头的生活，其诗云：

> 贤达且乞食，况彼饥寒天。
> 淮阴非漂母，馁殆城南隅。
> 所嗟京北瞎，猖厥容此徒。
> 其魁拥巨万，抱妾衣玑珠。
> 不逞亡赖儿，百十行与俱。
> 诣市任颐指，攫取蔑敢呼。
> 沿巷有风母，叩头牵人襦。
> 不避司隶仗，反骂司阍奴。
> 道逢谨趋让，诸公正当途。

这首诗生动地描写了一个丐头的嚣张面目。你看他坐拥百万钱财，鲜衣华服，拥妻抱妾，倚香偎翠，简直如王室侯门中人一般。再看他出门，带上十上百个无赖光棍，倒像官府衙门行巡一般，浩浩荡荡，煞有介事。即使遇到官府中人，假如被他们掂量出了底细，丐头就买你的账，至于那些看守门户之类的仆役，更放不进他们眼里，泼口便骂，倒像是轰狗一般。所以这帮人一上街，路人便像撞看了丧门星、吊睛亮一般，躲避唯恐不及，其恣肆跋扈，一至于此！

丐头的这种富比公侯的个人生活，得益于其在丐帮中的特权地位，源自于他对丐帮之众多成员的压榨与盘剥。乞丐是一群赤贫无靠的人，但丐头的位置却是大有肥水可赚的。丐头统辖一群乞丐，他本人一般是不必亲自沿街行乞的。其个人收入除了照例向帮内众丐收取定额之外，更主要的是向势力范围内的店家铺主住户分摊年节例钱，就像一方的里甲保长一样，挨户抽税，以换得其"照顾"，即届时可免去众丐上户滋扰。当然，他们一般只挑选店家，尤其是那些生意红火的店家，预先该好价钱，照单收付。平常百姓人家一般不抽，任由丐徒散乞零讨，只是逢到哪家婚丧庆吊之事，丐头便出面讨喜钱。丐头一旦收款，便在这家门口贴上一张纸揭，或挂上一根皮鞭，或杆子，或旱烟管之类权杖凭信物，上书"贵府喜事众兄弟不得骚扰"之类字样，名曰"罩门"，有了罩门，就像有了特赦证书一般，帮内乞丐见了罩门，如小鬼见了"姜太公在此百无禁忌"一般，便须退避三舍。不过，如果店家事主不懂规矩，或不愿花钱，到时准有众多乞丐前来搅扰，他们也不动粗，只是挤在门前有碍观瞻，甚至恶言相戏，让你生意难做，喜事不喜，你就是报官，官府也拿他们没辙。

通常，丐头一年只出门乞讨三次，一是端午节，一是中秋节，一是年关。这三个节大致平分了一年的时光，他们大驾光临时，身边带三四个喽啰，仿佛是一地方里正保长一般。

花子头权势很大。例如某大户人家办喜事，不管是结婚或祝寿，一定要把花子头请去坐上席，求他关照。花子头或西装革履，或长袍马褂，到了东家先把龙鞭挂在大门外。花子们来了，一见门外挂有龙鞭，知道头头在里面，不敢撒野猖狂，东家给多少算多少，不给就走。若是东家没请花子头，或是得罪了他，他便把诸行乞丐召来，进行一番布置，按照各班组，分拨轮流到办喜事的人家去搅闹，什么不吉利唱什么，给钱也不要。因为花子头打了保票："一天的饭钱花销由我拿，闹出事来我担着！"

东家一看事情不妙，赶紧拜托"劳头忙的"前去找花子头说情这"劳头忙的"与花子头往往有关系，或许是结拜兄弟，或许是洪门袍哥、青帮同参。有时"劳头忙的"有意不请花子头来，事先做好了扣、到时就派人来捣蛋，闹得东家无可奈何，"劳头忙的"再出面说和，花子头价码要得很高，经过几番周折，基本谈好了后，还是要把花子头请到厅堂，待如上宾。东家承诺派人把款送到花子头指定的地点。这笔钱分二、三、四份，或三、二、五份，即"劳头忙的"拿三成，参加的乞丐拿三成或二成，花子头拿四成或五成。这种敲诈生意在丐帮内叫做"吃大头"或"吃肥羊"。

丐头深知乞丐的庸劣习性与痞棍无赖行径，也深知民间对此等庸劣痞棍作风的痛恶与无奈，于是，他就以调停之名行敲诈勒索之实，从而大捞其利。由此发展出所谓"包鞭"、"贴葫芦"等例讨名目。众丐按例上门索钱，丐首坐收其利。

例如，黑龙江双城乞丐处的团头就是这样在事主人户与众丐间居中调停，当地每逢婚丧嫁娶以及寿庆之典，都有乞丐处的"杆子"（鞭子）挂在大门两旁，可以避免花子拥到门前讨要，事完之后按天数计算，付与团头儿"弹压"报酬费。若同一天办婚丧事有数家时，团头儿得的赏赐就很可观了。尤其逢丧主作"点主"时，须用花子作执使，团头儿得赏赐就更多了。这个收入全都进入团头儿私囊，众丐是没有份的。

泉州丐帮的丐头有一专利，俗呼"褙火照"，即用4×3寸的绿纸印就"水德星君"像。神像两旁分别印"姓宋名无忌，火光速入地"的字样，往人家门口两边各贴一张，每年年底贴一次，贴后向户主要钱（火照费），每家多者给一角，贫者三分亦收，不太苛求，因他积少成多也。到了民初，外地丐首向本地丐首看齐，每逢红、白喜事、及年关亦皆贴葫芦单而索款。除此之外，泉州丐帮帮主还有一笔大宗收入——"贴葫芦单"。此单乃一张木版印的小纸条，上印一个小葫芦，内写"兹领到贵府钱千百十文，前去分散五院流丐，不敢一人到此来扰，立此为据"。

当时，泉州城中人口众多，婚丧喜庆，都是乞食求讨的好机会，倘不请帮主,则散丐一个接上一个来乞,主人势将难于应付,故宁愿花较大的一笔钱,以免门庭塞满难堪的乞丐,大碍观瞻。此外每逢四日帮主来贴一次葫芦单,索款颇低。每户只一角左右而已,但是挨家挨户地贴,收入也不少。正月须过初五才可行乞,这段日子由帮主款待丐者生活,否则人家可以扭打。至于每逢普度、重普或其他小节日前后则令所属诸丐,略分角落,挨户求乞,但以不过分扰民为度,人家亦无甚怨言。寿庆之家如不通过丐帮帮主,擅自许愿,发放乞丐银两者,常惹上许多麻烦。

可见,丐首实则是最大的痞棍和敲诈犯。

广州丐帮关帝厅人马也有类似的情形,名之为"例捐",也由丐头陈起凤出面处置。过去广州民家对于凶喜二事的喜钱(即例捐),懂事的人家,是在事先送到关帝厅的乞头处去,领回一张上书着"附城花子陈起凤"的条子贴在门口以避免乞丐的滋扰,至于送给例捐的数量,富贵人家四五元,中等的两三元,贫苦的一元数角就可以了。如果不懂事,等到乞头亲自来到门上恭喜时,那就糟了,他认为"唔俾面"(不赏脸的意思),就会乘机勒索,若不能如愿以偿,他们就一声号令纠集群乞在门面闹不休,这时你就是叫警察来干涉也难以解围了。

根据关帝厅的惯例,这笔喜钱是分作五份的,丐头占一份,群丐占三份,其余一份就归当时那个段警的。乞丐们领了喜钱之后,就每天来替你打扫门前,在此期间有外人敢来滋扰,他们就会代你赶跑,保证无事故发生,一直到你做完了事为止。

丐头是一种权威型人物,在丐帮内部拥有绝对的权威,在处置帮内众丐之间的冲突、处理帮内越轨或其他违规行为方面也具有最终裁决权,他们以"杆子"或"鞭子"为权力凭据,依此对帮内众成员实施权威型统治。比如帮内甲丐与乙丐争夺地盘不可了断,"起诉"上来,"杆子"受理之后居中调停,一经决定,不得违反,否则将受到"杆子"的惩处。再如，遇到人家有喜庆大事，"杆子"或丐头便代表全体丐民前往收取捐额。至于帮内成员有生疾病的，丐头也负责指派手下买药服侍，直至病愈为止，如有死亡，也须出面集资埋葬，或报警送官……可以看出，丐帮内部管理自有其固有程序，俨然是个地下王国。

关于丐头的权杖——"杆子"或"鞭子"有种种传说。据称，京师丐头所用之杆子是朱元璋所遗。当年朱元璋尚未位极人寰时，曾经困顿落魄，沦为乞丐者流。某次遇到两个乞丐，幸得他俩施以衣食，朱元璋才免于饿死，后来朱登上帝位，不忘二丐救命之恩，特意诏示天下，寻访二丐，居然被他找到了，召入皇宫，欲加官进爵。不料二丐闲云野鹤惯了，谢绝为官，决意乞讨终身，朱元璋也不相强求，特赐二人各持一根一尺长的木棒，棒上缠布，垂有穗，一色黄，一色蓝，赐名曰"杆"。从此，这二丐仗着这根木棒，讨遍天下无人阻碍。衍变至后来便成为乞丐首领权威之象征。有些杆子不便携带，就以一根极粗极长的旱烟管代行其权威。

丐首的权杖除杆子外，还有鞭子。

这条非同寻常的鞭子也有一则传说。据称，当年唐明皇被奸臣迫害，化装逃出宫殿，流浪江湖，落入讨要的乞丐群落，交下了不少丐帮朋友，当上了花子头。不久他的皇帝身份显露，众乞丐跪拜真龙天子，发誓要为龙头大哥报仇。唐明皇说："有朝一日，重登宝殿，定要把所有奸臣坏人杀掉，让咱们穷哥儿们扬眉吐气！"丐帮兄弟们问："到那时您还能认识我们这帮穷哥儿们吗？"唐明皇为了不忘共患难的穷哥儿们，用皮条编制了一根圆桶龙形的黑皮鞭，起名叫"龙鞭"。然后把"龙鞭"挂在墙上，双膝下跪发誓道："这把鞭子上打官、下打臣，亦打丐帮变心人。我登基后若变心，你们任何人都可用这把鞭子打我，打死勿论。"唐明皇留下这根龙鞭，并被敬奉为丐帮始祖，千百年沿袭下来，乞丐们见了鞭子又敬又怕。丐头手中的皮鞭，既是其权力的信物，又是专治乞丐的刑具，帮中有人犯了帮规，轻者驱逐出帮，赶出本地，重者打死勿论。

"杆子"、"鞭子"的传说当然不足信，那不过是用皇帝的"天威"来强化、神化丐首权威的政治伎俩，这是封建君主专制政治的惯用伎俩，丐帮也东施效颦，借来强化自身，今天看来颇觉可笑，在当下那种政治文化中，此种伎俩却是行之有效的。

丐舞江湖

随着人类进入现代社会，文明逐渐呈现出越来越多的趋同性，旅行者到世界国的繁华都市，所见多是大同小异的洋灰森林和西服革履，倒是在乞丐身上能看到一些属于民族的独特内容。这也难怪，因为无论古今中外，生活在社会最底层的乞丐必然熟习各地民俗并且善于迎合，因为这是他们的谋生方式。

乞丐的生活贫困无聊且庸劣自虐，长期的底层生活和江湖生涯使他们谙悉各地风土人情、民情世态，通晓各地岁时节令之风尚、婚丧嫁娶之习俗、市井庆吊禁忌之惯例，丰富的生活阅历把他们造就成了民俗专家。

他们把民间的习俗、惯例、风尚、信仰、禁忌等民俗文化内容巧妙地融于自己的行乞活动中，由此发展出了一系列专门化、半专门化的演艺技能，于是成了道地的街头艺人。他们在朴拙的街头演艺活动中，将雅文化的诸多内容进行通俗化、形象化的处理，并以自己的表演使之传播到千家万户，乞丐们在自己的街头演节活动中不经意地履行了沟通雅俗的文化媒介职能，从而化雅为俗，使雅文化的基本精神以及民俗文化的基本事项在大众社会中得以全面深入的传播。

没有技能，光凭几句好话是不易讨得食物的。可以想见，乞丐们在长期的生活实践中逐步学习摸索出一套乞讨方法，积累发展出一套经验，久而久之，一种专门化的技能就可能被创造发明出来。

乞丐的最早技艺应是哀号、哭泣的艺术。既然要乞食就需博得他人的同情与怜悯，而引起他人同情与怜悯的莫过于凄厉的哀鸣与悲切的哭泣，以此引得他人一掬同情之泪，食物钱财便会随手施来。这大约就是哀号成为乞丐之最原始伎俩的内在根由吧。

我国古代"绕梁三日"的典故就生动地反映了乞丐技艺的最初形式。据《列子·汤问》载：

> 昔韩娥东之齐，过雍门，鬻歌假食。既去而余音绕梁，三日不绝，左右人以其人弗去。过逆旅，逆旅人辱之，韩娥因曼声哀哭，一里老幼悲愁，垂泪相对，三日不食。遽而追之，娥还。复为曼声长歌，一里老幼喜跃抃舞，弗能自禁，忘向之悲也。乃厚赂发之。故雍门之人，至今善歌哭，放娥之遗声。

"鬻歌假食"说明韩娥是以街头卖唱的形式进行乞讨的，卖唱已成为乞讨的一种手段。

又据《越绝书》、《吴越春秋》等文献记载，春秋时期的著名谋士伍子胥从楚逃至吴国，也曾吹箫乞食于市。韩娥的哀哭、伍子胥的吹箫已具有街头演艺的雏形，当然，从雏形发展到后世人们习见的那种卖艺行乞，可能还有一个比较长的文化积累过程，其间详情我们已难于确考，不过，可以肯定地说，乞丐成为人所熟知的街头流浪艺人，当不迟于唐代。唐段本节《乐府杂录》载，代宗大历年间，有位民间女艺丐名曰张红红，她与父为伴，漂泊流浪，一路卖唱乞食，声名颇著，后来路过大将军韦青的官邸，为韦青所喜，遂将张氏纳为姬妾。街头演艺技能既已形成，各色各样的"响丐"便大量涌现，成为乞丐大军中一支数量可观的分支。

宋代城市生活异常丰富，汴州、临安等地有众多街头卖唱的乞儿，南宋时临安的瓦舍勾栏中的妓乐，即属卖唱行乞的一种形式。

> 顷者京师甚为士庶放荡不羁不所，亦为子弟流连破坏之门。杭城绍兴间驻跸于此，殿岩杨和王因军士多西北人，是以城内外创立瓦舍，招集妓乐，以为军座暇日娱戏之地。今贵家子弟郎君，因此荡游。
>
> ——《梦梁录》

> 街市有乐人三五之队，擎一二女童舞旋，唱小词，专沿街赶趁。元夕放灯，三春园馆赏玩，及游湖看潮之时，或于酒楼，或花衢柳巷妓馆祗应，但犒钱亦不多，谓之荒鼓板。
>
> ——《梦梁录》卷二十《妓乐》

宋代商品经济发达，城市生活因而日益大众化、多样化，市井间各种曲艺说唱大盛，而乞丐——主要是"响丐"则无疑是其中的主力军。各种市井间习见的说唱曲艺，如"莲花落"、"数来宝"、"花鼓"等，始成为乞丐的专业艺术门类。

据研究，"莲花落"至迟于宋代即已出现。"莲花落"本为"莲花乐"，"乐"与"落"一声之转。佛家语录《续传灯录》第二十三《俞道婆》载："一日，闻丐者唱《莲花乐》云：'不因柳毅传书信，何因得到洞庭湖。'忽大悟。"又宋释晓莹《罗湖野录》卷二载："金陵有俞道婆者……一日闻丐者唱《莲花乐》于市。"可知宋代确有乞丐以演唱"莲花落"行乞了。由于乞丐到处流动，"莲花落"这种说唱形式也就随之广为流传，南、北之丐都习于此道。它一般由两人搭档，身上各穿花衣，面敷脂粉，头戴花帽，手持一支竹竿，竿上多孔，各孔中贯穿着几枚制钱，竹竿两端缀以彩带，表演时十分熟练地将竹竿依次击打周身关节，配以各种步法，并相伴演唱，若无花衣脂粉，常服亦可，所唱均为通俗小曲，或者根据街市乞讨的具体场景临时编词，词多由三言七言所组成，合辙押韵，朗朗上口。

"莲花落"因流传极广，由是形成各地区不同的亚种。如流行云南的"姚安莲花落"、"江西莲花落"、"长沙快板"等就是其不同的亚种。

"数来宝"也是乞丐说唱乞讨中最常见的手段之一。它一般由四人组成，其中一人手拿两块牛骨，称为"哈拉巴"，此人为该组总负责人，调遣一切行动。第二位和第三位是打竹板的，分立左右两边，第四位是耍金钱板的，站立于两位打竹板的中间，而领头打"哈拉巴"的则站居中央。这是他们唱"数来宝"的基本队形，在具体演唱中还有队形的变化，如一字形、扇形、对称形等。有时乞丐们在演唱时还配以简单的装束，手舞足蹈，景象煞是好看。他们在各地有多种不同称呼，如"打哈拉巴的"、"说华相的"、"吃竹林的"、"打沙拉鸡的"等等，大抵都是以唱"数来宝"为主要乞讨手段。"数来宝"的唱词格式大体如同"莲花落"，但上下文转韵合辙略有不同。

打鼓行乞也是乞丐街头演艺的主要艺术形式，其中有湖北地区的"三棒鼓"、安徽"凤阳花鼓"，及江西瑞昌、九江、武宁等地的"龙船鼓"。

> 沪有湖北之丐，皆妇孺也。无壮男子。辄集三五人，游于市，手持乐器为锣，为鼓，为九连环，背负之囊藏刀叉杂物。一人口唱江淮小曲。如《十八摸》、《十杯酒》、《十送郎》之类，手抛刀叉，一人击鼓而以锣节之。其来也，始于光、宣间，至宣统辛亥而遂多。三班鼓者，亦行乞之具。其演法，用三人，一人陈鼓击之，鼓有竹架，活之，可翕张，一人槌小鼓，一人歌，金者，锣者节而和之。其词亦多鄙，其人之语言率鄂者。
>
> ——《清稗类钞·乞丐类》

说的是湖北乞丐以表演三棒鼓（即文中所说三班鼓）行乞，明田艺蘅《留青日札》说："吴越间妇女是三棒上下击鼓，谓之三棒鼓，江北凤阳男子尤善，即唐三杖鼓也。"这种曲艺表演艺术在表演时轮番抛动三根嵌有铜钱的棒子击鼓，边击边唱，因以得名，流行于湖北、湖南一带。

流行于江西一带的"龙船鼓"原系端阳节时湖滨地区竞舟的娱乐游戏节目，以击锣鼓伴奏说唱，在清乾隆时已非常流行，后来渐成当地乞丐流行行乞的一种乞讨方法。

另外，还有"连宵"、"金钱板"、"荷叶"、"车灯"之类。

"连宵"，北方称为"霸王鞭"，四川又叫做"绺连绺"或"柳连柳"。它与"莲花落"颇近似，后来发展成一种单独的曲艺品种。它是一边用敲打节奏的乐器伴奏，一边唱词。"连宵"与"莲花落"的不同，一是伴奏的乐器不同，二是演唱的节奏不同。"连宵"通常用一截两三尺长的竹杖，中间镂空，穿上铜钱，两头扎上红红绿绿的布条作成，"连宵"的音乐性更强，还伴有一些舞蹈动作。随着节拍，说唱者的手心、手肘、肩头、脚的内弓和外侧，及脚跟相应舞动，同时挥手、耸肩、踏步、腾跳，看上去动感很强。另外，"连宵"的唱词是固定的四句连环，有主词与副歌相间，主词随景而唱，副歌则固定不变。

"金钱板"、"荷叶"，这是四川乞丐特有的说唱曲艺，所唱大抵川剧小调。

"花鼓"、"车灯"，也是一种曲艺品种，此种说唱多为女丐，中间穿插表演一些特技。如花鼓的甩鼓槌和抛刀，即在不中断演唱和打敲锣鼓的过程中把鼓槌一甩一接，一根、二根甚至三根。穿花、高抛更精彩，除了在前面甩还能抬脚从脚下甩，甚至挽"背花"从背后抛起来。

乞丐的说唱曲艺表演以简陋、朴拙、庸俗为特点。它是乞丐社会身份和文化特征的生动体现。譬如，他们用以表演伴奏的"响器"极其简陋，大多是日常生活器物稍加改装而成的，两块牛骨上系以铃铛，便成了响丐手中最常见的伴奏乐器，乞丐们呼之曰"哈拉巴"，有的地方则称为"香骨板"。也有用猪骨作成，名曰"哈拉巴"。他如"呱嗒板"，系由两块竹片组成，还有碗、筷子、盘子、瓷瓮、瓦碴，甚至烟袋杆、高粱秆也都成为他们手中的响器。伴奏乐器是如此简陋，服饰装束也是如此。他们没有华彩的服装、艳丽的装扮，表演时依旧是一个个蓬首垢面的形容，依旧是一身褴褛的衣衫。舞台观众更无从说起，街头巷尾就是他们的舞台，市井人家、坊肆铺店就是他们的观众。虽然如此，他们的演艺却是形象生动，有的甚至是精彩纷呈的。例如，"数来宝"在乞丐的长期演艺活动中不断丰富完善，发展成一门专业化相当高的说唱艺术。尤其是其中打竹板，堪称一绝。

现在人们已很少见到打竹板和金钱板演奏。打竹板，是右手手持两块大笔直板，打基本节奏；左手持六块小竹板（又叫碎嘴子），专打花点。打金钱板，是左手持一长一短的笔直条板，板条上竖着串成上三下三的一对铁皮钱；右手持一根两边带锯齿的小竹尺，边敲边划，牛骨、竹板和金钱板配合，敲打起来颇为好听，有板有眼，节奏轻快，音色变化和谐，是一组传统的民族打击乐队的精彩演奏。如果是红白喜事赶堂会，在演唱之前先打一通，不但在节奏的打法上有轻重快慢，而且还带"撒手活"的杂技性表演。如笔直板对打、竹板飞空，以及"张飞骗马"、"苏秦背剑"、"手摇风车"等样。打金钱板的，手中的小竹尺也带"撒手活"，边敲边划边在空中上下飞舞而且越打越快，紧凑热烈，打得人们心花怒放，喜笑颜开，非让你鼓掌来叫好不收场。

乞丐的街头曲艺表演具有十分明显的文化传媒性和民俗表演性，这一点集中反映在乞丐街头演艺对时间和空间的精挑细选上。乞丐的演出专挑民间庆吊之时，例如结婚、殡葬、寿诞、开业、拜神、祈雨等；或者是传统的岁时节令，如年关、春节、元宵夜、端午节、中秋节等。但凡这种时节，乞丐们往来穿梭于市井之中，吹拉弹唱、打鼓击盘、装神扮鬼，均可大展其能，畅行无阻。

乞丐的街头演艺活动形式简陋，内容却异常丰富，举凡传说、信仰、风俗、惯例、百业行情、市井众相、人生悲欢等，无不涉及，所有这些都以通俗朴绌的形式向观众道出。其中，尤以对工商各业的掌故与特征最为谙熟，如此说唱起来，无不生动贴切。如乞丐们来到杂货铺前，便这样唱道：

　　正行走，
　　抬头看，
　　眼前就是杂货店。
　　杂货店，
　　杂货行，
　　走过苏州漂过洋。
　　海参海带出海外，
　　陈州出的黄花菜。
　　黄花菜，
　　不用刀，
　　做着离不了花胡椒。
　　小小胡椒圆又圆，
　　漂洋过海到河南。
　　小小花椒麻又麻，
　　出在东北山旮旯。
　　不是胡椒卖的贵，
　　走一道关口报一道税。
　　不错不错真不错，
　　掌柜的报税我见过。

长的香,

短的炮,

不长不短是黄表。

大红袍,

小红袍,

初一十五它先到。

大火鞭,

小火鞭,

逢年过节它占先。

黑粮香,

白糖甜,

谁要买糖来找咱。

东街大嫂有了喜,

来买咱的江大米,

生意好,

生意旺,

光卖现钱不赊账。

生意好,

样样全,

掌柜不在乎那几个钱。

赏了钱,

我道谢,

再到下边把盘缠借。

"莲花落"、"数来宝"等乞丐说唱艺术,一般说来都是极通俗的,形式也极简单,并有一定之规。

下面一段是典型的"莲花落"的唱词：

挨过打，

受过骂，

好歹学会江湖话；

江湖话，

江湖口，

走遍天下交朋友；

说朋友，

道朋友，

秦琼当过马快手；

秦琼当过马手快，

好汉出在瓦岗寨；

瓦岗寨，

大有名，

有个八弟叫罗成……

这是一个开场白，接下去则根据眼前具体景物而随机变化。如"走一步，又一步，不觉来到某某铺"，这是常用的套语。"掌柜的锅饼大又圆，吃上一年又一年"，这是对锅盔店铺的赞词。"掌柜的鞋底打得不耙，不硬，不厚又不薄，穿起走路最巴脚步"，这是赞美布鞋店老板。"掌柜的棺材做得好，装走死人不得跑"，这是对棺材铺的谐谑。如此等等，主人被他们唱高兴了，便打发几个钱，让他走人。不仅形式简单，而且运用灵活，以这种方式乞丐与社会各行业广泛接触，与各色人流频繁对话，在交流对话中，他们有意识或无意识地传播着主流文化的基本精神，把诸如仁爱、宽厚、孝顺、积善成德、积恶成怨，以及德有善报、怨有恶报等理念，以极通俗的形式向大众传播，这一点以盲丐的唱"善书"、"百子歌'最具代表性。

乞丐不仅谙熟各地的民风民俗，通晓传统的岁时节令，而且对于各地区各阶层的行为习惯、心理倾向、信仰、禁忌，乃至各种民间庆吊规则、婚丧礼仪等民俗事项，无不了然于胸。乞丐把这些民俗知识、社会知识巧妙地融入自己的行乞活动中，把被人唾弃鄙夷的乞讨活动与令人敬畏有加的民俗表演有机结合在一起，从而使自己的行乞活动合法化、民俗化。在此过程中，雅文化被民俗化、社会化，雅俗之间实现了某种程度的互动交流。而雅俗互动交流的文化媒介又是乞丐。

乞丐们是民俗活动最积极参与者，每当传统的岁时节令来临之际，他们每每装扮成民间信奉的各种神、鬼、仙、道，给千家万户送去祝福、希望与吉祥，为人民大众带来喜庆、愉悦与欢笑。对乞丐而言，这些活动或许只是糊口谋食的另一种伎俩，对社会而言，则不啻是民俗传播、社会交往、情感整合的一项极重要的活动。乞丐，这群卑贱的不足道的庸劣之辈，就这样又一次担当起了文化媒介的重要角色。

乞丐的民俗表演活动大体是围绕着中国社会传统的岁时节令而展开的，诸如年关、春节、元宵、端午、中秋等等，其中最主要的当数年关前后的"接财神"的民俗表演。

接神是中国传统社会中一项重要的民俗活动，民间信奉的诸神如"灶王爷"、"财神"都是主宰人们生计与财富的重要神灵，每当年关时节，人们都要以隆重正规的仪式迎接他们的大驾光临。例如，接灶神通常在大年三十子夜时分进行，人们把"接神桌"抬出房来置于院子中，然后把"百份"置于桌上，使其朝吉方或南方。"百份"也称"天地"，是画有天地间的诸神像。在"百份"的前面，摆上苹果、香蕉、梨子、桃子等供品，点上红蜡烛。到了深夜之时，人们打开大门，热烈地燃放爆竹，主人穿着礼服来到接神桌前烧香叩头。这时候，有的人家还"焚钱粮"，即焚烧用黄纸作成的"黄钱"和银状的"元宝"，以及焚烧印有欢迎诸神降临字样的"接神咒"。为了迎接灶王爷的降临，人们将已准备好的新的灶王爷的神像在贴在厨房里,以示灶神已降临了。按财神的仪式也大体相仿,不过有的地方在年关,有的地方则在大年初二,在接财神的这一天,各家各户,尤其是生意人家一大早就要给财神像供上祭品,焚香拜祭。北京民间还有到广安门参拜财神庙的习俗,在庙里烧香拜祭以后,人们便把神前的元宝带回家,用红布包起来藏在床下,以示来年发财。

不知从何时起,乞丐们便开始扮演"送财神"的角色了。而且不论何地的乞丐,都担当了这一角色。如广州,乞丐们每年到了除夕,便把事先准备好的大红纸,印就几个字"发财"、"财神"、"一见大喜"、"开门大吉"、"迎接财神"之类,在半夜分头贴在商铺民居门口上面,当大年初一早晨,他们就沿户讨利是。该地有的乞丐在除夕那一晚上,直接上门"送财神",他们穿着较新鲜的衣裳,穿街走巷沿门扮演送财神的角色,每至一户,先大叫一声"财神到"、"迎接财神",接着给了张红纸条,讨利钱。

乞丐"送财神"的民俗表演遍及各地,形式各异,花样繁多,兹略举数例以窥其大概。

在四川新繁县,正月初一那天,"乡里无赖以粉墨涂面,持鞭为优伶状,立于庭中,主人必给钱乃去,谓之'送财神'。或第以红纸刻印神高唱于门者,亦如之"(《新繁县志》)。而在成都地区,正月初二为财神日,是日,乞丐面涂黄铜粉末,头戴黑纸乌帽,扮作财神,沿街求乞。当地有一说法:"财神不开口,就能发大财,财神一开口,今年就倒霉。"因此,扮成财神的乞丐一到门口,人们不等其开口,就急忙送上若干钱物(永尾龙藏《支那民俗志》)。湖南的情形又有所差别,正月初一、初二、初三都是送财神的时间,当地乞丐在这几日要忙煞一阵,他们把印有"赵玄坛骑虎"字样的小方红纸送到人们家中,一进门就唱"财神进门来,四季广招财,富贵多子孙,天选状元来……"主人赶紧施以钱物，将乞丐送来的财神像恭恭敬敬地接过来。各地的送财神活动被乞丐们扮演得各色各样，四川的乞丐们往往扮演成赵公明元帅的模样给每家每户送财致富，其状甚是有趣。

乞丐有很强的文化适应性，民俗信仰什么，他们就扮演什么，财神具体的化身是谁，他们就扮成谁。于是"送财神"的民俗表演又有多种衍生变种，诸如"黄牛叫"、"摇钱树"等即是，其中，乞丐又成了活动的主角。例，无锡地区的乞丐在年关时节除扮演"贴财神"、"跳财神"、"跳狮子"等角色，还有一种"黄牛叫"，一乞丐装黄牛，用麻袋套头，袋底两角扎成牛角，另一乞丐牵着唱："黄牛到，生意好，先生老板赚元宝……"袋中乞丐不时应以牛的叫声。

此外，端午节、中秋节、盂兰节的民俗活动，也有乞丐们忙碌的身影。例如在四川地区，乞丐们在端阳节送粽子，其状大致与"送财神"相类，乞丐手中虽然提的是一两串真的糯米粽子，但那纯是"道具"。象征性地送上门，主人按例赏了钱后，绝没有把它收下之理，乞丐因得以反复送人。

中秋节送月饼、"烧鸭子"，这"烧鸭子"实则是一件精美的工艺品，由乞丐以自己的巧思用篾条做骨架，硬纸壳塑胚，外面再糊几层桑皮纸，上色后又蒙一层油封纸，最后再抹上一层香油而成，"鸭子"形、色、味几可乱真。故此，凡中秋节有送此物的乞丐登门者，主人家总不免提在手上审视把玩一番，复加赞叹一番，然后心甘情愿地给乞丐几个赏钱，把"烧鸭子"还给他，挥手打发其离去。

盂兰节的"群鬼会"也是乞丐们大显其能的时候，我国每年农历七月半，各地要办"五猖会"，届时城隍菩萨要出驾巡游。除了城隍夫妇的"銮驾"，还得有一大群阴曹地府的鬼官、鬼吏、鬼座和群鬼"护驾"，诸如鸡脚神、无二爷、无二娘、无二娃（小无常）、判官、小鬼、夜叉、牛头、马面等形形色色的鬼魂，都要由活人装扮，长长的队伍，有时要拉几条街。这其中除少数由一般人（如顽皮少年，在神前发有誓愿者）充当外，大多数"群鬼"均由乞丐扮演，他们百无禁忌，只要有酒食充饥，什么角儿都可以充当。

乞丐假民俗表演之名以行乞讨之实的活动可谓是无孔不入的。众所周知，在中国古代的精英阶层中有一种很强的无神论倾向，各种宗教意识因此难以在雅文化中立足。但在广大民众中却有较浓厚的宗教意识和宗教信仰，道、佛诸教因而在俗文化中拥有广泛的影响。民众相信神灵的庇佑，相信作为神灵媒介的巫师、道士、和尚的"特殊"作用。乞丐们便充分利用了民众的这一心理倾向和习俗，扮演成僧、道、巫师，以化缘之名行乞讨食。他们假化缘行乞堪称是一场绝妙的民俗表演，乞丐则个个堪称是技艺高超的演员。为了让表演成功，乞丐们往往要作精心化妆，他们身着袈裟或道袍，剃成个光头，或戴个蓬松的假发髻，或头顶道士帽，一手持钵，或一手执棕拂尘，于是，一个活脱脱的僧或道便出现在你面前了。

在大部分时间和场合，乞丐与主流社会的文化活动是隔绝的，只有在传统的岁时节令的时间和民俗活动的场合，他们才被人们所正视，乞丐们也抓住这个时间和场合以尽情表演，通过他们别具匠心的民俗表演，婉转地表达了自己的生命价值与文化存在。尽管主流社会并不会因此而向他们伸出热情的双手，他们仍从中获得了某种生活的欣悦。

编后记

在内心深处，总觉得，时尚是一种生活，或者确切一点，是一种生活方式。而历史，这不是单薄的我谈得起来的，我只是喜欢穿梭在琐碎的记载中，寻找我热爱的那些个人的可能的生活细节，因为我总想穿越到他们身边去看看他们到底是怎样的一种存在。

记得一个朋友说过：单看史书的话，我们看到的基本上都是功业，或者说大事年表。好的史家多多少少能给我们看到一点人的个性，而官修历史之后，渐渐地，连个性都看不清楚了，于是古人就显得平面，显得遥远，显得除了做大事之外，就没有别的生活。也因之，叫人感觉不能亲近。所以她喜欢从各路资料最微小的细节入手，搜寻历史及历史中人的"个性"，甚至是他们的"表情"，因为古人是在"生活"而不仅仅是在"建功"。

能够留在纸上的历史中人的生活，在他们那个时期未尝不是一种"时尚"，而在今天，有些只是故纸堆中的一声轻叹，有些我们还在同样或别样的"时尚"演绎着。

比如我们平常使用的名片，战国时期就有了，那会儿称谒，主要写名字以及介绍文字。到东汉时改称"刺"，材质还都是竹木片之类，也就是这时起，有人开始添官职、年龄等内容，专供拜见上峰，名曰"爵里刺"。而且还有了固定的格式。比如朱然墓中出土的"朱然谒"，长24.8厘米，宽9.5厘米，厚3.4厘米，是经过抛光的木板未加髹漆，靠右侧近边处有行小字，"持节右军师左大司马当阳侯丹阳朱然再拜"。

于是热爱三国时代的我翻着《三国志·蜀书》不厚道地想，刘备定蜀，掌军中郎将董和与军师将军诸葛亮并署左将军大司马府事，二人地位相当。那《董和传》的记载"……又董幼宰参署七年，事有不至，至于十反，来相启告"，就可能有这样的情景出现，董和为一件事找诸葛亮商榷，但是一直没达成共识，于是接二连三地找诸葛亮，诸葛亮实在被纠缠郁闷了，闭门不见，于是董和向诸葛亮递刺，诸葛亮觉得不好意思，于是退还董和的刺，两人继续纠缠。

而到章武元年，丞相诸葛亮，如果他足够自恋，他的刺就可以是"丞相武乡侯录尚书事领益州牧琅琊诸葛亮"，但是这样帅气的刺，递给谁呢，昭烈和后主么，似乎又不合人情。于是浮想联翩地翻着书，在《许靖传》中发现这样一句："靖虽年逾七十，爱乐人物，诱纳后进，清谈不倦。丞相诸葛亮皆为之拜。"大约这诸葛丞相的刺，也只有许靖大人有幸收藏了。

到了唐宋，随着官僚制度的发展，名片也有了新的变化，宋人洪迈说"国朝官制，沿晚唐、五代余习，故阶衔失之冗赘"，并举出李端愿长达四十一字的头衔——"镇潼军节度观察留后、金紫光禄大夫、检校刑部尚书、使持节华州诸军事、华州刺史、兼御史大夫、上柱国"，这要是在今天印成名片，该是怎样的一种壮观与为难。然而这样长的头衔在唐宋并不稀罕，因为这不过是唐宋官僚制度发展的一个副产品罢了。

从名片可以到人，可以到一种生活细节，还可以到一种制度，到社会发展。我喜欢这样的细节,喜欢诸如此类的联系,喜欢搜罗各种的历史生活,因为我觉得这也是一种时尚。

于是和我的作者们"献可替否,共为欢交",渐渐地有了一个思路,最后由这些真正有爱又有才的作者们,将这些细节一一展现出来,于是就有了"时尚历史"这样一个书系。

在此,我特别感谢这些可爱的作者们。

我期待作为读者的您会喜欢这套书,因为我真的很喜欢。

刘玮

2011 年 3 月